大学文科基本用书·历史
DAXUE WENKE JIBEN YONGSHU

ZHONGGUO
LISHI XUEXI
SHOUCE

中国历史学习手册

张传玺 主编

王朝中 王援朝 蒋非非 杨欣 张怡青 参编

北京大学出版社
PEKING UNIVERSITY PRESS

图书在版编目(CIP)数据

中国历史学习手册/张传玺主编.—北京：北京大学出版社，2017.12
（大学文科基本用书）
ISBN 978-7-301-28997-6

Ⅰ.①中…　Ⅱ.①张…　Ⅲ.①中国历史—手册　Ⅳ.①K207-62

中国版本图书馆CIP数据核字（2017）第302939号

书　　　名	中国历史学习手册 ZHONGGUO LISHI XUEXI SHOUCE
著作责任者	张传玺　主编
责任编辑	刘书广　陈　甜
标准书号	ISBN 978-7-301-28997-6
出版发行	北京大学出版社
地　　　址	北京市海淀区成府路205号　100871
网　　　址	http://www.pup.cn　新浪微博:@北京大学出版社
电子信箱	pkuwsz@126.com
电　　　话	邮购部 62752015　发行部 62750672　编辑部 62755217
印　刷　者	北京虎彩文化传播有限公司
经　销　者	新华书店
	650毫米×980毫米　16开本　20印张　250千字 2017年12月第1版　2024年12月第3次印刷
定　　　价	59.00元

未经许可，不得以任何方式复制或抄袭本书之部分或全部内容。
版权所有，侵权必究
举报电话：010-62752024　电子信箱：fd@pup.pku.edu.cn
图书如有印装质量问题，请与出版部联系，电话：010-62756370

主编 张传玺

参编 王朝中　王援朝　蒋非非
　　　　杨　欣　张怡青

编纂本书的三条原则：1.专业性　2.知识性　3.工具性；
　　　　四把钥匙：1.年表类　2.目录类　3.职官类　4.地理类

前　言

自1985年行世以来,本《手册》甚得大中学校的教师和学生以及社会读者的好评,有人甚之誉为"史学小百科",印行册数以十万计。我们已于1989、1994年做过两次修订。今再做第三次修订,以适应广大读者的需要。修订的原则仍是守正补新,但由于近代部分有所增加,所以将本书的原名《中国古代史教学参考手册》改为今名。

本《手册》既以配合高等学校的中国古近代史教学和学习为主要目的,因此基本内容和编纂体例与一般性通用的文科工具书有所不同。它要具有鲜明的三性特点,即:一、专业性,二、知识性,三、工具性。专业就是中国古近代史;知识就是为学习中国古近代史应当具备的一些基本知识,但又为一般教材所缺少,或述而不详;工具就是检阅某些中国古近代史重要问题的图表和与中国古近代史有关的各种图书资料的目录及索引。收录范围,包括中国大陆、台湾和香港、澳门等地出版或发表的中文论著。

本《手册》的内容共分五类:一、年表类,二、目录类,三、职官类,四、地理类,五、学术类。编写这五类内容有两重用意:一是以这五个标题为全书之纲,以将我们所编头绪纷繁、内容庞杂的各种条目分别纳入五条大纲之下,以求全书有纲有目,眉目清晰。二是借此五条大纲编写本《手册》,亦有引导读者认识学史、治史之门径的目的。因为前四条纲,向来被史家认为是治史的基本功所在。史学大家邓广铭先生生前在北大曾大力倡导,说这是治史的"四把钥匙"。初学治史,应当具备必要的目录学知识、职官知识、历史地理知识和年表知识。只有具备了这四个方面的基本知识,在研究历史问题时,才易登堂入室。从史学史上来看,司马迁似已经在使用这四把钥匙了,至少他所编制的"世表""年表""月表"和"诸王表"、各种"侯表"以及"将相名臣表"等,已属于这一方面的首创。至班固撰《汉书》,"四把钥匙"已经齐备。此后,在两千年间,"四把钥匙"一直为史家所珍视,为治史的重要工具。不仅治中国古代史要使用，就是治中国近现代史、世界史，乃至各种专史，无一可离开"四把钥匙"。因此，我们以"四把钥匙"为本《手册》之纲，是符合本《手册》编写的目的的。当然，"四把钥匙"也在发展之中。今天使用"四把钥匙"，应当在历史唯物主义基本原理的指导之下，应当适合科学发展的要求。

本《手册》内容的第五类为"学术"。因限于篇幅，只简要介绍了上世纪五十年代发生在史学界有关中国古代史分期、土地制度、农民战争、汉民族形成及资本主义萌芽等五大问题的讨论情况。这些讨论是当时的广大青、老年史学家在历史唯物主义指导下，"百家争鸣，百花齐放"，大搞史学研究的反映。盛况空前，硕果累累。我们希望广大读者通过这些介绍，培养学习兴趣，扩大学术视野，提高学习的积极性。"学术"之后，附有历代户口、田亩、度量衡等参考图表，以备查阅。

参加本《手册》编写的同志，有北京大学张传玺、蒋非非，中央广播电视大学王朝中、王援朝，北京广播电视大学杨欣，首都经贸大学张怡青。北京大学王北辰教授对编写《手册》也给予了很大帮助。他于1996年7月不幸离世，我们都很怀念他。

本《手册》一定有不少缺点或不足之处，希望广大读者朋友多多批评指正。

张传玺

目录

一 年表类/1

（一）中国原始社会综合分期表/1
1. 分期表说明/1
2. 分期表/2

（二）中国历史大事年表/3
1. 夏商周/3
2. 秦汉/5
3. 魏晋南北朝/10
4. 隋唐五代/15
5. 宋辽金元/18
6. 明清/22
7. 近代（公元 1840—1919 年）/27

（三）中国古近代主要农民战争简表/28

（四）中国历代纪元简表/31
1. 夏朝王系表/32
2. 商朝王系表/33
3. 西周/34
4. 春秋/35
5. 战国/44
6. 秦朝/47
7. 西汉/48
8. 东汉/50
9. 三国/52
10. 西晋/54

    11 东晋、十六国/55
    12 南北朝/59
    13 隋朝/64
    14 唐朝/65
    15 五代十国、辽/68
    16 北宋、辽、金/72
    17 南宋、金/74
    18 元朝/76
    19 明朝/77
    20 清朝/78
(五)中国古代历法和纪年法/79
    1 阳历、阴历、阴阳历/79
    2 帝王纪年法/79
    3 干支纪年法/79
    4 岁星纪年法/81
    5 太岁纪年法/82
    6 生肖纪年法/83
(六)中国古代纪时法/83
    1 纪月法/83
    2 干支纪日法/84
    3 韵目代日法/84
    4 地支纪时法/85
(七)二十四节气/86
(八)中国历史纪年工具书十八种/88

二 目录类/92
  (一)马克思主义经典作家史论要目、索引/92
    1 专著、论文要目二十种/92
    2 史学言论辑录五种/93
    3 篇名、专题索引六种/94

(二) 基本历史文献 /94
    1 纪传体文献二十六种 /94
    2 编年体文献十二种 /105
    3 纪事本末体文献十一种 /107
    4 典志体文献十种 /108
    5 会要体文献十四种 /110
    6 主要类书三十六种 /113
    7 主要总集十八种 /118
    8 中国近代史资料丛刊十二种 /120

(三) 目录学与辨伪 /121
    1 中国图书分类 /121
    2 主要实用目录书七种 /123
    3 史料辨伪 /125

(四) 考古与文物著作二十二种 /134

(五) 现代学者著作要目 /138
    1 中国通史二十六种 /138
    2 中国断代史八十六种 /141
    3 中国经济史五十八种 /145
    4 中国政治史二十种 /148
    5 中外关系史六种 /149
    6 中国农民战争史六种 /149
    7 中国民族史、文化史十六种 /150

(六) 主要史学期刊选目 /150
    1 1949年以前十三种 /151
    2 1949年以后三十三种 /151
    3 台湾地区二十五种 /152
    4 香港、澳门地区十二种 /153

(七) 现代学者论著索引 /153
    1 中国古代史论著索引十八种 /154
    2 中国古代史专著索引十六种 /157

三 职官类/160
　　(一) 重要朝代官制简表/160
　　　　1　秦朝/161
　　　　2　西汉/163
　　　　3　东汉/172
　　　　4　隋朝/183
　　　　5　唐朝/189
　　　　6　宋朝/199
　　　　7　元朝/205
　　　　8　明朝/213
　　　　9　清朝/221
　　(二) 庙号、谥号、尊号、年号/230
　　(三) 避讳/231
　　　　1　避讳的方法/231
　　　　2　公讳/232
　　　　3　家讳/233
　　　　4　其他避讳/233
　　　　5　有关避讳的著作/234
　　(四) 中国古代职官工具书六种/234
　　(五) 中国历代人名工具书二十四种/235

四 地理类/238
　　(一) 中国历代政区沿革/238
　　(二) 中国历代国都简表/244
　　(三) 中国历代边疆民族政权都城简表/247
　　(四) 中国历史地图绘制简史/248
　　(五) 中国历史地图集十种/251
　　(六) 中国政区沿革地理史料五种/253
　　　　1　正史/253
　　　　2　总地志/254
　　　　3　典志/254

　　　　4　地方志/255
　　　　5　近现代政区沿革表/255
　　（七）中国历代地名工具书六种/255

五　学术类/257
　　（一）中国古代史分期问题/257
　　　　1　西周封建论/257
　　　　2　战国封建论/259
　　　　3　秦汉封建论/260
　　　　4　魏晋封建论/262
　　（二）中国古代土地制度问题/264
　　　　1　关于中国封建时代的土地所有制形式/265
　　　　2　关于历代土地制度/266
　　（三）中国古代农民战争问题/270
　　　　1　关于农民战争的性质/270
　　　　2　关于农民起义军的思想武器/271
　　　　3　关于农民政权的性质/273
　　　　4　关于农民的皇权主义思想/273
　　　　5　关于农民战争的历史作用/274
　　（四）汉民族形成问题/275
　　　　1　关于"共同语言"/276
　　　　2　关于"共同地域"/276
　　　　3　关于"共同经济生活"/277
　　　　4　关于"共同心理状态"/278
　　（五）中国资本主义萌芽问题/278
　　　　1　关于资本主义萌芽出现的标志/279
　　　　2　关于资本主义萌芽的时间/279
　　　　3　关于资本主义萌芽的程度/282
　　　　4　关于农业资本主义萌芽/282
　　　　5　关于中国资本主义萌芽发展缓慢的原因/283

附/285

一　年表类

（一）中国原始社会综合分期表

1　分期表说明

原始社会是人类历史的第一种社会形态，是人类历史长河的源头。由于那时人类的文化发展水平非常低，还没有文字记事，因之今天研究那时的历史、社会就有很大的困难。可是，这段历史又十分重要，必须研究。近百年来，学者们利用不同的科学知识，从不同的学科角度进行了大量的探讨，已取得了巨大的成就。通常使用的科学知识主要有历史学、史前考古学、体质人类学、文化人类学、民族学等。这些学科虽各探讨原始社会的某一侧面，但这些侧面之间都互相关联，都是整个原始社会学的一个组成部分。集中起来，很能说明问题。但由于各学科都有本学科的一套名词、术语，各有其特定内涵。不同学科的名词、术语虽有关联，但并不完全相等。因编制此表，以资参考。

各民族的原始社会，其社会组织、物质或精神文化的发展并不平衡，有的差别很大。本表是采用一般说法，主要说明中国的原始社会。

学者们对于中国原始社会的不少重大问题，其说也不完全相同。如母系氏族公社开始的时间，有"前十万年"和"前四五万年"等说；对神农与黄帝所代表的时代的时间，有不同的主张；某些文献记载与考古资料的对应解释亦仁者见仁，智者见智。本表对有数说的问题只采用通常使用的一说。

2 分期表

分期	类别		具 体 分 期 和 文 化 特 点				
社会分期	时期	原始社会初期(约前170万—前10万年)	原始社会发展与繁荣时期(约前10万—前5千年)		原始社会后期(约前5千—前4千年)		奴隶社会初期
	社会组织	原 始 群	母 系 氏 族 公 社		父系氏族公社	农村公社	夏 朝
体质人类学分期	古人类	早期智人(约前20万—前10万年)	晚期智人(约前10万年—现代)				现 代 人
	中国代表性古人类	元谋人(约前170万—前20万年) 蓝田人(约前80万—前60万年) 北京人(约前70万—前20万年)	马坝人 长阳人 丁村人	柳江人 资阳人 河套人 山顶洞人(约前1.8万年)	现 代 人 类		
史前考古学分期	文化时代	旧 石 器 时 代			新 石 器 时 代		青铜器时代
	分期	初期	中期	晚期	前期	发展时期(约前5,6千年)	后期	铜石并用时期
	代表性文化和工具	简单打制石器,使用天然火	打制石器,石器种类多,有三棱尖状器、石球等	打制石器,有石箭镞,用人工取火	河姆渡文化(约前6,7千年) 磨制石器、骨器、制陶器	仰韶文化(约前5,6千年) 磨制石器、骨器、手制陶器	大汶口文化,龙山文化(约前4,5千年) 磨制石器、骨器、轮制石器、红铜器	齐家文化(约前4千年) 石器、红铜器	青 铜 器
	经济	采治经济(采集、渔猎)			生产经济(农业、畜牧业产生)			第一次社会大分工,畜牧业与农业分离; 第二次社会大分工,手工业成为独立经济。 第三次社会大分工,商业独立,货币出现
民族学分期	时代	蒙 昧 时 代			野 蛮 时 代			文 明 时 期
	阶段	低级阶段	中级阶段	高级阶段(普那路亚婚)	低级阶段	中级阶段	高级阶段	一夫一妻制
	婚姻形态	乱 婚	血缘婚(辈婚)	族外婚(普那路亚婚)	对 偶 婚		一夫一妻制(单偶婚)	
宗教意识		宗教萌芽			图腾崇拜和巫术产生	神 农 氏	占卜术产生	"上帝"观念产生
传说		有巢氏	燧人氏,伏牺氏				黄帝(轩辕氏)	禅让时代(尧舜禹)	信史时代

（二）中国历史大事年表

1 夏商周

公　元	帝王纪年		大　事
前 2070 年			禹建夏朝,都阳翟(今河南禹州市)。
前 1600 年			汤灭夏,建立商朝,都于亳(今河南商丘)。
前 14 世纪			盘庚自奄(今山东曲阜)迁都于殷(今河南安阳小屯),故称殷或殷商。
前 11 世纪			帝辛(纣)伐东夷。
前 1046 年	周武王	元年	周武王姬发灭商,建立周朝,都于镐(今陕西西安市长安区),实行分土封侯制。
前 1044 年	成王	元年	周武王死,子成王诵立。武王弟周公旦辅政,进一步实行大分封。
前 841 年	共和行政	元年	国人暴动,周厉王奔于彘(今山西霍州市),召公、周公共管朝政,史称"共和行政"(历史上也有"共伯名和者,摄行天子事"之说)。从此,中国历史上始有确切的纪年。
前 827 年	宣王	元年	太子静即位,是为周宣王。"共和行政"结束。
前 771 年	幽王	十一年	申侯、缯侯引犬戎入攻西周,杀幽王于骊山(今陕西临潼东南)下。西周亡。
前 770 年	平王	元年	太子宜臼即位,放弃镐京,迁都雒邑(今河南洛阳),史称东周。春秋时期开始。
前 722 年	周平王 鲁隐公	四十九年 元年	《春秋》编年开始。
前 651 年	周襄王 鲁僖公	元年 九年	齐桓公大会诸侯于葵丘(今河南民权县东北),成为中原地区诸侯的霸主。
前 632 年	周襄王 鲁僖公	二十年 二十八年	楚军北侵宋国,晋文公联合秦、齐、宋,大败楚于城濮(今山东鄄城西南)。后会诸侯于践土(今河南原阳西南),称霸中原。

续表

公 元	帝王纪年		大 事
前 627 年	周襄王 鲁僖公	二十五年 三十三年	秦、晋"殽(今陕西潼关东)之战",秦败。
前 598 年	周定王 鲁宣公	九年 十一年	楚围郑,次年,晋、楚战于邲(今河南郑州东),晋军大败。楚庄王称霸中原。
前 594 年	周定王 鲁宣公	十三年 十五年	鲁国"初税亩",加速了井田制的破坏。
前 579 年	周简王 鲁成公	七年 十二年	宋大夫华元首倡"弭兵",晋、楚会诸侯之大夫于宋,为第一次"弭兵之盟"。
前 575 年	周简王 鲁成公	十一年 十六年	晋、楚"鄢陵(今河南鄢陵西北)之战",楚败。
前 548 年	周灵王 鲁襄公	二十四年 二十五年	楚国"书土田","量入修赋"。
前 546 年	周灵王 鲁襄公	二十六年 二十七年	宋大夫向戌第二次倡议"弭兵",晋、楚、齐、秦等十四国诸侯会于宋。史称"向戌弭兵"。
前 538 年	周景王 鲁昭公	七年 四年	郑国"作丘赋"。
前 494 年	周敬王 鲁哀公	二十六年 元年	吴王夫差伐越,败越于夫椒(今江苏苏州市吴中区太湖洞庭山),越王勾践求和,请为属国。
前 482 年	周敬王 鲁哀公	三十八年 元十三年	吴王夫差会晋、鲁等诸侯于黄池(今河南封丘),与晋定公争为霸主。
前 473 年	周元王	三年	越灭吴。
前 408 年	周威烈王	十八年	秦国"初租禾"。
前 403 年	威烈王	二十三年	周威烈王承认韩、赵、魏三家为诸侯,晋国名存实亡。春秋时期结束,战国时期开始。 约于这时,魏文侯用李悝进行改革。
前 359 年	显王	十年	秦孝公任用商鞅,实行变法。
前 353 年	显王	十六年	魏、齐"桂陵(今河南长垣西北)之战",魏败。

续表

公 元	帝王纪年		大 事
前350年	显王	十九年	秦国商鞅第二次变法。
前341年	显王	二十八年	魏、齐"马陵(今河南范县西南)之战",魏败。
前334年	显王	三十五年	魏惠王与齐威王(亦说魏襄王与齐宣王)会于徐州(今山东滕州),互相承认王号,史称"徐州相王"。
前312年	赧王	三年	秦、楚之战。秦先后大败楚于丹阳(今河南淅川)、蓝田(今陕西蓝田)。
前286年	赧王	二十九年	秦、燕、楚、韩、赵、魏六国伐齐。燕乐毅伐齐。
前278年	周赧王 秦昭王	三十七年 二十九年	秦将白起伐楚,克郢(今湖北江陵纪南城),楚迁都于陈(今河南淮阳)。
前260年	周赧王 秦昭王	五十五年 四十七年	秦、赵"长平(今山西高平)之战",赵败。
前256年	周赧王 秦昭王	五十九年 五十一年	秦灭西周,周赧王死。后七年,灭东周。
前246年	秦王政	元年	秦王政即位。
前238年		九年	秦王政亲政,镇压了嫪毐的叛乱。次年,免吕不韦相国之职。
前230年		十七年	秦灭韩。
前225年		二十二年	秦灭魏。
前223年		二十四年	秦灭楚。
前222年		二十五年	秦灭赵、燕。
前221年		二十六年	秦灭齐,统一中国。

2 秦 汉

公 元	帝王纪年		大 事
前221年	秦始皇	二十六年	秦王政称皇帝,废分封制,行郡县制,建立了封建中央集权制度。销毁六国兵器,修驰道,统一货币、度量衡、车轨,还统一文字。至此时,我国古代的多民族、大一统、中央集权国家基本确立。

续表

公 元	帝王纪年		大　事
前216年		三十一年	"使黔首自实田"。
前215年		三十二年	秦始皇派蒙恬率三十万人北击匈奴,修长城。
前214年		三十三年	在岭南地区设置桂林(治今广西桂平)、南海(治今广东广州)、象(治今广西崇左)三郡。开灵渠。
前213年		三十四年	秦始皇下令焚诗书百家语。
前212年		三十五年	坑咸阳犯"禁"儒生四百六十多人。
前210年		三十七年	秦始皇东巡,死于沙丘平台(今河北广宗西北大平台)。少子胡亥立,称二世皇帝。
前209年	二世	元年	七月,陈胜、吴广在大泽乡(今安徽宿州市)领导农民大起义。至陈县(今河南淮阳),建立革命政权,号张楚,提出"伐无道,诛暴秦"的口号。刘邦、项梁和项羽及六国旧贵族纷纷起兵。
前207年		三年	"巨鹿之战",项羽大破秦军。刘邦入武关。赵高杀秦二世,立子婴为秦王。
前206年	秦王子婴 汉高祖	元年 元年	刘邦军至霸上(今陕西西安东),子婴降,秦亡。刘邦除秦苛法,与关中父老"约法三章"。 项羽入关,分封十八诸侯。"楚汉之争"开始。
前202年	汉高祖	五年	项羽败死于乌江(今安徽和县)。刘邦称帝,都雒阳。后迁都长安。
前200年		七年	高祖"白登(今山西大同)之围"。始对匈奴采取"和亲"政策。
前180年	高后	八年	高后吕雉死,刘恒(文帝)即位。
前154年	景帝	三年	吴楚"七国之乱",景帝(刘启)令太尉周亚夫平之。
前140年	武帝	建元元年	皇帝始有年号。

续表

公　元	帝王纪年	大　事
前138年	三年	张骞第一次出使西域,前126年(元朔三年)回到长安。 建立期门军。 闽越伐东瓯,武帝迁东瓯人于江淮之间。
前136年	五年	设太学,置五经博士。
前135年	六年	闽越伐南越,武帝迁闽越人于江淮之间。 在西南夷地区置犍为郡,治僰道(今四川宜宾市西南)。
前134年	元光元年	令郡国每年举孝廉各一人,察举制之始。
前133年	二年	"王恢谋马邑,匈奴绝和亲。"
前129年	六年	开修漕渠。
前127年	元朔二年	匈奴入侵,遣卫青击之,收复河南地,设置五原、朔方郡。 武帝行《推恩令》。
前124年	五年	太学招收第一批博士弟子五十人,如弟子若干人。
前122年	元狩元年	淮南王安和衡山王赐以谋反罪自杀。 武帝制定《附益之法》。
前121年	二年	霍去病远征匈奴,至祁连山,浑邪王率四万余众归汉。初置酒泉、武威二郡;至前111年,又增置张掖、敦煌二郡,合称河西四郡。
前119年	四年	卫青、霍去病分击匈奴,匈奴北徙漠北。 张骞第二次出使出域。前115年(元鼎二年)回到长安。 颁行算缗、告缗令。
前115年	元鼎二年	令上林三官始造五铢钱。
前112年	五年	"酎金"事件,废列侯一〇六人。
前111年	六年	平南越;置南海、珠崖、儋耳、苍梧、郁林、合浦、交趾、九真、日南等九郡。 在西南夷地区,置牂柯、越巂、沈黎、汶山、武都等五郡,前109年(元封二年)又置益州郡。建立八校尉,开创募兵制。

续表

公 元	帝王纪年		大 事
前 110 年		元封元年	实行盐铁国营政策。
前 109 年		二年	武帝自泰山回长安途中,发吏卒治理黄河。
前 107 年		四年	关东流民二百余万口。
前 104 年		太初元年	建立羽林军(建章营骑)。
前 99 年		天汉二年	徐勃起义。
前 95 年		太始二年	始凿白渠。
前 89 年		征和四年	武帝下"轮台诏"。
前 81 年	昭帝	始元六年	盐铁会议。
前 60 年	宣帝	神爵二年	命郑吉为西域都护。
前 33 年	元帝	竟宁元年	匈奴呼韩邪单于来朝,汉以宫人王嫱(字昭君)嫁呼韩邪,号宁胡阏氏。
前 22 年	成帝	阳朔三年	颍川(今河南禹州市)铁官徒申屠圣起义。
前 14 年		永始三年	尉氏(今属河南)樊并起义。 山阳(今山东金乡)铁官徒苏令起义。
前 7 年		绥和二年	哀帝刘欣立。"限田之议"。
公元 6 年	孺子婴	居摄元年	王莽称假皇帝。
8 年		初始元年	王莽自立为皇帝,改国号为新,改元始建国。
9 年	王莽	始建国元年	王莽废孺子婴。 令"更名天下田曰王田,奴婢曰私属,皆不得卖买"。恢复井田制。 东郡太守翟义起兵反对王莽,农民起义响应者有十余万人。
10 年		二年	下诏实行"五均六筦"。
17 年		天凤四年	王匡、王凤以绿林山为根据地起义。 瓜田仪在会稽郡长洲县(今江苏苏州)起义。 吕母在琅玡郡海曲县(今山东日照)起义。
18 年		五年	琅玡人樊崇在莒(今山东莒县)起义,号赤眉。

中国历史学习手册 | 8

续表

公 元	帝王纪年		大 事
22年		地皇三年	刘縯起兵于春陵(今湖北枣阳),其弟刘秀起兵于宛(今河南南阳),后合称"春陵兵"。
23年	刘玄	更始元年	王匡、王凤立西汉宗室刘玄为皇帝,国号"汉",年号更始。 "昆阳之战"。 刘玄、王匡杀刘縯。
24年		二年	绿林军攻破长安。王莽被起义市民杀死。
25年		三年	赤眉军拥立西汉宗室刘盆子为皇帝。 赤眉军攻入长安,刘玄降。
	汉光武帝	建武元年	刘秀称帝,国号汉,史称东汉,都雒阳。
26年		二年	刘秀下令解放奴婢(从建武二年至十四年曾六次下解放奴婢的诏令)。
27年		三年	刘秀击败赤眉军,樊崇降,旋被杀。
39年		十五年	下令度田,"检核垦田顷亩及户口年纪"。
40年		十六年	下令重铸五铢钱,废除王莽旧币。
46年		二十二年	匈奴分裂为南北两部。48年南匈奴降汉。
49年		二十五年	乌桓大人郝旦到雒阳朝见刘秀,刘秀封乌桓八十一人为王、侯。
74年	明帝	永平十七年	复置西域都护,驻乌垒城(今新疆轮台东);又置戊、己校尉,分驻车师前、后部,掌屯田事务。
89年	和帝	永元元年	车骑将军窦宪击北匈奴,登燕然山(今蒙古国杭爱山),刻石纪功而还。
91年		三年	班超任西域都护,驻龟兹。
94年		六年	西域五十余国属西域都护统辖。
97年		九年	班超遣甘英出使大秦(罗马帝国),至波斯湾而还。 掸王雍由调遣使到雒阳,和帝赐雍由调金印紫绶,封为"汉大都尉"。

续表

公 元	帝王纪年		大 事
107年	安帝	永初元年	羌人第一次起义,杀汉中太守。
108年		二年	羌人第二次起义。
120年		永宁元年	雍由调遣使"献乐及幻人"。
156年	桓帝	永寿二年	全国有户16 070 906；口50 067 856。
159年		延熹二年	羌人第三次起义。 桓帝与宦官诛除梁冀及其集团,宦官单超等五人同日封侯。
166年		九年	第一次"党锢之祸"。
168年	灵帝	建宁元年	第二次"党锢之祸"。
184年		中平元年	二月,张角领导黄巾大起义,十一月失败。
185年		二年	中山、常山、赵郡、上党、河内等郡农民大起义,称"黑山黄巾"。
188年		五年	青州和徐州一带农民大起义,称"青徐黄巾军"。
189年		六年	灵帝死,少帝刘辩立。 董卓入京,废少帝,立刘协为帝(献帝),自为相国,独揽朝政。

3 魏晋南北朝

公 元	帝王纪年		大 事
190年	汉献帝	初平元年	关东各军事集团联盟,推袁绍为盟主,联兵讨伐董卓。董卓挟献帝西走长安。关东、关中开始军阀割据混战。
191年		二年	五斗米道首领张鲁攻入汉中,建立农民政权。
196年		建安元年	曹操迎献帝至许县(今河南许昌),"奉天子以令不臣"。 曹操在许县屯田。
200年		五年	"官渡之战",曹操大败袁绍。 至207年,曹操统一北方。

续表

公 元	帝王纪年		大 事
204 年		九年	曹氏颁布户调制。
208 年		十三年	刘备、孙权联军败曹操军于赤壁(今湖北赤壁市西赤矶山),史称"赤壁之战"。
214 年		十九年	刘备入益州,刘璋投降,刘备自为益州牧。
215 年		二十年	张鲁投降曹操。
219 年		二十四年	孙权派吕蒙袭杀刘备部将关羽,夺得荆州。 刘备夺得汉中,称汉中王。
220 年	魏	二十五年 黄初元年	曹操死,子曹丕称帝。国号魏,都洛阳(改雒阳称洛阳),年号黄初。 魏行"九品中正制"。
221 年	蜀	章武元年	刘备称帝,国号汉,史称蜀,或蜀汉,都成都,年号章武。
222 年		二年	孙权称吴王,年号黄武。 吴、蜀"夷陵(今湖北宜昌东南)之战",蜀败。
223 年		建兴元年	刘备死,子禅立,诸葛亮辅政。
229 年	吴	黄龙元年	孙权称帝,国号吴,都建业(今江苏南京),年号黄龙。
230 年		二年	吴遣卫温和诸葛直航至夷洲(今台湾)。
234 年	吴 蜀	嘉禾三年 建兴十二年	吴将诸葛恪进攻丹阳的山越,山越十万人出山投降。 诸葛亮在进攻五丈原(今陕西岐山县)时,病死军中。
263 年	魏 蜀	景元元年 景耀六年	魏司马昭派钟会、邓艾伐蜀,蜀帝刘禅降,蜀亡。
265 年	晋武帝 吴末帝	泰始元年 甘露元年	魏司马昭死,子司马炎废魏元帝曹奂,自称帝,改国号为晋,都洛阳,史称西晋,年号泰始。
280 年	晋武帝	太康元年	晋灭吴,全国统一。 颁行户调式。
291 年		元康元年	八王之乱。

续表

公元	帝王纪年		大事
303年		太安二年	賨人李特自称益州牧,建立政权。
304年	惠帝	永兴元年	匈奴贵族刘渊起兵于汾河流域,自称汉王。 李特子李雄称成都王,都成都。
306年		光熙元年	李雄称帝,国号大成。
311年	怀帝	永嘉五年	匈奴刘曜攻破洛阳,俘晋怀帝。
313年	愍帝	建兴元年	晋愍帝即位于长安,年号建兴。祖逖北伐。
316年		四年	刘曜攻破长安,俘晋愍帝,西晋亡。
317年	司马睿	建武元年	司马睿在建康(今江苏南京)为晋王,年号建武。
318年	晋元帝	太兴元年	司马睿称帝,年号太兴,史称东晋。 刘曜在长安称帝,国号赵,史称前赵。
329年	成帝	咸和四年	赵王石勒在洛阳大败前赵军,杀前赵刘曜,自立为帝,史称后赵。
347年	穆帝	永和三年	东晋荆州刺史桓温入蜀,灭賨人李氏汉国(原称成国)。
354年		十年	桓温北伐前秦,直抵霸上(今陕西西安东),不久退返襄阳。
356年		十二年	桓温第二次北伐,收复洛阳,后退回。
364年	哀帝	兴宁二年	"庚戌土断"。
369年	废帝	太和四年	桓温第三次北伐,破前燕军,抵枋头(今河南浚县),后败回。
382年	孝武帝	太元七年	氐族苻氏建立之前秦统一中国北方,都长安。
383年		八年	东晋、前秦"淝水之战",前秦大败。北方又分裂
386年		十一年	鲜卑族拓跋珪重建代国(始建于315年,至376年,为前秦所灭)。不久,改国号为魏,史称北魏或拓跋魏。初都盛乐(今内蒙古自治区和林格尔),398年迁都平城(今大同)。

续表

公 元	帝王纪年		大 事
399年	安帝	隆安三年	孙恩起义,攻破上虞(今浙江上虞),杀县令。破会稽郡,杀内史王凝之(王羲之子)。 高僧法显往印度求经,412年(义熙八年)在青州长广郡牢山(今山东青岛崂山)登陆回国。
402年		元兴元年	孙恩率起义军进攻临海(今浙江临海县),为晋军所败,投海死。起义军由卢循率领,继续战斗。
410年		义熙六年	东晋将军刘裕北伐。次年二月灭南燕(都广固,今山东青州)。 刘裕破卢循于建康城外。
411年		七年	春,卢循在交州(治龙编,今越南境)战败投水而死。 徐道覆在始兴(今广东韶关)作战牺牲。
416年		十二年	刘裕北伐。次年八月,攻破长安,灭后秦。
420年	宋武帝	永初元年	刘裕废晋恭帝自立,改国号为宋,仍都建康。东晋灭亡,南朝开始。
439年	北魏太武帝	太延五年	北魏拓跋焘灭北凉,统一中国北方。
445年		太平真君六年	卢水胡人盖吴在杏城(今陕西黄陵)领导起义,羌、氐、汉等族人民纷纷响应,反对北魏的统治。
450年		十一年	北魏以六十万大军南侵,为宋击退。
479年	齐高帝	建元元年	将军萧道成废宋顺帝刘准自立,改国号为齐,史称南齐或萧齐。
485年	北魏孝文帝 齐武帝	太和九年 永明元年	北魏孝文帝(元宏)改革,颁布"均田令"。 唐寓之在富阳(今属浙江)领导农民起义。
486年	北魏	太和十年	北魏实行"三长制"。
494年		十八年	北魏孝文帝由平城迁都洛阳,继续进行改革。
495年		十九年	北魏孝文帝赐群臣以汉族"冠服",以易鲜卑服饰,朝廷上禁用鲜卑语。

续表

公 元	帝王纪年		大 事
501 年	齐和帝	中兴元年	萧衍杀齐和帝(萧宝融)。次年,自立为帝(梁武帝),改国号为梁,史称萧梁。齐亡。
523 年	魏孝明帝	正光四年	北魏"六镇起义"。
524 年		正光五年	沃野镇民匈奴人破六韩拔陵领导起义,杀镇将。次年失败。 关陇地区各族人民大起义。分别由勒勒人胡琛和羌人莫折大提领导。
525 年		正光六年 孝昌元年	柔玄镇兵杜洛周在上谷领导兵民起义。
526 年		孝昌二年	怀朔镇兵鲜于修礼在定州左人城(今河北唐县)领导起义。
528 年		武泰元年	邢杲在北海(山东维坊市西南)领导河北流民起义。 北魏胡太后毒死孝明帝(元诩),立元钊为帝。尔朱荣率兵进洛阳,溺杀胡太后和少帝元钊,杀王公卿士两千余人,史称"河阴之变"。
534 年	东魏孝静帝	天平元年	北魏孝武帝逃向关中,投靠宇文泰。北魏分裂。高欢立元善见为帝(孝静帝),迁都于邺(今河北临漳西南),是为东魏。 宇文泰杀孝武帝,立元宝炬为帝(文帝),都长安,是为西魏。
548 年	梁武帝	太清二年	"侯景之乱"。次年侯景攻破建康,梁武帝饿死。552年,侯景失败被杀。
550 年	东魏孝静帝	武定八年	高欢死,子高洋废东魏孝静帝自立,改国号为齐,史称北齐,年号天保。
556 年	梁敬帝	绍泰二年	宇文泰死。次年,子宇文觉废西魏恭帝自立,改国号为周,史称北周,亦称宇文周。
557 年		太平二年	梁将军陈霸先废梁敬帝自立,改国号为陈,年号永定。
564 年	北齐武成帝	河清三年	北齐实行均田制。

续表

公 元	帝王纪年		大 事
577年	北周武帝 北齐幼主	建德六年 承光元年	北周灭北齐,统一北方。
581年	北周静帝 隋文帝	大定元年 开皇元年	北周杨坚废周静帝自立,改国号为隋,仍都长安。北周亡。

4 隋唐五代

公 元	帝王纪年		大 事
585年	隋文帝	开皇五年	行"大索貌阅和输籍法"。
589年		九年	隋灭陈统一全国。
605年	炀帝	大业元年	自元年至六年开凿大运河。
606年		二年	设进士科(为科举制之始)。
607年		三年	遣朱宽到流求(今台湾)。
610年		六年	遣陈棱、张镇周至流求。
611年		七年	王薄在长白山(今山东邹平、章丘境)领导起义。张金称、高士达、窦建德等相继起义。
612年		八年	隋炀帝杨广第一次征高丽。
613年		九年	隋炀帝第二次征高丽。 杨玄感起兵。 杜伏威、辅公祏起义。
614年		十年	隋炀帝第三次征高丽。
616年		十二年	隋炀帝到江都(今江苏扬州)。
617年		十三年	翟让、李密领导瓦岗军攻占兴洛仓和河南郡县。 杜伏威、辅公祏在江都打败隋军。窦建德在河北打败隋军。 李渊起兵太原,攻占长安,称唐王。
618年	唐高祖	大业十四年 武德元年	宇文化及杀炀帝于江都,隋亡。李渊称帝(高祖),国号唐,都长安,年号武德。
624年		七年	颁布均田令和租庸调法。
626年		九年	"玄武门之变",李渊禅位于秦王李世民(即唐太宗)。

续表

公 元	帝王纪年		大　事
629年	太宗	贞观三年	玄奘自长安赴印度求经(亦说时在贞观元年),645年回国。
630年		四年	唐败东突厥,于其地置都督府、州。
640年		十四年	唐于高昌设西州,天山以北设庭州(后改为北庭都护府)。
641年		十五年	文成公主入藏,嫁于松赞干布。
653年	高宗	永徽四年	睦州(今浙江淳安)妇女陈硕真领导农民起义,称文佳皇帝。
658年		显庆三年	在碎叶水东、西分别置昆陵、蒙池二都护府。迁安西都护府驻龟兹,统龟兹、于阗、疏勒、碎叶四镇。
690年	武则天	天授元年	武曌称帝,改国号为周。
705年	中宗	神龙元年	中宗(李哲)复位,复国号唐。皇后韦氏杀中宗,临淄王李隆基起兵平乱,奉睿宗即位。
710年	睿宗	景云元年	金城公主入藏。
711年		二年	初置节度使。
713年	玄宗	先天二年	唐设忽汗州都督府于松花江流域,封大祚荣为渤海郡王、忽汗州都督。
721年		开元九年	检括逃户。
723年		十一年	废府兵番上宿卫制,召募强壮十二万,为"长从宿卫",后称"彍骑"。
726年		十四年	唐于黑水州(黑龙江下游)设黑水都护府。
737年		二十五年	召募丁壮以充边兵,停止府兵征行。
738年		二十六年	唐玄宗封南诏首领皮逻阁为云南王。
751年		天宝十载	安西节度使高仙芝击大食败绩。中国造纸法西传。
755年		十四载	安禄山与史思明在范阳(今北京)发动武装叛乱,史称"安史之乱"。
756年	肃宗	至德元载	唐玄宗西逃四川,太子李亨即帝位于灵武(今属宁夏)。安禄山攻陷长安。

续表

公　元	帝王纪年		大　事
757年		二载	安禄山为其子安庆绪所杀,唐军夺回长安、洛阳。
759年		乾元二年	史思明杀安庆绪自立,再陷洛阳。
761年		上元二年	史思明被杀,其子史朝义即位。
763年	代宗	广德元年	唐军杀史朝义,安史之乱平。 藩镇割据。
764年		二年	刘晏改革漕运、盐政和实行常平法,改善国家财政。
780年	德宗	建中元年	杨炎建议行"两税法"。
796年		贞元十二年	任命宦官为左、右神策护军中尉,宦官兼掌禁军,终唐成为定制。
823年	穆宗	长庆三年	唐与吐蕃订立盟约,吐蕃用汉藏两种文字刻"唐蕃会盟碑",立于拉萨大昭寺前。
860年	懿宗	咸通元年	浙东裘甫起义,同年失败。
868年		九年	庞勋在徐泗地区领导士兵和农民起义,次年失败。
874年	僖宗	乾符元年	王仙芝在长垣(今河南长垣东北)领导农民起义,称天补平均大将军兼海内诸豪都统。
875年		二年	黄巢在冤句(今山东菏泽西南)领导起义。
878年		五年	王仙芝在黄梅(今属湖北)大败被杀。 黄巢称黄王,号冲天太保均平大将军。
880年		广明元年	黄巢破潼关,进长安,称帝,建大齐政权,年号金统。唐僖宗奔蜀。
882年		中和二年	黄巢大将朱温降唐。
883年		三年	唐招沙陀贵族李克用镇压起义军,黄巢败于河南。
884年		四年	黄巢在山东泰山狼虎谷(今莱芜境)兵败而死。
907年	唐哀帝 后梁太祖	天祐四年 开平元年	朱温篡唐,都汴(今河南开封),改国号为梁,史称后梁。唐亡。 五代(梁、唐、晋、汉、周)十国(前蜀、后蜀、荆南、楚、南汉、吴、南唐、吴越、闽、北汉)的分裂割据时期开始。

续表

公 元	帝王纪年		大 事
916年	后梁末帝 辽太祖	贞明二年 神册元年	契丹贵族耶律阿保机称帝,国号契丹(937年改为辽),都临潢(今内蒙古巴林左旗东南波罗城)。
923年	后唐庄宗 后梁末帝	同光元年 龙德三年	沙陀族李存勖称帝,国号唐,史称后唐。灭梁,建都洛阳。
926年	后唐明宗	天成元年	李存勖因兵变被杀,李嗣源自立。契丹耶律阿保机死,耶律德光立(辽太宗)。
936年	后晋高祖	天福元年	石敬瑭割幽云十六州与契丹,称帝,国号晋,史称后晋,都开封。后唐亡。
946年	后晋出帝	开运三年	辽兵陷开封,石重贵降,后晋亡。
947年	后汉高祖	天福十二年	刘知远称帝,入开封,国号汉,史称后汉。
950年	后汉隐帝	乾祐三年	后汉邺留守郭威起兵灭后汉。
951年	后周太祖	广顺元年	郭威称帝,国号周,史称后周,都开封。
959年	后周世宗	显德元年	周大举伐辽,收复瀛(今河北河间)、莫(今任丘北)、易(今易县)三州十七县。
960年	后周恭帝	显德七年	陈桥兵变,赵匡胤废周恭帝,自立为帝(宋太祖),改国号为宋,史称北宋。都开封,年号建隆。后周亡。

5 宋辽金元

公 元	帝王纪年		大 事
961年	宋太祖	建隆二年	赵匡胤"杯酒释兵权",收石守信等人兵权,加强中央集权制。
979年	太宗	太平兴国四年	灭北汉,全国统一。乘胜伐辽,宋军大败于高梁河。
986年	太宗	雍熙三年	雍熙北伐。
993年	太宗	淳化四年	王小波、李顺领导四川农民起义。次年,李顺攻克成都,建大蜀政权。不久失败。
1004年	真宗	景德元年	澶渊之盟。

续表

公　元	帝王纪年		大　事
1038 年	仁宗	宝元元年	党项贵族李元昊称帝,国号大夏(又称西夏),都兴庆府(今宁夏银川市)。
1043 年	仁宗	庆历三年	范仲淹等进行改革,史称"庆历新政"。因遭到保守派的反对,次年失败。 王伦、张海、郭邈山、唐和等在各地领导起义。
1069 年	神宗	熙宁二年	王安石变法,对封建国家的军事、财政经济制度进行大规模的改革。
1085 年		元丰八年	神宗死,哲宗立,司马光为相,废新法,史称"元祐更化"。
1093 年	哲宗	元祐八年	哲宗亲政,复行"新法"。
1115 年	徽宗	政和五年	女真贵族完颜阿骨打称帝(金太祖),国号金。其弟太宗以会宁(今黑龙江阿城南)为国都。
1119 年	徽宗	宣和元年	宋江起义,1121 年失败。
1120 年		二年	宋、金"海上之盟",约定宋、金南北夹击辽。 金攻陷辽上京。 方腊起义于浙江青溪(今淳安县)。
1122 年		四年	金兵攻取辽中京(今内蒙古宁城)、西京(今山西大同)和南京(亦称燕,今北京)。
1124 年		六年	西夏降金。
1125 年		七年	金灭辽。金兵分两路南下攻宋。金兵围汴京,李纲领军抗金。
1126 年	钦宗	靖康元年	钦宗罢李纲。金兵二次南下,陷汴梁,俘徽、钦二帝。
1127 年		二年	金俘虏徽、钦二帝北上。康王赵构即位于南京(今河南商丘),即宋高宗。不久南逃,以临安(今浙江杭州)为国都,史称南宋。
1130 年	南宋高宗	建炎四年	钟相、杨么起义,以武陵为根据地,建立政权。钟相自称楚王。提出"等贵贱,均贫富"口号。 宋、金黄天荡之战。 金立刘豫为齐帝。

一　年表类

续表

公 元	帝王纪年		大 事
1132 年		六年	赵构用秦桧为相。
1140 年		十年	宋将岳飞在郾城（今属河南）大败金兵，相继收复了河南诸郡。
1141 年		十一年	宋、金"绍兴和议"。赵构、秦桧对金屈辱投降，割东起淮水中游，西至宝鸡大散关以北地区给金，南宋对金称臣，每年向金纳岁币二十五万两，绢二十五万匹。 岳飞父子被杀。
1153 年		二十三年	金帝完颜亮自会宁府迁都燕京（今北京市），改称中都。
1161 年		三十一年	完颜亮南侵失败，在扬州为部将所杀。
1189 年	孝宗	淳熙十六年	铁木真被蒙古贵族推举为汗。
1206 年	宁宗	开禧二年	铁木真统一蒙古各部，在斡难河畔召开忽里勒台（会议、聚会），铁木真被推举为全蒙古的大汗，尊称"成吉思汗"，建立蒙古汗国。
1219 年		嘉定十二年	成吉思汗西征（蒙古第一次西征），灭花剌子模，占领中亚，进兵至乌克兰。
1227 年	理宗	宝庆三年	成吉思汗死。 蒙古灭西夏。
1234 年		端平元年	蒙古灭金。
1235 年		二年	蒙古建都和林。开始灭宋战争。成吉思汗长孙拔都等西征（蒙古第二次西征），占领俄罗斯，直至孛烈儿（波兰）、马札儿（匈牙利）及奥地利。
1253 年		宝祐元年	忽必烈侵大理。 旭烈兀西征（蒙古第三次西征）。 蒙古军队西征吐蕃，吐蕃代表与蒙军达成协议，吐蕃归属于蒙古。 吐蕃宗教首领八思巴到开平拜见忽必烈。
1260 年		景定元年	忽必烈在开平（后为上都，在今多伦东南）自立（元世祖），年号中统。

续表

公 元	帝王纪年		大 事
1271年	宋度宗 元世祖	咸淳七年 至元八年	忽必烈改国号为大元。
1272年		至元九年	元迁都大都(今北京市)。
1273年		至元十年	《农桑辑要》一书编成。
1275年		至元十二年	意大利人马可·波罗来中国,至大都,朝见元世祖。
1276年	宋端宗 元世祖	景炎元年 至元十三年	元军攻占南宋国都临安,俘宋恭帝和谢、全两太后及宗室官吏而去。 文天祥、张世杰、陆秀夫拥立益王赵昰于福州,是为端宗,继续抗元。
1278年	宋端宗 元世祖	景炎三年 至元十五年	赵昰死。 张世杰、陆秀夫立卫王赵昺为帝。 十二月,文天祥为元军所俘。
1279年	宋赵昺 元世祖	祥兴二年 至元十六年	元攻崖山,张世杰兵败,溺水而死,陆秀夫负帝昺投海而死,南宋亡。
1288年		至元二十五年	元改总制院为宣政院。
1289年		二十六年	开会通河,从今山东东平到临清,长二百五十余里。
1292年		二十九年	开通惠河,引昌平的浮泉水,经大都,至通州(今属北京)入白河,长一百六十余里,为大运河北段。
1348年	元顺帝	至正八年	方国珍起义于浙东。
1351年		十一年	刘福通(白莲教首领之一)起义于河北,史称北方"红巾军"。 徐寿辉、彭莹玉(南方白莲教起义首领)起义于湖北蕲(今蕲春)、黄(今黄冈),史称南方"红巾军"。 徐寿辉在蕲水称帝,国号天完。
1352年		十二年	郭子兴在濠州起义,为江淮地区红巾军首领,朱元璋为其部下。
1353年		十三年	张士诚于苏北起义。
1355年		十五年	刘福通迎立韩林儿为帝,号"小明王",国号大宋,建都亳州,年号龙凤。郭子兴死,朱元璋领其众。

续表

公　元	帝王纪年	大　事
1356年	十六年	朱元璋攻陷集庆(今江苏南京)改名应天府,称吴国公。
1357年	十七年	刘福通遣三路大军北伐。
1360年	二十年	徐寿辉为部将陈友谅所杀。陈友谅在武昌称帝,国号汉。
1363年	二十三年	朱元璋大败陈友谅于鄱阳湖。 明玉珍在成都称帝,国号夏。
1364年	二十四年	武昌陈理投降朱元璋。
1367年	二十七年	朱元璋俘张士诚。方国珍降朱元璋。 朱元璋遣徐达、常遇春北伐。
1368年	二十八年	明军攻陷大都,元顺帝北逃,元朝灭亡。

6　明　清

公　元	帝王纪年		大　事
1368年	明太祖	洪武元年	朱元璋在南京称帝(明太祖),国号大明,年号洪武。
1380年		洪武十三年	朱元璋杀丞相胡惟庸,废丞相制,罢中书省,分相权于吏、户、礼、兵、刑、工六部;改大都督府为五军都督府(前、后、左、右、中),和兵部共掌军权,以加强中央集权制度。
1381年		十四年	开始清查登记全国的户口,每里编为一册,称为赋役黄册,简称黄册。
1382年		十五年	设锦衣卫。 置殿阁大学士。
1387年		二十年	开始在全国丈量田亩,造鱼鳞图册。
1393年		二十六年	凉国公蓝玉被杀,株连死者二万余人。
1399年	惠帝	建文元年	燕王朱棣起兵"靖难",率军南下。
1402年		四年	燕王朱棣攻陷南京,自立为帝,惠帝不知所终。
1404年	成祖	永乐二年	明政府设奴儿干卫,统辖黑龙江下游。

续表

公 元	帝王纪年		大 事
1405年		三年	郑和下西洋(1405—1433,先后七次)。
1409年		七年	明王朝在黑龙江下游设奴儿干都司,下辖西起鄂嫩河,东至库页岛,北至外兴安岭,南临日本海广大地区的一百八十四卫。
1411年		九年	明政府遣宦官亦失哈出巡奴儿干都司管辖地,并于该地建永宁寺。以后又立碑记之。
1420年		十八年	唐赛儿起义于益都。 明成祖置"东厂",由宦官统领。
1421年		十九年	明成祖朱棣迁都北京。
1444年	英宗	正统九年	叶宗留领导闽浙山区流民起义。
1448年		十三年	邓茂七在福建沙县领导农民起义,自称铲平王。
1449年		十四年	瓦剌大举攻明,明英宗亲自率军迎敌,在土木堡(今河北怀来县)失败被俘,史称"土木之变"。次年英宗被释回京。
1457年	景帝	景泰八年	明英宗在宦官曹吉祥、将领石亨等支持下,乘景帝病重,发动政变,废景帝,杀于谦,史称"夺门之变"。
1511年	武宗	正德六年	刘六(宠)、刘七(宸)起义于霸州(今河北霸县)。
1553年	世宗	嘉靖三十二年	从这年起倭寇大举侵扰东南沿海,并深入内地。戚继光、俞大猷等率领军民抗击倭寇。
1557年		三十六年	葡萄牙殖民者占据澳门。
1578年	神宗	万历六年	明政府下令清丈全国土地。
1581年		九年	在张居正的主持下,全国逐步推行一条鞭法。
1588年		十六年	女真努尔哈赤统一建州各部。
1592年		二十年	日本丰臣秀吉发动侵略朝鲜战争。 明朝派李如松率军援朝。

续表

公　元	帝王纪年		大　事
1596年		二十四年	明王朝开始向全国各地派矿监,后又派税监。
1599年		二十七年	从这年起荆州、临清、武昌、苏州、江西景德镇、北京门头沟及陕西、云南、福州等地市民相继展开了反矿税监的斗争。
1615年		四十三年	努尔哈赤建立八旗制度。
1616年		四十四年	努尔哈赤在赫图阿拉(今辽宁新宾)即大汗位,国号金(史称后金),年号天命。
1618年		四十六年	努尔哈赤以报"七大恨"之仇为名,大举侵明,攻陷抚顺。
1619年		四十七年	明以九万大军伐后金,在萨尔浒(今辽宁新宾西浑河南岸)大败,史称"萨尔浒之战"。
1622年	熹宗	天启二年	山东白莲教徐鸿儒起义。 荷兰殖民者入侵澎湖。
1624年		四年	荷兰殖民者侵入台湾。
1625年		五年	后金迁都沈阳。
1626年		六年	努尔哈赤率大军进攻宁远(今辽宁兴城)受伤,不久病死。子皇太极继汗位,改明年为天聪元年。
1627年		七年	陕西白水农民王二领导起义。
1628年	思宗	崇祯元年	陕西府谷王嘉胤、汝南王大梁、安塞高迎祥、王左卦等先后举行起义。
1635年		八年	起义军十三家七十二营首领大会于河南荥阳,商讨对敌作战方略,史称荥阳大会。
1636年		九年	皇太极称帝,改国号为清,改元崇德。 高迎祥在盩厔(今陕西周至)遭明军伏击,被俘牺牲。
1640年		十三年	李自成起义军在河南提出"均田免粮"的斗争口号。
1643年		十六年	清福临即位,多尔衮摄政。 李自成在襄阳建立政权,改襄阳为襄京,称新顺王。

续表

公 元	帝王纪年		大 事
1644年	明思宗 清世祖	崇祯十七年 顺治元年	李自成在西安建国,国号大顺,年号永昌。同年三月,农民军攻下北京,明崇祯帝自缢,明亡。张献忠再入四川,破成都,建立大西政权。明山海关守将吴三桂引清兵入关。李自成退出北京。 清顺治帝迁都北京。 明福王朱由崧在南京即位,年号弘光。
1645年	清世宗	顺治二年	李自成退到湖北,死于通山县九宫山。其余部与南明联合,继续抗清。
1646年		三年	张献忠在四川西充凤凰山遇伏战死。部将李定国与南明联合抗清。
1662年	圣祖	康熙元年	郑成功驱逐荷兰侵略者,收复台湾(1661年发兵,1662年荷兰殖民者投降)。 吴三桂杀桂王于云南,南明亡。
1669年		八年	实施"更名田"。
1673年		十二年	吴三桂起兵云南,"三藩之乱"开始。至1681年失败。
1683年		二十二年	施琅率军攻克澎湖,进军台湾,郑克塽投降,清军进驻台湾。次年,清政府在台湾设一府(台湾府)三县(台湾、凤山、诸罗),隶福建省。
1685—1686年		二十四年— 二十五年	清兵两次败沙俄侵略者于雅克萨,即"雅克萨之战"。
1689年		二十八年	中俄《尼布楚条约》签订,从法律上确定了中俄东段边界,即以外兴安岭和额尔古纳河为中俄国界。
1690年		二十九年	康熙率兵大败蒙古准噶尔部噶尔丹于乌兰布通(今蒙古克什克腾旗境内)。
1696—1697年		三十五年— 三十六年	康熙亲征,大败噶尔丹于昭莫多(今乌兰巴托东),噶尔丹势穷自杀。
1711年		五十年	戴名世《南山集》狱。
1720年		五十九年	准噶尔部于1717年攻入西藏拉萨,清兵于1720年大败准噶尔军队,护送达赖六世回藏。

续表

公 元	帝王纪年		大 事
1723年	世宗	雍正元年	开始推行"地丁合一"制。
1726年		四年	清政府于西南少数民族地区大力推行"改土归流"政策。
1727年		五年	中俄签订《布连斯奇条约》和《恰克图条约》,议定以恰克图为中心,东到额尔古纳河,西到沙宾达巴哈为中俄国界,从此划定中俄国界的中段。
1732年		十年	为镇压西北地区的叛乱,设立军机处。
1755—1757年	高宗	乾隆二十年—二十二年	清兵两次进军伊犁,最终平定了准噶尔部的长期叛乱。
1758年		二十三年	清军在天山南路平定大、小和卓木的叛乱。
1786年		五十一年	台湾人民在天地会领袖林爽文的领导下起义。次年失败。
1791年		五十六年	廓尔喀统治者率兵侵入西藏,被清兵击败。
1793年		五十八年	英国特使马戛尔尼到北京,要求派人驻北京办理商务;在宁波、舟山、天津、广州等地自由贸易;允许西方传教士自由传教等等,被乾隆皇帝拒绝。
1795年		六十年	湖南、贵州、四川三省苗民起义。
1796年	仁宗	嘉庆元年	湖北、四川白莲教起义。荆州聂傑人、张正谟,襄阳王聪儿(即齐王氏)、姚之富领导白莲教大起义。
1813年		十八年	北京林清、河南李文成领导的天理教大起义。林清在北京曾进攻皇宫。
1821年	宣宗	道光元年	申禁鸦片。
1836年		十六年	命海口各关严拿夹带鸦片。
1838年		十八年	鸦片走私严重,鸦片输入激增至四万余箱,白银外流每年达三千万两。清政府命林则徐往广东查办禁烟。
1839年		十九年	林则徐在广州查毁鸦片。"虎门销烟"。
1840年		二十年	英发动侵略中国的"鸦片战争"。中国逐步沦为半殖民地半封建社会。

7 近代(公元1840—1919年)

公元	帝王(民国)纪年		大事
1840—1842年	宣宗	道光二十年—二十二年	鸦片战争
1841年		二十一年	英军侵占香港岛
1842年8月		二十二年	中英签订《南京条约》
1851—1864年	文宗	咸丰五十一年—穆宗同治二年	太平天国运动
1856—1860年	文宗	咸丰六年—十年	第二次鸦片战争
1860年10月		十年	英法联军火烧圆明园
1861年		十一年	总理衙门设立 曾国藩创办安庆内军械所
1865年	穆宗	同治四年	江南制造总局成立
1864—1871年		同治三年—光绪三年	阿古柏入侵新疆
19世纪60至90年代			洋务运动
1871年		同治十年	沙俄侵占伊犁
1876—1878年	德宗	光绪二年—四年	左宗棠收复新疆
1884年		十年	新疆建立行省
1885年		十一年	台湾建立行省
1894年		二十年	甲午中日战争爆发 兴中会成立
1895年		二十一年	中日签订《马关条约》
1898年		二十四年	戊戌变法
1900年		二十六年	义和团反帝爱国运动 八国联军侵华战争
1901年		二十七年	《辛丑条约》签订
1905年		三十一年	中国同盟会成立
1911年10月10日		宣统三年	武昌起义
1912年1月1日		民国元年	中华民国成立
1915年		四年	新文化运动兴起
1919年5月4日		八年	五四运动爆发
1921年7月		十年	中国共产党成立

（三）中国古近代主要农民战争简表

起义	领导人	起义时间	起义地点 原名	起义地点 今地	国号	年号	都城 原名	都城 今地	备注
秦末农民起义	陈胜、吴广	公元前209—前208年（秦二世元年—二年）	大泽乡	安徽宿州	张楚		陈县	河南淮阳	陈胜称张楚王
西汉末年农民大起义	王匡、王凤	公元17—25年（天凤四年—更始三年）	绿林山	湖北当阳	汉	更始	长安	陕西西安	刘玄年号
	樊崇	公元18—27年（天凤五年—建武三年）	莒县	山东莒县	汉	建世	长安	陕西西安	刘盆子年号
黄巾起义	张角	公元184—192年（中平元年—初平三年）	巨鹿	河北宁晋					
孙恩、卢循起义	孙恩、卢循	公元399—411年（隆安三年—义熙七年）	海岛	浙江东海					
北魏末年各族人民大起义	破六韩拔陵	公元524—525年（正光五年—孝昌元年）	沃野镇	内蒙五原东北	真王	沃野镇			
	杜洛周	公元525年（孝昌元年）	上谷	河北怀来县大古城	上合				
	鲜于修礼、葛荣、韩楼	公元526—529年（孝昌二年—永安二年）	左人城	河北唐县西北	齐	鲁兴、广安	左人城	葛荣自称天子	
	邢杲	公元528—529年（建义元年—永安二年）	北海	山东潍坊市西南	汉	天统	北海	邢杲自称汉王	
	胡琛、万俟丑奴	公元524—530年（正光五年—永安三年）	高平镇	宁夏固原		神兽	高平镇		胡琛称高平王，万俟丑奴称天子
	莫折大提、莫折念生	公元524—530年（正光五年—永安三年）	秦州城	甘肃天水	秦	天建	秦州城		莫折大提称秦王，莫折念生称天子

续表

起义	领导人	起义时间	起义地点 原名	起义地点 今地	国号	年号	都城 原名	都城 今地	备注
隋末农民大起义	王薄	公元611年（大业七年）	长白山	山东邹平、章丘			长白山		称知世郎
	窦建德	公元611—621年（大业七年—武德四年）	高鸡泊	山东恩县	夏	丁丑、五凤	乐寿	河北献县	称长乐王、夏王
	翟让、李密	公元615—618年（大业十一年—武德元年）	瓦岗	河南滑县南		永平			
	杜伏威、辅公祏	公元613—624年（大业九年—武德七年）	长白山	山东邹平、章丘	宋	天明	历阳 丹阳	安徽和县 江苏南京	杜伏威称楚王 辅公祏称宋帝
唐末农民大起义	王仙芝、黄巢	公元874—884年（乾符元年—中和四年）	长垣	河南长垣东北	大齐	王霸、金统	长安	陕西西安	王仙芝称天补平均大将军 黄巢称黄王、冲天大将军
两宋农民起义	王小波、李顺	公元993—995年（淳化四年—至道元年）	青城	四川都江堰市	大蜀	应运	成都	四川成都	
	方腊	公元1120—1121年（宣和二年—三年）	青溪	浙江淳安		永乐			称圣公
	钟相、杨幺	公元1130—1135年（建炎四年—绍兴五年）	武陵	湖南常德		天载			相称楚王
元末农民战争	刘福通、韩山童	公元1351—1363年（至正十一年—二十三年）	颍上	安徽颍上	宋	龙凤	亳州	安徽亳州	立韩林儿为帝
	徐寿辉	公元1351—1363年（至正十一年—二十三年）	蕲州	湖北蕲州	天完	治平	蕲水	湖北浠水	称帝
	郭子兴、朱元璋	公元1352—1368年（至正十二年—二十八年）	濠州	安徽凤阳	明	洪武	南京	江苏南京	朱元璋称帝

续表

起义	领导人	起义时间	起义地点		国号	年号	都城		备注
			原名	今地			原名	今地	
明末农民起义	高迎祥、李自成	公元1628—1645年（崇祯元年—顺治二年）	安塞	陕西安塞	大顺	永昌	长安	陕西西安	相继称闯王，后自成称大顺王
	张献忠	公元1630—1646年（崇祯三年—顺治三年）	米脂	陕西米脂	大西	大顺	成都	四川成都	称大西王
太平天国革命	洪秀全	公元1851—1864年（咸丰元年—同治三年）	金田村	广西桂平金田村	太平天国	（用天历）	天京	江苏南京	称天王
捻军起义	张乐行	公元1853—1870年		安徽、山东、河南、江苏一带					称大汉盟主
回民起义		咸丰、同治年间		陕西、甘肃、宁夏、青海、云南、贵州					
义和团运动		公元1900年（光绪二十六年）		山东、河北、北京					

（四）中国历代纪元简表

说明：

1. 本表上起夏朝，下止于清朝，时长四千余年。夏及商朝，帝王在位的具体时间缺载，列帝王世系表以供参考。西周共和行政以前，参考一般推算，载列各帝王在位时间。自共和行政开始（公元前841年）至清朝灭亡（公元1911年），每一纪元均依次列出公元、干支纪年，帝王庙号、姓名、年号及其在位时间。

2. 在一年中，因易代、新君继位或一君数次改元者，应有之纪元并列之。

3. 诸侯并争时期，中原王朝与重要诸侯或割据者的纪元并列。

4. 本表列春秋始于公元前770年，终于前403年；战国始于前403年；东汉终于220年；三国始于220年，终于280年；西晋始于280年，隋朝始于581年。其他记载歧异者，酌采一说，不另加注。

5. 本表之制作，主要依据正史及有关注释或考证，亦参考了各家同类著作。

1　夏朝王系表

（约公元前 2070——约前 1600）

```
(一)禹 ── (二)启 ── (三)太康
                │
                └── (四)中康 ── (五)相 ── (六)少康 ─┐
┌──────────────────────────────────────────────────┘
└── (七)予(杼) ── (八)槐(芬) ── (九)芒 ── (十)泄 ─┐
┌──────────────────────────────────────────────────┘
├── (十一)不降 ──────── (十四)孔甲 ──── (十五)皋 ─┐
│                                                  │
└── (十二)扃 ── (十三)廑                            │
┌──────────────────────────────────────────────────┘
└── (十六)发 ── (十七)履癸(桀)
```

注：杼，zhù；芒，wáng；扃，jiōng；廑，jǐn。

2　商朝王系表

（约公元前 1600——前 1046 年）

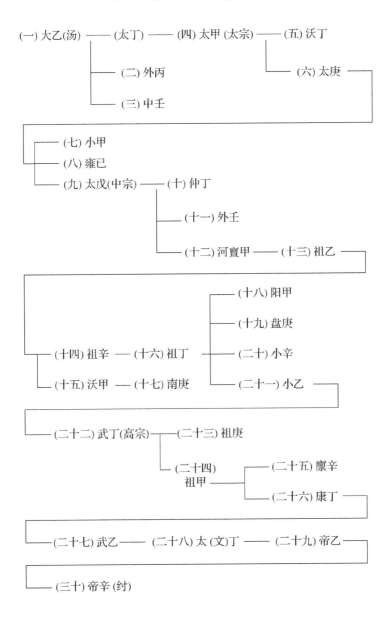

3 西周

（公元前 1046—公元前 771 年）

公元	干支	帝王纪元		在位时间	诸侯纪元		在位时间
前 1046		周武王姬发	元年	十五年	（"夏商周断代工程"，周武王灭商时间采用公元前1046年）		成王以下至厉王的公元纪年均未具体落实，只可参考。
前 1044		成王诵	元年	二十年			
前 1024		康王钊	元年	三十八年			
前 966		昭王瑕	元年	十九年			
前 947		穆王满	元年	二十年			
前 927		共王繄（yī）扈	元年	二十年			
前 907		懿王囏（jiān）	元年	十年			
前 897		孝王辟方	元年	十年			
前 887		夷王燮	元年	十年			
前 857		厉王胡	元年	十六年			
前 841	庚申	共和行政	元年	十四年			
前 840	辛酉		二年		晋釐侯司徒	元年	十八年
前 837	甲子		五年		楚熊严	元年	十年
					蔡夷侯	元年	二十八年
前 834	丁卯		八年		曹幽伯疆	元年	九年
前 831	庚午		十一年		陈釐公孝	元年	三十六年
前 830	辛未		十二年		宋惠公覵	元年	三十一年
前 827	甲戌	宣王静	元年	四十六年	楚熊霜	元年	六年
前 826	乙亥		二年		燕釐侯庄	元年	三十六年
前 825	丙子		三年		鲁武公敖	元年	十年
					曹戴伯鲜	元年	三十年
前 824	丁丑		四年		齐厉公无忌	元年	九年
前 822	己卯		六年		晋献侯籍	元年	十一年
前 821	庚辰		七年		秦庄公	元年	四十四年
					楚熊狗	元年	二十二年

续表

公元	干支	帝王纪元	在位时间	诸侯纪元	在位时间
前815	丙戌	十三年		鲁懿公戏 元年	九年
				齐文公赤 元年	十二年
前812	己丑	十六年		卫武公和 元年	五十五年
前811	庚寅	十七年		晋穆侯弗生 元年	二十七年
前809	壬辰	十九年		蔡釐侯所事 元年	四十八年
前806	乙未	二十二年		鲁君伯御 元年	十年
				郑桓公友 元年	三十六年
前803	戊戌	二十五年		齐成公说 元年	九年
前800	辛丑	二十八年		宋哀公 元年	
前799	壬寅	二十九年		宋戴公立 元年	三十四年
				楚熊鄂 元年	九年
前796	乙巳	三十二年		鲁孝公称 元年	二十七年
前795	丙午	三十三年		陈武公灵 元年	十五年
				曹惠伯雉 元年	三十六年
前794	丁未	三十四年		齐庄公购 元年	六十四年
前790	辛亥	三十八年		楚若敖(熊仪) 元年	二十七年
				燕顷侯 元年	二十四年
前784	丁巳	四十四年		晋殇叔 元年	四年
前781	庚申	幽王宫涅 元年	十一年		
前780	辛酉	二年		晋文侯仇 元年	三十五年
				陈夷公说 元年	三年
前777	甲子	五年		秦襄公 元年	十二年
				陈平公燮 元年	二十三年

4 春 秋

(公元前770—前403年)

公元	干支	帝王纪元	在位时间	诸侯纪元	在位时间
前770	辛未	平王宜臼 元年	五十一年	郑武公滑突 元年	二十七年
前768	癸酉	三年		鲁惠公弗生 元年	四十六年
前766	乙亥	五年		燕哀侯 元年	二年

续表

公元	干支	帝王纪元	在位时间	诸侯纪元		在位时间
前765	丙子	六年		秦文公	元年	五十年
				宋武公司空	元年	十八年
前764	丁丑	七年		燕郑侯	元年	三十六年
前763	戊寅	八年		楚霄敖（熊坎）	元年	六年
前761	庚辰	十年		蔡共侯兴	元年	二年
前759	壬午	十二年		蔡戴侯	元年	十年
				曹穆公	元年	三年
前757	甲申	十四年		楚蚡冒	元年	十七年
				卫庄公杨	元年	二十三年
前756	乙酉	十五年		曹桓公终生	元年	五十五年
前754	丁亥	十七年		陈文公圉	元年	十年
前749	壬辰	二十二年		蔡宣侯措父	元年	三十五年
前747	甲午	二十四年		宋宣公力	元年	十九年
前745	丙申	二十六年		晋昭侯	元年	六年
前744	丁酉	二十七年		陈桓公	元年	三十八年
前743	戊戌	二十八年		郑庄公寤生	元年	四十三年
前740	辛丑	三十一年		楚武王	元年	五十一年
前739	壬寅	三十二年		晋孝侯平	元年	十六年
前734	丁未	三十七年		卫桓公完	元年	十六年
前730	辛亥	四十一年		齐釐公禄甫	元年	三十三年
前728	癸丑	四十三年		宋穆公和	元年	九年
				燕穆侯	元年	十八年
前723	戊午	四十八年		晋鄂侯郄	元年	六年
前722	己未	四十九年		鲁隐公息姑	元年	十一年
前719	壬戌	桓王林 元年	二十三年	宋殇公与夷	元年	九年
前718	癸亥	二年		卫宣公晋	元年	十九年
前717	甲子	三年		晋哀侯光	元年	八年
前715	丙寅	五年		秦宁公	元年	十二年
前714	丁卯	六年		蔡桓侯封人	元年	二十年
前711	庚午	九年		鲁桓公允	元年	十八年
前710	辛未	十年		宋公冯	元年	十九年
				燕宣侯	元年	十三年

续表

公元	干支	帝王纪元		在位时间	诸侯纪元		在位时间
前709	壬申		十一年		晋小子	元年	三年
前706	乙亥		十四年		晋侯潜	元年	二十八年
					陈厉公他	元年	七年
前703	戊寅		十七年		秦出公	元年	六年
前701	庚辰		十九年		曹庄公射姑	元年	三十一年
前700	辛巳		二十年		郑厉公突	元年	四年
前699	壬午		二十一年		卫惠公朔	元年	三十一年
					陈庄公林	元年	七年
前697	甲申		二十三年		齐襄公诸儿	元年	十二年
					秦武公	元年	二十年
					燕桓公	元年	七年
前696	乙酉	庄王佗	元年	十五年	卫君黔牟	元年	十年
					郑昭公忽	元年	二年
前694	丁亥		三年		蔡哀侯献舞	元年	二十年
					郑君子亹	元年	
前693	戊子		四年		鲁庄公同	元年	三十二年
					郑君子婴	元年	十四年
前692	己丑		五年		陈宣公杵臼	元年	四十五年
前691	庚寅		六年		宋湣公捷	元年	十年
前690	辛卯		七年		燕庄公	元年	三十三年
前689	壬辰		八年		楚文王赀	元年	十三年
前686	乙未		十一年		卫惠公朔 十四年		三十一年
前685	丙申		十二年		齐桓公小白	元年	四十三年
前681	庚子	釐王胡齐	元年	五年	宋桓公御说	元年	三十一年
前679	壬寅		三年		郑厉公突(复立)	元年	七年
前678	癸卯		四年		晋武公称 三十八年		三十九年
前677	甲辰		五年		秦德公	元年	二年
前676	乙巳	惠王阆	元年	二十五年	晋献公诡诸	元年	二十六年
					楚堵敖囏	元年	五年
前675	丙午		二年		秦宣公	元年	十二年
前674	丁未		三年		蔡穆侯盼	元年	二十九年
前672	己酉		五年		郑文公捷	元年	四十五年

续表

公元	干支	帝王纪元	在位时间	诸侯纪元		在位时间
前671	庚戌	六年		楚成王恽	元年	四十六年
前670	辛亥	七年		曹釐公夷	元年	九年
前668	癸丑	九年		卫懿公赤	元年	八年
前663	戊午	十四年		秦成公	元年	四年
前661	庚申	十六年		曹昭公	元年	九年
		十七年		鲁湣公开	元年	二年
前660	辛酉			卫戴公申	元年	二十五年
前659	壬戌	十八年		鲁釐公申	元年	三十三年
				秦穆公任元	元年	三十九年
				卫文公燬	元年	二十五年
前657	甲子	二十年		燕襄公	元年	四十年
前652	己巳	二十五年		曹共公	元年	三十五年
前651	庚午	襄王郑 元年	三十三年			
前650	辛未	二年		晋惠公夷吾	元年	十四年
				宋襄公兹父	元年	十四年
前647	甲戌	五年		陈穆公欵	元年	十六年
前645	丙子	七年		蔡庄公甲午	元年	三十四年
前642	己卯	十年		齐孝公昭	元年	十年
				曹怀公圉	元年	
前636	丁酉	十六年		晋文公重耳	元年	九年
				宋成公王臣	元年	十七年
前634	丁亥	十八年		卫成公郑	元年	三十五年
前632	己丑	二十年		齐昭公潘	元年	二十年
前631	庚寅	二十一年		陈共公朔	元年	十八年
前627	甲午	二十五年		晋襄公骦	元年	七年
				郑穆公兰	元年	二十二年
前626	乙未	二十六年		鲁文公兴	元年	十八年
前625	丙申	二十七年		楚穆王商臣	元年	十二年
前620	辛丑	三十二年		晋灵公夷皋	元年	十四年
				秦康公罃	元年	十二年
前619	壬寅	三十三年		宋昭公杵臼	元年	九年

续表

公元	干支	帝王纪元		在位时间	诸侯纪元		在位时间
前618	癸卯	顷王壬臣	元年	六年			
前617	甲辰		二年		曹文公寿	元年	二十三年
					燕桓公	元年	十六年
前613	戊申		六年		楚庄王侣	元年	二十三年
					陈灵公平国	元年	十五年
前612	己酉	匡王班	元年	六年	齐懿公商人	元年	四年
前611	庚戌		二年		蔡文公申	元年	二十年
前610	辛亥		三年		宋文公鲍	元年	二十二年
前608	癸丑		五年		鲁宣公倭（亦作俀，tuǐ）	元年	
					齐惠公	元年	十年
					秦共公猳	元年	五年
前606	乙卯	定王瑜	元年	二十一年	晋成公黑臀	元年	七年
前605	丙辰		二年		郑灵公夷	元年	
前604	丁巳		三年		郑襄公坚	元年	十八年
前603	戊午		四年		秦桓公	元年	二十七年
前601	庚申		六年		燕宣公	元年	十五年
前599	壬戌		八年		晋景公据	元年	十九年
					卫穆公遫	元年	十一年
前598	癸亥		九年		齐顷公无野	元年	十七年
					陈成公午	元年	三十年
前594	丁卯		十三年		曹宣公卢	元年	十七年
前591	庚午		十六年		蔡景公固	元年	四十九年
前590	辛未		十七年		鲁成公黑肱	元年	十八年
					楚共王审	元年	三十一年
前588	癸酉		十九年		宋共公瑕	元年	十三年
					卫定公臧	元年	十二年
前586	乙亥		二十一年		郑悼公费	元年	二年
					燕昭公	元年	十三年
前585	丙子	简王夷	元年	十四年	吴王寿梦	元年	二十五年
前584	丁丑		二年		郑成公睔	元年	十四年

续表

公元	干支	帝王纪元		在位时间	诸侯纪元		在位时间
前581	庚辰		五年		齐灵公环	元年	二十八年
前580	辛巳		六年		晋厉公寿曼	元年	八年
前577	甲申		九年		曹成公负刍	元年	二十三年
前576	乙酉		十年		秦景公后伯来	元年	四十年
					卫献公衎	元年	十八年
前575	丙戌		十一年		宋平公成	元年	四十四年
前573	戊子		十三年		燕武公		十九年
前572	己丑		十四年		鲁襄公午	元年	三十一年
					晋悼公	元年	十五年
前571	庚寅	灵王泄心	元年	二十七年			
前570	辛卯		二年		郑釐公恽	元年	五年
前568	癸巳		四年		陈哀公弱	元年	三十五年
前565	丙申		七年		郑简公嘉	元年	三十六年
前560	辛丑		十二年		吴王诸樊	元年	十三年
前559	壬寅		十三年		楚康王招	元年	十五年
前558	癸卯		十四年		卫殇公狄	元年	十二年
前557	甲辰		十五年		晋平公彪	元年	二十六年
前554	丁未		十八年		曹武公胜	元年	二十七年
					燕文公	元年	六年
前553	戊申		十九年		齐庄公光	元年	六年
前548	癸丑		二十四年		燕懿公	元年	四年
前547	甲寅		二十五年		齐景公杵臼	元年	五十八年
					吴王馀祭	元年	十七年
前546	乙卯		二十六年		卫献公衎后	元年	三年
前544	丁巳	景王贵	元年	二十五年	楚郏敖员	元年	四年
前543	戊午		二年		卫襄公恶	元年	九年
前542	己未		三年		蔡灵侯班	元年	十二年
前541	庚申		四年		鲁昭公稠	元年	三十二年
前540	辛酉		五年		楚灵王围	元年	十二年
前536	乙丑		九年		秦哀公	元年	三十六年
前535	丙寅		十年		燕悼公	元年	七年
前534	丁卯		十一年		卫灵公元	元年	四十二年

续表

公元	干支	帝王纪元	在位时间	诸侯纪元		在位时间
前533	戊辰	十二年		陈惠公吴	元年	二十八年
前531	庚午	十四年		晋昭公夷	元年	六年
				宋元公佐	元年	十五年
前530	辛未	十五年		蔡侯庐	元年	九年
				吴王馀昧	元年	四年
前529	壬申	十六年		郑定公宁	元年	十六年
前528	癸酉	十七年		楚平王居	元年	十三年
				燕共公	元年	五年
前527	甲戌	十八年		曹平公须	元年	四年
前526	乙亥	十九年		吴王僚	元年	十二年
前525	丙子	二十年		晋顷公弃疾	元年	十四年
前523	戊寅	二十二年		曹悼公午	元年	九年
				燕平公	元年	十九年
前521	庚辰	二十四年		蔡悼侯车国	元年	三年
前520	辛巳	二十五年				
		悼王猛	元年			
前519	壬午	敬王匄	元年	四十三年		
前518	癸未	二年		蔡昭侯申	元年	二十八年
前516	乙酉	四年		宋景公头曼	元年	六十四年
前515	丙戌	五年		楚昭王珍	元年	二十七年
前514	丁亥	六年		曹襄公	元年	五年
				吴王阖闾元年		十九年
前513	戊子	七年		郑献公虿(chài)	元年	十三年
前511	庚寅	九年		晋定公午	元年	三十六年
前510	辛卯	十年		越王允常	元年	十四年
前509	壬辰	十一年		鲁定公宋	元年	十五年
				曹隐公	元年	四年
前505	丙申	十五年		陈怀公柳	元年	四年
				曹靖公路	元年	四年
前504	丁酉	十六年		燕简公	元年	十二年
前501	庚子	十九年		陈湣公越	元年	二十三年
				曹伯阳	元年	十五年

续表

公元	干支	帝王纪元	在位时间	诸侯纪元		在位时间
前500	辛丑	二十年		秦惠公	元年	十年
				郑声公胜	元年	三十八年
前496	乙巳	二十四年		越王勾践	元年	三十二年
前495	丙午	二十五年		吴王夫差	元年	二十三年
前494	丁未	二十六年		鲁哀公将	元年	二十七年
前492	己酉	二十八年		卫出公辄	元年	十二年
				燕献公	元年	二十八年
前490	辛亥	三十年		秦悼公	元年	十四年
				蔡成公朔元年		十九年
前489	壬子	三十一年		齐晏孺子荼	元年	
前488	癸丑	三十二年		齐悼公阳生	元年	四年
				楚惠王章	元年	五十七年
前484	丁巳	三十六年		齐简公壬	元年	四年
前480	辛酉	四十年		齐平公骜	元年	二十五年
				卫庄公蒯聩	元年	三年
前477	甲子	四十三年		卫君起	元年	
前476	乙丑	元王仁(赤) 元年	八年	卫出公辄后		二十一年
				秦厉共公	元年	三十四年
前474	丁卯	三年		晋出公凿		二十三年
前471	庚午	六年		蔡声侯产	元年	十五年
前468	癸酉	贞定王介 元年	二十八年			
前466	乙亥	三年		鲁悼公宁	元年	三十七年
前464	丁丑	五年		燕孝公	元年	十五年
				越王鹿郢	元年	三年
前462	己卯	七年		郑哀公易		八年
前458	癸未	十一年		越王不寿	元年	十年
前457	甲申	十二年		赵襄子无恤	元年	三十三年
前456	乙酉	十三年		蔡元侯	元年	六年
前455	丙戌	十四年		卫悼公黔		五年
				齐宣公就匝	元年	五十一年
前454	丁亥	十五年		郑共公丑	元年	三十一年

续表

公元	干支	帝王纪元		在位时间	诸侯纪元		在位时间
					燕成公载	元年	十六年
前452	己丑		十七年		宋君启	元年	二年
前451	庚寅		十八年		晋敬公	元年	十八年
前450	辛卯		十九年		卫敬公弗	元年	十九年
					蔡侯齐	元年	四年（灭于楚）
					宋昭公特（德）	元年	四十七年
前448	癸巳		二十一年		越王朱句	元年	三十七年
前445	丙申		二十四年		魏文侯斯	元年	五十年
前442	己亥		二十七年		秦躁公	元年	十四年
前441	庚子	哀王去疾	元年				
		思王叔	元年				
前440	辛丑	考王嵬	元年	十五年			
前438	癸卯		三年		燕文公	元年	二十四年
前433	戊申		八年		晋幽公柳	元年	十八年
前431	庚戌		十年		卫昭公纠	元年	六年
					楚简王仲	元年	二十四年
前428	癸丑		十三年		秦怀公	元年	四年
					鲁元公嘉	元年	二十一年
前425	丙辰	威烈王午	元年	二十四年	卫怀公亹(wěi)	元年	十一年
前424	丁巳		二年		秦灵公	元年	
					赵桓子嘉	元年	
					韩武子启章	元年	十六年
前423	戊午		三年		赵献侯浣	元年	十五年
					郑幽公已	元年	
前422	己未		四年		郑繻公骀	元年	二十七年
前415	丙寅		十一年		晋烈公止	元年	二十七年
前414	丁卯		十二年		秦简公悼子	元年	十五年
					燕简公	元年	四十五年
					卫慎公颓	元年	四十二年

续表

公元	干支	帝王纪元	在位时间	诸侯纪元	在位时间
前411	庚午	十五年		越王翳 元年	三十六年
前408	癸酉	十八年		韩景侯虔 元年	九年
				赵烈侯籍 元年	二十二年
前407	甲戌	十九年		鲁穆公显 元年	三十三年
				楚声王当 元年	六年
前404	丁丑	二十二年		齐康公贷 元年	二十六年
				田齐太公和 元年	十九年

5 战 国

（公元前403—前221年）

公元	干支	帝王纪元	在位时间	诸侯纪元	在位时间
前403	戊寅	威烈王午 二十三年		宋悼公购由 元年	八年
前402	己卯	二十四年		燕釐公庄 元年	三十年
前401	庚辰	安王骄 元年	二十六年	楚悼王熊疑 元年	二十一年
前399	壬午	三年		韩烈侯取 元年	十三年
				秦惠公 元年	十三年
前396	乙酉	六年		魏武侯击 元年	二十六年
前395		七年		郑康公乙 元年	二十年
				宋休公田 元年	二十三年
前388	癸巳	十四年		晋桓公 元年	二十年
前386	乙未	十六年		赵敬侯章 元年	十二年
				韩文侯 元年	十年
				齐侯太公田和 元年	二年
				秦出子 元年	二年
前384	丁酉	十八年		秦献公师隰 元年	二十三年
前383	戊戌	十九年		田齐侯剡 元年	九年
前380	辛丑	二十二年		楚肃王臧 元年	十一年
前377	甲辰	二十五年		晋静公俱酒 元年	二年（晋亡）
前376	乙巳	二十六年		韩哀侯 元年	二年

续表

公元	干支	帝王纪元	在位时间	诸侯纪元	在位时间
				鲁共公奋 元年	二十二年
				越王诸咎 元年	
前375	丙午	烈王喜 元年	七年	越王错支 元年	
前374	丁未	二年		韩懿侯 元年	十二年
				赵成侯 元年	二十五年
				田齐桓公午	十八年
				越王无余之	十二年
前372	己酉	四年		燕桓公 元年	十一年
				卫声公训 元年	十一年
				宋辟公辟兵 元年	三年
前369	壬子	七年		魏惠王 元年	三十五年
				楚宣王 元年	三十年
				宋君剔成 元年	四十一年
前368	癸丑	显王扁 元年	四十八年		
前362	己未	七年		韩昭侯武 元年	三十年
				越王无颛	三十年
前361	庚申	八年		燕文公 元年	二十九年
				秦孝公渠梁 元年	二十四年
				卫成侯遬 元年	二十九年
前356	乙丑	十三年		田齐威王因齐	三十七年
前352	己巳	十七年		鲁康公屯	九年
前349	壬申	二十年		赵肃侯语 元年	二十四年
前343	戊寅	二十六年		鲁景公匽	二十九年
前339	壬午	三十年		楚威王熊商 元年	十一年
前337	甲申	三十二年		秦惠文王驷 元年	十一年
前334	丁亥	三十五年		魏惠王罃 后元元年	十六年
前332	己丑	三十七年		韩宣惠王 元年	二十一年
				燕易王 元年	十二年
				卫平侯 元年	八年

续表

公元	干支	帝王纪元		在位时间	诸侯纪元		在位时间
前328	癸巳	四十一年			楚怀王槐	元年	三十年
					宋康王偃	元年	四十三年
前325	丙申	四十四年			赵武灵王	元年	二十七年
					秦惠文王驷	后元元年	十六年
前324	丁酉	四十五年			卫嗣君	元年	四十二年
前320	辛丑	慎靓(jìng)王定	元年	六年	燕王哙	元年	九年
前319	壬寅		二年		田齐宣王辟疆	元年	十九年
前318	癸卯		三年		魏襄王嗣	元年	二十三年
前314	丁未	赧王延	元年	五十九年	鲁平公叔	元年	三十二年
前311	庚戌		四年		韩襄王仓	元年	十六年
					燕昭王职	元年	三十三年
前310	辛亥		五年		秦武王荡	元年	四年
前306	乙卯		九年		秦昭襄王则	元年	五十六年
前300	辛酉		十五年		田齐湣王地	元年	十七年
前298	癸亥		十七年		赵惠文王立	元年	三十三年
					楚顷襄王	元年	三十六年
前295	丙寅		二十年		韩釐王咎	元年	二十三年
					魏昭王遫	元年	十九年
					鲁湣公贾	元年	二十三年
前283	戊寅		三十二年		田齐襄王法章	元年	十九年
前282	己卯		三十三年		卫怀君	元年	三十一年
前278	癸未		三十七年		燕惠王	元年	七年
前276	乙酉		三十八年		魏安釐王圉	元年	三十四年
前272	己丑		四十三年		韩桓惠王	元年	三十四年
					鲁顷公雠	元年	二十四年（亡于楚）
前271	庚寅		四十四年		燕武成王	元年	十四年

续表

公元	干支	帝王纪元	在位时间	诸侯纪元		在位时间
前265	丙申	五十年		赵孝成王丹	元年	二十一年
前264	丁酉	五十一年		田齐王建	元年	四十四年
前262	己亥	五十三年		楚考烈王	元年	二十五年
前257	甲辰	五十八年		燕孝王	元年	三年
前254	丁未			燕王喜	元年	三十三年
前252	己酉			卫元君	元年	二十三年
前250	辛亥			秦孝文王柱	元年	
前249	壬子			秦庄襄王子楚	元年	三年
前246	乙卯			秦王政	元年	二十六年
前244	丁巳			赵悼襄王偃	元年	九年
前242	己未			魏景湣王增	元年	十五年
前238	癸亥			韩王安	元年	九年（亡于秦）
前237	甲子			楚幽王悼	元年	十年
前235	丙寅			赵王迁	元年	八年
前229	壬申			卫君角	元年	九年
前228	癸酉			楚哀王犹	元年	
前227	甲戌			楚王负刍	元年	五年
				魏王假	元年	三年
				代（赵）王嘉	元年	六年

6 秦 朝

（公元前221—前207年）

公元	干支	帝王纪元		在位时间
前221	庚辰	秦始皇嬴政	二十六年	十一年
前209	壬辰	二世胡亥	元年	三年
前207	甲午		三年	
		秦王子婴	元年	

7 西 汉

（公元前206—公元23年）

公元	干支	帝王纪元		本年号时长
前206	乙未	汉高祖刘邦	元年	十二年
前194	丁未	惠帝刘盈	元年	七年
前187	甲寅	高后吕雉	元年	八年
前179	壬戌	文帝刘恒	前元元年	十六年
前163	戊寅		后元元年	七年
前156	乙酉	景帝刘启	前元元年	七年
前149	壬辰		中元元年	六年
前143	戊戌		后元元年	三年
前140	辛丑	武帝刘彻	建元元年	六年
前134	丁未		元光元年	六年
前128	癸丑		元朔元年	六年
前122	己未		元狩元年	六年
前116	乙丑		元鼎元年	六年
前110	辛未		元封元年	六年
前104	丁丑		太初元年	四年
前100	辛巳		天汉元年	四年
前96	乙酉		太始元年	四年
前92	己丑		征和元年	四年
前88	癸巳		后元元年	二年
前86	乙未	昭帝刘弗陵	始元元年	七年
前80	辛丑		元凤元年	六年
前74	丁未		元平元年	
前73	戊申	宣帝刘询	本始元年	四年
前69	壬子		地节元年	四年
前65	丙辰		元康元年	五年
前61	庚申		元康五年	

续表

公元	干支	帝王纪元		本年号时长
			神爵元年	四年
前60	辛酉		二年	
前57	甲子		五凤元年	
前53	戊辰		甘露元年	四年
前49	壬申		黄龙元年	四年
前48	癸酉	元帝刘奭	初元元年	
前43	戊寅		永光元年	五年
前38	癸未		建昭元年	五年
前33	戊子		竟宁元年	五年
前32	己丑	成帝刘骜	建始元年	
前28	癸巳		五年	四年
			河平元年	
前24	丁酉		阳朔元年	四年
前20	辛丑		鸿嘉元年	四年
前16	乙巳		永始元年	四年
前12	己酉		元延元年	四年
前8	癸丑		绥和元年	四年
前6	乙卯	哀帝刘欣	建平元年	二年
前5	丙辰		二年	四年
			太初元将元年	
前4	丁巳		建平三年	
前2	己未		元寿元年	二年
1	辛酉	平帝刘衎	元始元年	五年
6	丙寅	孺子婴	居摄元年	三年
8	戊辰		三年	
			初始元年	
9	己巳	新王莽	始建国元年	五年
14	甲戌		天凤元年	六年
20	庚辰		地皇元年	四年

8 东 汉

（公元 25—220 年）

公元	干支	帝王纪元		本年号时长
25	乙酉	汉光武帝刘秀	建武元年	三十二年
56	丙辰		三十二年	
			建武中元元年	二年
57	丁巳		二年	
58	戊午	明帝刘庄	永平元年	十八年
76	丙子	章帝刘炟	建初元年	九年
84	甲申		九年	
			元和元年	四年
87	丁亥		四年	
			章和元年	二年
89	己丑	和帝刘肇	永元元年	十七年
105	乙巳		十七年	
			元兴元年	
106	丙午	殇帝刘隆	延平元年	
107	丁未	安帝刘祜	永初元年	七年
114	甲寅		元初元年	七年
120	庚申		七年	
			永宁元年	二年
121	辛酉		二年	
			建光元年	二年
122	壬戌		二年	
			延光元年	四年
126	丙寅	顺帝刘保	永建元年	七年
132	壬申		七年	
			阳嘉元年	四年
136	丙子		永和元年	六年
142	壬午		汉安元年	三年
144	甲申		三年	
			建康元年	

续表

公元	干支	帝王纪元		本年号时长
145	乙酉	冲帝刘炳	永嘉元年	
146	丙戌	质帝刘缵	本初元年	
147	丁亥	桓帝刘志	建和元年	三年
150	庚寅		和平元年	
151	辛卯		元嘉元年	三年
153	癸巳		三年	
			永兴元年	二年
155	乙未		永寿元年	四年
158	戊戌		四年	
			延熹元年	十年
167	丁未		十年	
			永康元年	
168	戊申	灵帝刘宏	建宁元年	五年
172	壬子		五年	
			熹平元年	七年
178	戊午		七年	
			光和元年	七年
184	甲子		七年	
			中平元年	六年
189	己巳		六年	
		少帝刘辩	光熹元年	
			昭宁元年	
		献帝刘协	永汉元年	
			（复）中平六年	
			初平元年	四年
190	庚午		兴平元年	二年
194	甲戌		建安元年	二十五年
196	丙子		建安二十五年	
220	庚子		延康元年	

9 三国

（公元 220—280 年）

公元	干支	帝王纪元		
		魏年号、时长	蜀年号、时长	吴年号、时长
220	庚子	魏文帝曹丕 黄初元年　七年		
221	辛丑	二年	蜀汉昭烈帝刘备 章武元年　三年	
222	壬寅	三年	二年	吴大帝孙权 黄武元年　八年
223	癸卯	四年	章武三年 后主刘禅 建兴元年　十五年	二年
227	丁未	魏明帝曹叡 太和元年　七年	五年	六年
229	己酉	三年	七年	黄武八年 黄龙元年　三年
232	壬子	六年	十年	嘉禾元年　六年
233	癸丑	太和七年 青龙元年　五年	十一年	二年
237	丁巳	五年 景初元年　三年	十五年	六年
238	戊午	二年	延熙元年　二十年	七年 赤乌元年　十四年
240	庚申	齐王曹芳 正始元年　十年	三年	三年
249	己巳	十年 嘉平元年　六年	十二年	十二年
251	辛未	三年	十四年	十四年 太元元年　二年
252	壬申	四年	十五年	二年

中国历史学习手册　52

续表

公元	干支	帝王纪元		
		魏年号、时长	蜀年号、时长	吴年号、时长
				神凤元年 会稽王孙亮 建兴元年
254	甲戌	嘉平六年 高贵乡公曹髦 正元元年　三年	十七年	正凤元年　三年
256	丙子	三年 甘露元年　五年	十九年	三年 太平元年　三年
257	丁丑	二年	二十年	二年
258	戊寅	三年	景耀元年　六年	三年 景帝孙休 永安元年　七年
260	庚辰	五年 魏元帝曹奂 景元元年　五年	三年	三年
263	癸未	四年	六年 炎兴元年	六年
264	甲申	五年 咸熙元年　二年	二年	七年 末帝孙皓 元兴元年　二年
265	乙酉	二年 晋武帝司马炎 泰始元年　十年	三年	二年 甘露元年　二年
266	丙戌	二年		二年 宝鼎元年　四年
269	己丑	五年		四年 建衡元年　三年
272	壬辰	八年		凤凰元年　三年
275	乙未	咸宁元年　六年		天册元年
276	丙申	二年		天玺元年
277	丁酉	三年		天纪元年　四年
280	庚子	六年		四年

10 西 晋

（公元 280—316 年）

公元	干支	帝王纪元	
		西晋年号、时长	十六国年号、时长
280	庚子	晋武帝司马炎 太康元年　　　　十年	
290	庚戌	太熙元年 晋惠帝司马衷 永熙元年	
291	辛亥	永平元年 元康元年　　　　九年	
300	庚申	永康元年　　　　二年	
301	辛酉	二年 永宁元年　　　　二年	
302	壬戌	二年 太安元年　　　　二年	
303	癸亥	二年	成李特　建初元年　　　二年
304	甲子	永安元年 建武元年 永兴元年　　　　三年	成李雄　建兴元年　　　二年 汉刘渊　元熙元年　　　四年
306	丙寅	三年 光熙元年	成李雄　晏平元年　　　五年
307	丁卯	晋怀帝司马炽 永嘉元年　　　　七年	
308	戊辰	二年	汉刘渊　永凤元年
309	己巳	三年	汉刘渊　河瑞元年
310	庚午	四年	汉刘聪　光兴元年
311	辛未	五年	成李雄　玉衡元年　　二十三年 汉刘聪　嘉平元年　　　四年
313	癸酉	七年 晋愍帝司马邺 建兴元年　　　　四年	
314	甲戌	二年	前凉张寔 建兴(永安)元年　　七年
315	乙亥	三年	汉刘聪　建元元年
316	丙子	四年	汉刘聪　麟嘉元年

11 东晋、十六国

（公元317—420年）

公元	干支	帝王纪元 东晋年号、时长	帝王纪元 十六国年号、时长
317	丁丑	晋元帝司马睿 建武元年　　二年	
318	戊寅	二年 大兴元年　　四年	汉少主刘粲　汉昌元年 前赵刘曜　光初元年　　十二年
319	己卯	二年	后赵石勒　　元年　　九年
320	庚辰	三年	前凉张茂 建兴（永元）元年　　四年
322	壬午	永昌元年　　二年	
323	癸未	二年 晋明帝司马绍 太宁元年　　四年	
324	甲申	二年	前凉张骏 建兴（太元）元年　　二十三年
326	丙戌	四年 晋成帝司马衍 咸和元年　　九年	
328	戊子	三年	后赵石勒　太和元年　　二年
330	庚寅	五年	后赵石勒　建平元年　　四年
333	癸巳	八年	后赵石弘　延熙元年
334	甲午	九年	成李班　玉衡二十四年 （用李雄年号）
335	乙未	咸康元年　　八年	后赵石虎　建武元年　　十四年 成李期　玉恒元年　　三年
337	丁酉	三年	前燕慕容皝　元年　　十二年
338	戊戌	四年	汉李寿　兴汉元年　　六年
343	癸卯	晋康帝司马岳 建元元年　　二年	

续表

公元	干支	帝王纪元	
		东晋年号、时长	十六国年号、时长
344	甲辰	二年	汉李势　　太和元年　　二年
345	乙巳	晋穆帝司马聃 　永和元年　　十二年	
346	丙午	二年	汉李势　　嘉宁元年　　二年 前凉张重华 　　建兴(永乐)元年　　八年
349	己酉	五年	后赵石虎　　太宁元年 后赵石遵　　　　元年 后赵石鉴　　青龙元年 前燕慕容儁　　元年　　三年
350	庚戌	六年	后赵石祗　　永宁元年
351	辛亥	七年	前秦苻健　　皇始元年　　四年
352	壬子	八年	前燕慕容儁　　元玺元年　　五年
354	甲寅	十年	前凉张祚　　和平元年　　二年
355	乙卯	十一年	前秦苻生　　寿光元年　　二年 前凉张玄靓 　　建兴(太始)元年　　七年
357	丁巳	升平元年　　五年	前秦苻坚　　永兴元年　　二年 前燕慕容儁　　光寿元年　　三年
359	己未	三年	前秦苻坚　　甘露元年　　六年
360	庚申	四年	前燕慕容暐 　　建熙元年　　十一年
361	辛酉	五年	前凉张玄靓 　　升平(太始)元年　　二年
362	壬戌	晋哀帝司马丕 　隆和元年　　二年	
363	癸亥	二年 兴宁元年　　三年	前凉张天锡 　　太清(升平)元年　　十四年
365	乙丑	三年	前秦苻坚　　建元元年　　二十年
366	丙寅	废帝司马奕 　太和元年　　六年	

续表

公元	干支	帝王纪元	
		东晋年号、时长	十六国年号、时长
371	辛未	六年 简文帝司马昱 　咸安元年　　二年	
373	癸酉	孝武帝司马曜 　宁康元年　　三年	
376	丙子	太元元年　　二十一年	
384	甲申	九年	后燕慕容垂　燕元元年　　二年 后秦姚苌　　白雀元年　　二年 西燕慕容泓　燕兴元年
385	乙酉	十年	前秦苻丕　　太安元年 西秦乞伏国仁　建义元年　三年 西燕慕容冲　更始元年　　二年
386	丙戌	十一年	前秦苻登　　太初元年　　八年 后燕慕容垂　建兴元年　　十年 后秦姚苌　　建初元年　　八年 北魏道武帝拓跋珪 　　　　　　登国元年　　十一年 后凉吕光　　太安元年　　四年 西燕段随　　昌平元年 　慕容顗　　建明元年 　慕容瑶　　建平元年 　慕容忠　　建武元年 　慕容永　　中兴元年　　九年
388	戊子	十三年	西秦乞伏乾归　太初元年　十三年
389	己丑	十四年	后凉吕光　　麟嘉元年　　七年
394	甲午	十九年	前秦苻崇　　延初元年 后秦姚兴　　皇初元年　　五年
396	丙申	二十一年	后燕慕容宝　永康元年 北魏拓跋珪　皇始元年　　三年 后凉吕光　　龙飞元年　　三年
397	丁酉	安帝司马德宗 　隆安元年　　五年	南凉秃发乌孤　太初元年　三年 北凉段业　　神玺元年 后燕慕容详　建始元年 后燕慕容麟　延平元年

续表

公元	干支	帝王纪元	
		东晋年号、时长	十六国年号、时长
398	戊戌	二年	后燕慕容盛　建平元年 北魏拓跋珪　天兴元年　七年
399	己亥	三年	后燕慕容盛　长乐元年　二年 后秦姚兴　弘始元年　十七年 北凉段业　天玺元年　二年 后梁吕光　承康元年 后凉吕纂　咸宁元年　三年
400	庚子	四年	南凉秃发利鹿孤 　　　　　　建和元年　三年 南燕慕容德　建平元年　六年 西凉李暠　庚子元年　五年
401	辛丑	五年	后凉吕隆　神鼎元年　三年 后燕慕容熙　光始元年　六年 北凉沮渠蒙逊　永安元年　十一年
402	壬寅	元兴元年　三年	南凉秃发傉檀 　　　　　弘昌元年　二年
404	甲辰	三年	北魏拓跋珪　天赐元年　六年
405	乙巳	义熙元年　十四年	南燕慕容超　太上元年　六年 西凉李暠　建初元年　十二年
407	丁未	三年	夏赫连勃勃　龙升元年　六年 后燕慕容熙　建始元年 后燕高云　正始元年　三年
408	戊申	四年	南凉秃发傉檀　嘉平元年　七年
409	己酉	五年	西秦乞伏乾归　更始元年　三年 北魏拓跋嗣　永兴元年　五年 北燕冯跋　太平元年　二十二年
412	壬子	八年	北凉沮渠蒙逊　玄始元年　十六年 西秦乞伏炽磐　永康元年　八年
413	癸丑	九年	夏赫连勃勃　凤翔元年　五年
414	甲寅	十年	北魏拓跋嗣　神瑞元年　三年
416	丙辰	十二年	后秦姚泓　永和元年　二年 北魏拓跋嗣　泰常元年　八年

续表

公元	干支	帝王纪元	
		东晋年号、时长	十六国年号、时长
417	丁巳	十三年	西凉李歆　　嘉兴元年　　三年
418	戊午	十四年	夏赫连勃勃　昌武元年
419	己未	晋恭帝司马德文 　　元熙元年　　二年	夏赫连勃勃　真兴元年　　六年
420	庚申	二年	西秦乞伏炽磐　建弘元年　　八年 西凉李恂　　永建元年　　二年

12　南北朝

（公元420—589年）

公元	干支	帝王纪元	
		南朝年号、时长	北朝年号、时长
420	庚申	宋武帝刘裕 　　永初元年　　三年	北魏明元帝拓跋嗣 　　　　　　泰常五年
423	癸亥	宋少帝刘义符 　　景平元年　　二年	八年
424	甲子	二年 宋文帝刘义隆 　　元嘉元年　　三十年	北魏太武帝拓跋焘 　　　　　　始光元年　　五年
425	乙丑	二年	夏赫连昌　　承光元年　　四年
428	戊辰	五年	北魏太武帝拓跋焘 　　　　　　神䴥元年　　四年 夏赫连定　　胜光元年　　四年 西秦乞伏暮末　永弘元年　　四年 北凉沮渠蒙逊　承玄元年　　三年
431	辛未	八年	北燕冯弘　　太兴元年　　六年 北凉沮渠蒙逊　义和元年　　三年
432	壬申	九年	北魏拓跋焘　延和元年　　三年
433	癸酉	十年	北凉沮渠牧犍　永和元年　　七年
435	乙亥	十二年	北魏拓跋焘　太延元年　　六年
440	庚辰	十七年	太延六年 北魏拓跋焘 　　　　　　太平真君元年　十二年
443	癸未	二十年	北凉沮渠无讳　承平元年

续表

公元	干支	帝王纪元	
		南朝年号、时长	北朝年号、时长
445	乙酉	二十二年	北凉沮渠安周　承平三年
451	辛卯	二十八年	北魏拓跋焘　太平真君十二年 正平元年
452	壬辰	二十九年	北魏拓跋余　承平元年 北魏文成帝拓跋濬 　　　兴安元年　三年
453	癸巳	三十年 刘劭 　太初元年	
454	甲午	宋孝武帝刘骏 　孝建元年　三年	北魏拓跋濬　兴光元年　二年
455	乙未	二年	二年 北魏拓跋濬　太安元年　五年
457	丁酉	大明元年　八年	三年
460	庚子	四年	和平元年　六年
465	乙巳	前废帝刘子业 　永光元年 　景和元年 宋明帝刘彧 　泰始元年　七年	六年
466	丙午	二年	北魏献文帝拓跋弘 　　　天安元年　二年
467	丁未		二年 皇兴元年　五年
471	辛亥	七年	五年 宋孝文帝元宏　延兴元年　六年
472	壬子	泰豫元年	二年
473	癸丑	后废帝刘昱 　元徽元年　五年	
476	丙辰	四年	六年 承明元年
477	丁巳	五年 宋顺帝刘准 　升明元年　三年	太和元年　二十三年

续表

公元	干支	帝王纪元	
		南朝年号、时长	北朝年号、时长
479	己未	三年 齐高帝萧道成 　　建元元年　　四年	三年
483	癸亥	齐武帝萧赜 　　永明元年　　十一年	七年
494	甲戌	郁林王萧昭业 　　隆昌元年 海陵王萧昭文 　　延兴元年 齐明帝萧鸾 　　建武元年　　五年	十八年
498	戊寅	五年 　　永泰元年	二十二年
499	己卯	东昏侯萧宝卷 　　永元元年　　三年	二十三年
500	庚辰	二年	北魏宣武帝元恪 　　景明元年　　四年
501	辛巳	三年 齐和帝萧宝融 　　中兴元年　　二年	二年
502	壬午	二年 梁武帝萧衍 　　天监元年　　十八年	三年
504	甲申	三年	正始元年　　五年
508	戊子	七年	五年 永平元年
512	壬辰	十一年	五年 延昌元年
516	丙申	十五年	北魏孝明帝元诩 　　熙平元年　　三年
518	戊戌	十七年	三年 　　神龟元年　　三年

续表

公元	干支	帝王纪元	
		南朝年号、时长	北朝年号、时长
520	庚子	普通元年　　　　八年	三年 正光元年　　　　六年
525	己巳	六年	六年 孝昌元年　　　　三年
527	丁未	八年 大通元年　　　　三年	三年
528	戊申	二年	武泰元年 北魏孝庄帝元子攸 　　　　建义元年 　　　　永安元年　　　　三年
529	己酉	三年 中大通元年　　　　六年	二年
530	庚戌	二年	三年 北魏长广王元晔 　　　　建明元年　　　　二年
531	辛亥	三年	二年 北魏节闵帝元恭 　　　　普泰元年　　　　二年
532	壬子	四年	二年 北魏孝武帝元修 　　　　太昌元年 　　　　永兴元年 　　　　永熙元年
534	甲寅	六年	三年 东魏孝静帝元善见 　　　　天平元年　　　　四年
535	乙卯	大同元年　　　　十二年	西魏文帝元宝炬 　　　　大统元年　　　　十七年
538	戊午	四年	东魏孝静帝元善见 　　　　元象元年　　　　二年
539	己未	五年	东魏元善见　兴和元年　四年
543	癸亥	九年	武定元年　　　　八年

续表

公元	干支	帝王纪元	
		南朝年号、时长	北朝年号、时长
546	丙寅	十二年 中大同元年　二年	四年
547	丁卯	二年 太清元年　三年	五年
548	戊辰	二年	六年
550	庚午	梁简文帝萧纲 大宝元年　二年	八年 北齐文宣帝高洋　天保元年　十年
551	辛未	二年 梁豫章王萧栋 天正元年　二年	二年
552	壬申	二年 梁元帝萧绎 承圣元年　四年	西魏废帝元钦　元年　三年
554	甲戌	三年	西魏恭帝元廓　元年　三年
555	乙亥	四年 梁贞阳侯萧渊明 天成元年 梁敬帝萧方智 绍泰元年　二年	二年
556	丙子	二年 太平元年　二年	三年
557	丁丑	二年 陈武帝陈霸先 永定元年　三年	北周闵帝宇文觉　元年 北周明帝宇文毓　元年　二年
559	己卯	三年	武成元年　二年
560	庚辰	陈文帝陈蒨 天嘉元年　七年	北齐废帝高殷　乾明元年 北齐孝昭帝高演　皇建元年　二年
561	辛巳	二年	北周武帝宇文邕　保定元年　五年 北齐武成帝高湛　太宁元年　二年
562	壬午	三年	河清元年　四年

63　一　年表类

续表

公元	干支	帝王纪元	
		南朝年号、时长	北朝年号、时长
565	乙酉	六年	北齐后主高纬　天统元年　五年
566	丙戌	七年 天康元年	北周武帝宇文邕　天和元年　七年
567	丁亥	废帝陈伯宗 光大元年　二年	二年
569	己丑	陈宣帝陈顼 太建元年　十四年	四年
570	庚寅	二年	北齐后主高纬　武平元年　七年
572	壬辰	四年	北周武帝宇文邕　建德元年　六年
576	丙申	八年	北齐后主高纬　隆化元年　二年 北齐高延宗　德昌元年
577	丁酉	九年	北齐幼主高恒　承光元年
578	戊戌	十年	北周武帝宇文邕　宣政元年
579	己亥	十一年	北周宣帝宇文赟　大成元年 北周静帝宇文阐　大象元年　二年
581	辛丑	十三年	大定元年
583	癸卯	陈后主陈叔宝 至德元年　四年	
587	丁未	祯明元年　三年	

13　隋　朝

（公元 581—618 年）

公元	干支	帝王纪元	本年号时长
581	辛丑	隋文帝杨坚　　　　开皇元年	二十年
601	辛酉	仁寿元年	四年
605	乙丑	炀帝杨广　　　大业元年	十四年

14 唐 朝

（公元 618—907 年）

公元	干支	帝王纪元		本年号时长
618	戊寅	唐高祖李渊	武德元年	九年
627	丁亥	太宗李世民	贞观元年	二十三年
650	庚戌	高宗李治	永徽元年	六年
656	丙辰		显庆元年	六年
661	辛酉		六年 龙朔元年	三年
664	甲子		麟德元年	二年
666	丙寅		乾封元年	三年
668	戊辰		三年 总章元年	三年
670	庚午		三年 咸亨元年	五年
674	甲戌		五年 上元元年	三年
676	丙子		三年 仪凤元年	四年
679	己卯		四年 调露元年	二年
680	庚辰		二年 永隆元年	二年
681	辛巳		二年 开耀元年	二年
682	壬午		二年 永淳元年	二年
683	癸未		二年 弘道元年	
684	甲申	中宗李显 睿宗李旦 武则天	嗣圣元年 文明元年 光宅元年	
685	乙酉		垂拱元年	四年

续表

公元	干支	帝王纪元		本年号时长
689	己丑		永昌元年 载初元年	
690	庚寅		天授元年	三年
692	壬辰		三年 如意元年 长寿元年	三年
694	甲午		三年 延载元年	
695	乙未		证圣元年 天册万岁元年	
696	丙申		万岁登封元年 万岁通天元年	二年
697	丁酉		二年 神功元年	
698	戊戌		圣历元年	三年
700	庚子		三年 久视元年	
701	辛丑		大足元年 长安元年	四年
705	乙巳	中宗李显	神龙元年	三年
707	丁未		三年 景龙元年	四年
710	庚戌	殇帝李重茂 睿宗李旦	唐隆元年 景云元年	二年
712	壬子	玄宗李隆基	太极元年 延和元年 先天元年	二年
713	癸丑		二年 开元元年	二十九年
742	壬午		天宝元年	十五年
756	丙申	肃宗李亨	十五载 至德元年	三年

续表

公元	干支	帝王纪元		本年号时长
758	戊戌		三年 乾元元年	三年
760	庚子		三年 上元元年	二年
762	壬寅	代宗李豫	宝应元年	二年
763	癸卯		二年 广德元年	二年
765	乙巳		永泰元年	二年
766	丙午		二年 大历元年	十四年
780	庚申	德宗李适	建中元年	四年
784	甲子		兴元元年	
785	乙丑		贞元元年	二十一年
805	乙酉	顺宗李诵	二十一年 永贞元年	
806	丙戌	宪宗李纯	元和元年	十五年
821	辛丑	穆宗李恒	长庆元年	四年
825	乙巳	敬宗李湛	宝历元年	三年
827	丁未	文宗李昂	三年 大和元年	九年
836	丙辰		开成元年	五年
841	辛酉	武宗李炎	会昌元年	六年
847	丁卯	宣宗李忱	大中元年	十四年
860	庚辰	懿宗李漼	十四年 咸通元年	十五年
874	甲午	僖宗李儇	十五年 乾符元年	六年
880	庚子		广明元年	二年
881	辛丑		二年 中和元年	五年
885	乙巳		五年 光启元年	四年

续表

公元	干支	帝王纪元		本年号时长
888	戊申		四年 文德元年	
889	己酉	昭宗李晔	龙纪元年	
890	庚戌		大顺元年	二年
892	壬子		福元年景	二年
894	甲寅		乾宁元年	五年
898	戊午		五年 光化元年	四年
901	辛酉		四年 天复元年	四年
904	甲子	哀帝李柷	四年 天祐元年	四年

15 五代十国、辽

（公元 907—960 年）

公元	干支	帝王纪元			
		五代年号、时长		十国与辽年号、时长	
907	丁卯	后梁太祖朱晃 开平元年	五年	吴越钱镠(liú) 天祐四年 吴杨渥 天祐四年 前蜀王建 天复七年 楚马殷立 南汉刘隐 用后梁年号 闽王审知 用后梁年号 南平高季兴立	
908	戊辰	二年		吴越钱镠 天宝元年 四年 前蜀王建 武成元年 三年	
909	己巳	三年		吴杨隆演 天祐六年	
911	辛未	五年 乾化元年	二年	前蜀王建 永平元年 五年	

续表

公元	干支	帝王纪元	
		五代年号、时长	十国与辽年号、时长
913	癸酉	朱友珪 　　凤历元年 后梁末帝朱瑱 　　乾化三年　　三年	
915	乙亥	五年 　　贞明元年　　七年	
916	丙子	二年	辽太祖耶律阿保机 　　　　神册元年　六年 前蜀王建　通正元年
917	丁丑	三年	天汉元年 南汉刘龑　乾亨元年　九年
918	戊寅	四年	前蜀王建　光天元年
919	己卯	五年	前蜀王衍　乾德元年　六年 吴杨隆演　武义元年　三年
921	辛巳	七年 　　龙德元年　　三年	吴杨溥　　　　三年 　　　顺义元年　六年
922	壬午	二年	辽太祖耶律阿保机 　　　　天赞元年　五年
923	癸未	三年 后唐庄宗李存勖 　　同光元年　　四年	二年
924	甲申	二年	吴越钱镠　宝大元年　二年
925	乙酉	三年	前蜀王衍　咸康元年 南汉刘龑　白龙元年　三年 闽王延翰立
926	丙戌	四年 后唐明宗李亶 　　天成元年　　五年	吴越钱镠　宝正元年　七年 闽王延钧立 辽太祖耶律阿保机 　　　　天显元年
927	丁亥	二年	辽太宗耶律德光 　　　　天显二年　十一年 吴杨溥　　乾贞元年　二年

续表

公元	干支	帝王纪元	
		五代年号、时长	十国与辽年号、时长
928	戊子	三年	南平高从诲立 南汉刘龑　　大有元年　　十五年
929	己丑	四年	吴杨溥　　　大和元年　　六年
930	庚寅	五年 长兴元年　　四年	楚马希声立
932	壬辰	三年	吴越钱元瓘立 楚马希范立
933	癸巳	四年	闽王延钧　　龙启元年　　二年
934	甲午	后唐闵帝李从厚 　应顺元年 后唐末帝李从珂 　清泰元年　　三年	后蜀孟知祥　明德元年
935	乙未	二年	后蜀孟昶　　明德二年　　四年 吴杨溥　　　天祚元年　　二年 闽王延钧　　永和元年
936	丙申	三年 后晋高祖石敬瑭 　天福元年　　七年	闽王昶　　　通文元年　　四年
937	丁酉	二年	南唐李昪　　升平元年　　七年
938	戊戌	三年	后蜀孟昶　　广政元年　二十八年 辽太宗耶律德光 　　　　　　会同元年　　十年
939	己亥	四年	闽王曦　　　永隆元年　　六年
941	辛丑	六年	吴越钱佐立
942	壬寅	七年	南汉刘玢　　光天元年　　二年
943	癸卯	后晋出帝石重贵 　天福八年　　二年	南汉刘晟　　应乾元年 　　　　　　乾和元年　　十六年 南唐李璟　　保大元年　　十五年 闽王延政　　天德元年　　三年
944	甲辰	九年 开运元年　　三年	

续表

公元	干支	帝王纪元	
		五代年号、时长	十国与辽年号、时长
947	丁未	后汉高祖刘知远 天福十二年	辽太宗耶律德光　大同元年 辽世宗耶律阮　　天禄元年　五年 吴越钱佐立 吴越钱俶立 楚马希广立
948	戊申	乾祐元年　　　　　三年	南平高保融立
949	己酉	后汉隐帝刘承祐 乾祐二年	
950	庚戌	三年	楚马希萼立
951	辛亥	后周太祖郭威 广顺元年　　　　三年	辽穆宗耶律璟　应历元年　十九年 北汉刘旻　　　乾祐四年 楚马希崇立
954	甲寅	显德元年	
955	乙卯	后周世宗柴荣 显德二年　　　　六年	北汉刘钧　　　乾祐八年　二年
957	丁巳	四年	北汉刘钧　　　天会元年　十二年
958	戊午	五年	南汉刘鋹　　　大宝元年　十四年 南唐李璟 　　　　　　　中兴元年 　　　　　　　交泰元年
960	庚申	后周恭帝柴宗训 显德七年	南平高保勖立
961	辛酉		南唐李煜立

16 北宋、辽、金

（公元960—1127年）

公元	干支	帝王纪元	
		北宋年号、时长	辽·金年号、时长
960	庚申	宋太祖赵匡胤 建隆元年　　　四年	辽穆宗耶律璟　应历十年
963	癸亥	四年 乾德元年　　　六年	十三年
968	戊辰	六年 开宝元年　　　九年	十八年
969	己巳	二年	十九年 辽景宗耶律贤　保宁元年　十一年
976	丙子	九年 宋太宗赵光义（炅） 太平兴国元年　九年	八年
979	己卯	四年	十一年 乾亨元年　　　五年
983	癸未	八年	五年 辽圣宗耶律隆绪 统和元年　三十年
984	甲申	九年 雍熙元年　　　四年	二年
988	戊子	端拱元年　　　二年	六年
990	庚寅	淳化元年　　　二年	八年
995	乙未	至道元年　　　三年	十三年
998	戊戌	宋真宗赵恒 咸平元年　　　六年	
1004	甲辰	景德元年　　　四年	二十二年
1008	戊申	大中祥符元年　九年	二十六年
1012	壬子	五年	三十年 开泰元年　　　十年
1017	丁巳	天禧元年　　　五年	六年
1021	辛酉	五年	十年 太平元年　　　十一年
1022	壬戌	乾兴元年	二年

续表

公元	干支	帝王纪元 北宋年号、时长	帝王纪元 辽·金年号、时长
1023	癸亥	宋仁宗赵祯 天圣元年　　十年	三年
1031	辛未	九年	十一年 辽兴宗耶律宗真　景福元年　二年
1032	壬申	十年 明道元年　　二年	二年 重熙元年　二十四年
1034	甲戌	景祐元年　　五年	三年
1038	戊寅	五年 宝元元年　　三年	七年
1040	庚辰	三年 康定元年　　二年	九年
1041	辛巳	二年 庆历元年　　八年	十年
1049	己丑	皇祐元年　　六年	十八年
1054	甲午	六年 至和元年　　三年	二十三年
1055	乙未	二年	二十四年 辽道宗耶律洪基 清宁元年　　十年
1056	丙申	三年 嘉祐元年　　八年	二年
1064	甲辰	宋英宗赵曙 治平元年　　四年	十年
1065	乙巳	二年	咸雍元年　　十年
1068	戊申	宋神宗赵顼 熙宁元年　　十年	
1075	乙卯	八年	大康元年　　七年
1078	戊午	元丰元年　　八年	四年
1085	乙丑	八年	大安元年　　十年
1086	丙寅	宋哲宗赵煦 元祐元年　　九年	二年
1094	甲戌	九年 绍圣元年　　五年	十年

续表

公元	干支	帝王纪元	
		北宋年号、时长	辽·金年号、时长
1095	乙亥	二年	寿昌元年　七年
1098	戊寅	五年 元符元年　三年	四年
1101	辛巳	宋徽宗赵佶 建中靖国　元年	辽天祚帝耶律延禧　乾统元年　十年
1102	壬午	崇宁元年　五年	二年
1107	丁亥	大观元年　四年	七年
1111	辛卯	政和元年　八年	天庆元年　十年
1115	乙未	五年	金太祖完颜阿骨打(旻) 收国元年　二年
1117	丁酉	七年	金太祖完颜阿骨打(旻) 天辅元年　七年
1118	戊戌	八年 重和元年　七年	辽天祚帝耶律延禧 乾统八年
1119	己亥	二年 宣和元年　七年	
1121	辛丑	三年	辽天祚帝　保大元年　五年
1123	癸卯	五年	金太宗完颜晟　天会元年　十二年
1126	丙午	宋钦宗赵桓 靖康元年　二年	四年

17　南宋、金

（公元1127—1279年）

公元	干支	帝王纪元	
		宋年号、时长	金·元朝年号、时长
1127	丁未	宋高宗赵构 建炎元年　四年	金太宗完颜晟　天会五年
1131	辛亥	绍兴元年　三十二年	九年
1135	乙卯	五年	金熙宗完颜亶　天会十三年　三年

续表

公元	干支	帝王纪元	
		宋年号、时长	金·元朝年号、时长
1138	戊午	八年	天眷元年　　　三年
1141	辛酉	十一年	皇统元年　　　九年
1149	己巳	十九年	九年 海陵王完颜亮　天德元年　五年
1153	癸酉	二十三年	贞元元年　　　四年
1156	丙子	二十六年	四年 正隆元年　　　六年
1161	辛巳	三十一年	六年 金世宗完颜雍　大定元年　二十九年
1163	癸未	宋孝宗赵昚 隆兴元年　　　二年	
1165	乙酉	乾道元年　　　九年	五年
1174	甲午	淳熙元年　　　十六年	十四年
1190	庚戌	宋光宗赵惇 绍熙元年　　　五年	金章宗完颜璟　明昌元年　七年
1195	乙卯	宋宁宗赵扩 庆元元年　　　六年	
1196	丙辰	二年	七年 承安元年　　　五年
1201	辛酉	嘉泰元年　　　四年	泰和元年　　　八年
1205	乙丑	开禧元年　　　三年	五年
1208	戊辰	嘉定元年　　　十七年	八年
1209	己巳	二年	卫绍王完颜永济 大安元年　　　三年
1212	壬申	五年	崇庆元年　　　二年
1213	癸酉	六年	二年 至宁元年 金宣宗完颜珣　贞祐元年　五年
1217	丁丑	十年	五年 兴定元年　　　六年
1222	壬午	十五年	六年 元光元年　　　二年

续表

公元	干支	帝王纪元	
		宋年号、时长	金·元朝年号、时长
1224	甲申	十七年	金哀宗完颜守绪 正大元年 九年
1225	乙酉	宋理宗赵昀 宝庆元年 三年	二年
1228	戊子	绍定元年 六年	五年
1232	壬辰	五年	开兴元年 天兴元年 三年
1234	甲午	端平元年 三年	金末帝完颜承麟 天兴三年
1237	丁酉	嘉熙元年 四年	
1241	辛丑	淳祐元年 十二年	
1253	癸丑	宝祐元年 六年	
1259	己未	开庆元年	
1260	庚申	景定元年 五年	元世祖忽必烈 中统元年 五年
1264	甲子	五年	至元元年 三十一年
1265	乙丑	宋度宗赵禥 咸淳元年 十年	二年
1275	乙亥	宋恭帝赵㬎 德祐元年 二年	十二年
1276	丙子	二年 宋端宗赵昰 景炎元年 三年	十三年
1278	戊寅	三年 赵昺 祥兴元年 二年	十五年

18 元　朝

（公元1271—1368年）

公元	干支	帝王纪元	本年号时长
1271	辛未	元世祖忽必烈　　　　　　　　至元八年	三十一年

续表

公元	干支	帝王纪元		本年号时长
1295	乙未	成宗铁穆耳	元贞元年	三年
1297	丁酉		三年	
			大德元年	十一年
1308	戊申	武宗海山	至大元年	四年
1312	壬子	仁宗爱育黎拔力八达	皇庆元年	二年
1314	甲寅		延祐元年	七年
1321	辛酉	英宗硕德八剌	至治元年	三年
1324	甲子	泰定帝也孙铁木儿	泰定元年	五年
1328	戊辰		五年	
			致和元年	
		幼主阿速吉八	天顺元年	
		文宗图帖睦尔	天历元年	三年
1330	庚午		三年	
			至顺元年	四年
1332	壬申	宁宗懿璘质班	至顺三年	
1333	癸酉	惠宗妥懽帖睦尔	至顺四年	
			元统元年	三年
1335	乙亥		三年	
			至元元年	六年
1341	辛巳		至正元年	二十八年

19 明 朝

（公元1368—1644年）

公元	干支	帝王纪元		本年号时长
1368	戊申	明太祖朱元璋	洪武元年	三十一年
1399	己卯	惠帝朱允炆	建文元年	四年
1403	癸未	成祖朱棣	永乐元年	二十二年
1425	乙巳	仁宗朱高炽	洪熙元年	
1426	丙午	宣宗朱瞻基	宣德元年	十年
1436	丙辰	英宗朱祁镇	正统元年	十四年

续表

公元	干支	帝王纪元		本年号时长
1450	庚午	代宗朱祁钰	景泰元年	七年
1457	丁丑	英宗朱祁镇	天顺元年	八年
1465	乙酉	宪宗朱见深	成化元年	二十三年
1488	戊申	孝宗朱祐樘	弘治元年	十八年
1506	丙寅	武宗朱厚照	正德元年	十六年
1522	壬午	世宗朱厚熜	嘉靖元年	四十五年
1567	丁卯	穆宗朱载坖	隆庆元年	六年
1573	癸酉	神宗朱翊钧	万历元年	四十八年
1620	庚申	光宗朱常洛	泰昌元年	五年
1621	辛酉	熹宗朱由校	天启元年	七年
1628	戊辰	思宗朱由检	崇祯元年	十七年

20 清 朝

（公元 1644—1911 年）

公元	干支	帝王纪元		本年号时长
1644	甲申	清世祖福临	顺治元年	十八年
1662	壬寅	圣祖玄烨	康熙元年	六十一年
1723	癸卯	世宗胤禛	雍正元年	十三年
1736	丙辰	高宗弘历	乾隆元年	六十年
1796	丙辰	仁宗颙琰	嘉庆元年	二十五年
1821	辛巳	宣宗旻宁	道光元年	三十年
1851	辛亥	文宗奕詝	咸丰元年	十一年
1862	壬戌	穆宗载淳	同治元年	十三年
1875	乙亥	德宗载湉	光绪元年	三十四年
1909	己酉	爱新觉罗·溥仪	宣统元年	三年
1911	辛亥	（辛亥革命）		三年

（五）中国古代历法和纪年法

1 阳历、阴历、阴阳历

古今中外的历法大体上可以分为三大类，即阳历、阴历和阴阳历。

阳历的全称叫"太阳历"，又名"格里历""公历""西历"。它是以地球绕太阳公转一周的回归年长度为依据制定出来的。起源于古罗马，现在通行于世界上大多数国家。

阴历的全称叫"太阴历"。它是以月球绕地球运转一周的朔望月长度为依据制订的。伊斯兰教历（旧称回历）就是阴历的一种。伊斯兰教历起源于古代阿拉伯，主要通行于阿拉伯国家和信仰伊斯兰教的民族。

阴阳历是兼顾回归年和朔望月的一种历法。它的历月是根据朔望月长度制定的，而历年又参照回归长度作了相应的调整。我国历史上曾经使用过的历法，除太平天国使用的《天历》外，都属于阴阳历系统。我国习惯上称这种历法为阴历、农历（或称夏历、古历）。

2 帝王纪年法

我国古代最早的纪年法是帝王纪年法，即以帝王即位之年或次年为元年，依次为二年、三年，按顺序计算，直到新君即位为止，新帝王即位的当年或次年改元。在全国范围，以帝王纪年；但在春秋、战国时期的列国中，则以诸侯纪年。我国古文献中记载的最早的具体纪元时间是西周时的共和行政元年（前841）。此后，每一帝王都有明确的纪元。如公元前770年为周平王元年，前206年为汉（高祖）元年。平王、高祖是谥号、庙号，这时还无年号。至汉武帝时，始用年号纪年，也是以元、二、三等顺序记载。如汉武帝建元元年（前140）、唐太宗贞观元年（627）、清圣祖康熙元年（1662）等。（详见本书《中国历代纪元简表》）

3 干支纪年法

干支纪年法始于汉代，与年号纪年法并用。如公元184年记为中平元年、甲子。干支纪年法中的干支就是天干和地支的合称，天干共有十个，即甲乙丙丁戊己庚辛壬癸。地支共有十二个,即子丑寅卯辰巳午未申酉戌亥。十天干和十二地支依一定顺序组合,共六十单位,成为一个周期,称为六十花甲子,周而复始。

(1) 甲子表

1 甲子	2 乙丑	3 丙寅	4 丁卯	5 戊辰	6 己巳	7 庚午	8 辛未	9 壬申	10 癸酉
11 甲戌	12 乙亥	13 丙子	14 丁丑	15 戊寅	16 己卯	17 庚辰	18 辛巳	19 壬午	20 癸未
21 甲申	22 乙酉	23 丙戌	24 丁亥	25 戊子	26 己丑	27 庚寅	28 辛卯	29 壬辰	30 癸巳
31 甲午	32 乙未	33 丙申	34 丁酉	35 戊戌	36 己亥	37 庚子	38 辛丑	39 壬寅	40 癸卯
41 甲辰	42 乙巳	43 丙午	44 丁未	45 戊申	46 己酉	47 庚戌	48 辛亥	49 壬子	50 癸丑
51 甲寅	52 乙卯	53 丙辰	54 丁巳	55 戊午	56 己未	57 庚申	58 辛酉	59 壬戌	60 癸亥

本《手册》附有《公元推算干支表》,可由公元纪年推算干支纪年。为了表示区别,表中公元前年数用带圈的数码。该表的中央方栏内为干支甲子一周(60年),因该表是公元前后合用,所以有重复干支十二年。干支左边直行数字是公元前纪年的个位数,右边直行数字是公元后纪年的个位数;干支表下部三横行数字为公元前和公元后纪年的十位数;表左侧三立行数字为公元前纪年的百位数和千位数,右侧三立行数字为公元后纪年的百位数和千位数。由表外两侧立行至表下横行,各以引线箭头标示。如欲知公元某年的干支数,例如公元1840年,可从右方立表找出"18",再按箭头所示在表下横行中找到"4",然后在表内右边找到"0","4"与"0"相交之格为庚子,可知此年干支为庚子。推算公元前的干支亦用此法,只是由左侧检算。

（2）公元推算干支表

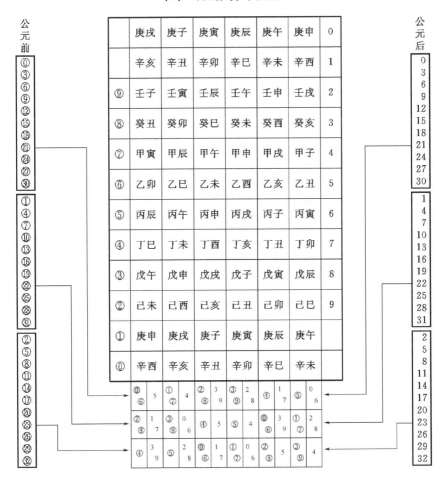

4 岁星纪年法

岁星纪年法是根据木星的运行纪年。古人把黄道附近一周天分为十二等分，称为十二次，分别命名为星纪、玄枵、娵訾、降娄、大梁、实沈、鹑首、鹑火、鹑尾、寿星、大火、析木。古人认为木星每十二年由西向东绕天一周，每年行经一个星次，于是就以木星每年所在星次纪年。如木星运行到星纪，就记为"岁在星纪"，十二年周而复始，木星也就被称为岁星。在《左传》《国语》等先秦典籍中即有一些用岁星纪年的记载。

5 太岁纪年法

太岁纪年法是以太岁的运行来纪年。古人有所谓十二辰之说,就是把黄道附近一周天分为十二等分,由东向西配以子丑寅卯等十二支,其方向和顺序正好和星纪等十二次相反。而岁星由西向东运行,与人们熟悉的十二辰的方向和顺序相反,所以岁星纪年法在实际应用中很不方便。于是古人又设想出一个假岁星,命名为太岁,又名岁阴、太阴,让它自东向西运行,与十二辰的方向、顺序一致,用以纪年。古人还取了摄提格、单阏等十二个太岁年名作为"太岁在寅""太岁在卯"等十二个年份的名称。大约在西汉时期,古人又取了阏逢、旃蒙等十个名称叫做岁阳。十二个太岁年名(即岁阴)与十二辰(即十二支)对应,而十个岁阳与十干对应。岁阴和岁阳在不同的古籍中又有不同的名称。(见表(1)、(2))

古人按六十甲子的组合法将岁阳与岁阴相配,组合成六十个年名,以阏逢摄提格为第一年,旃蒙单阏为第二年,如此类推,以六十年为一周期。《史记·历书·历术甲子篇》自太初元年(前104)起开始用这些年名纪年。由于岁阳与天干对应,岁阴与地支对应,所以这种纪年法可以用干支纪年法更代。如阏逢摄提格可以称为甲寅年,旃蒙单阏可以称为乙卯年等等。

(1) 岁阳名称表

	《尔雅·释天》	《史记·历书》
甲	阏 逢	焉 逢
乙	旃 蒙	端 蒙
丙	柔 兆	游 兆
丁	强 圉	疆 梧
戊	著 雍	徒 维
己	屠 维	祝 犁
庚	上 章	商 横
辛	重 光	昭 阳
壬	玄 黓	横 艾
癸	昭 阳	尚 章

（2）岁阴名称表

	《尔雅·释天》	《淮南子·天文训》	《史记·天官书》	《汉书·天文志》
寅	摄提格	同	同	同
卯	单阏	同	同	同
辰	执徐	同	同	同
巳	大荒落	同	大荒骆	大荒落
午	敦牂	同	同	同
未	协洽	同	叶洽	协洽
申	涒滩	同	同	同
酉	作噩	作鄂	同	作诺
戌	阉茂	同	淹茂	掩茂
亥	大渊献	同	同	同
子	困敦	同	同	同
丑	赤奋若	同	同	同

岁星纪年法与太岁纪年法合称"星岁纪年法"。

6 生肖纪年法

生肖纪年法是用十二种动物与十二地支相配以纪年，每种动物和与之相配的地支代表一年，循环往复。附表于下：

生肖纪年表

地支	子	丑	寅	卯	辰	巳	午	未	申	酉	戌	亥
动物名	鼠	牛	虎	兔	龙	蛇	马	羊	猴	鸡	狗	猪

（六）中国古代纪时法

1 纪月法

我国古代纪月一般以序数为记。如一月、二月、三月等。一岁的首月叫做正月。古人有"月建"的观念，就是把十二地支与十二个月份相配，由所配地支称某月为建某之月。如夏历十一月配子，称为建子之月等。春秋、战国时期有夏历、殷历、周历之分,其主要区别在于岁首的月建不同,所以又叫三正。夏历以建寅之月为岁首,殷历以建丑之月(即夏历的十二月)为岁首,周历以建子之月(即夏历的十一月)为岁首。由于三正岁首的月建不同,四季也有所不同。此外,在古代每个月还有一些别名。附表于下:

月 别 名 表

月　次	《尔雅·释天》	民间流传的花卉草木、节气等名称	四季次序名称	古代音乐十二律名称
一	陬	正月(月正),春王,青阳	孟　春	太　簇
二	如	中和,杏月	仲　春	夹　钟
三	寎	桃月	季春(暮春)	姑　洗
四	余	清和,槐月	孟　夏	中　吕
五	皋	榴月,薄月,端月	仲　夏	蕤　宾
六	且	荷月,伏月,天贶	季夏(春夏)	林　钟
七	相	桐月,巧月,霜月	孟　秋	夷　则
八	壮	桂月,获月	仲　秋	南　吕
九	玄	菊月	季秋(暮秋)	亡　射
十	阳	小阳春,梅月,良月	孟　冬	应　钟
十一	辜	葭月	仲　冬	黄　钟
十二	涂	腊月,嘉平月	季冬(暮冬)	大　吕

2　干支纪日法

古人从很早,即以干支纪日,在殷代甲骨卜辞中就已使用这种方法。六十甲子周而复始。干曰日,支曰辰,从甲至癸为十日,一周匝曰浃日;从子至亥为十二辰,一周匝曰浃辰。古人记日有时只记天干不记地支,有时只记地支不记天干;但这些情况尤其是后者并不多见。在古代,每月的第一天叫"朔",第三天叫"朏",大月十六、小月十五叫"望",望后一日叫"既望",每月最后一日叫"晦"。"朔""晦"这两天一般既记干支,又标明"朔""晦",其他日子一般只记干支。

3　韵目代日法

以前还使用过以韵目代日的纪日法,即以某一韵字作为某一日的代号,一般用于电报。附表于下:

韵目代日表

日期	韵 目					日期	韵 目		
	上平声	下平声	上声	去声	入声		上声	去声	入声
1	东	先	董	送	屋	16	铣	谏	叶
2	冬	萧	肿	宋	沃	17	篠	霰	洽
3	江	肴	讲	绛	觉	18	巧	啸	
4	支	豪	纸	寘	质	19	皓	效	
5	微	歌	尾	未	物	20	哿	号	
6	鱼	麻	语	御	月	21	马	箇	
7	虞	阳	麌	遇	曷	22	养	祃	
8	齐	庚	荠	霁	黠	23	梗	漾	
9	佳	青	蟹	泰	屑	24	迥	敬	
10	灰	蒸	贿	卦	药	25	有	径	
11	真	尤	轸	队	陌	26	寝	宥	
12	文	侵	吻	震	锡	27	感	沁	
13	元	覃	阮	问	职	28	俭	勘	
14	寒	盐	旱	愿	缉	29	豏	艳	
15	删	咸	潸	翰	合	30		陷	
						31	世	引	

4 地支纪时法

古人曾主要根据天色把一昼夜分为若干时段,每个时段有一个或几个名称,例如天亮时叫做"平旦"或"平明",太阳正中时叫做"日中"等等。后来又把一昼夜分为相等的十二个时辰,用十二地支表示每个时辰,每个时辰等于现代的两个小时。近代又把每个时辰再分为初和正。附表于下:

十二时辰表

辰 名	时	辰 名	时
子	23—1点	子初	23点
		子正	0点

续表

辰 名	时	辰 名	时
丑	1—3点	丑 初	1点
		丑 正	2点
寅	3—5点	寅 初	3点
		寅 正	4点
卯	5—7点	卯 初	5点
		卯 正	6点
辰	7—9点	辰 初	7点
		辰 正	8点
巳	9—11点	巳 初	9点
		巳 正	10点
午	11—13点	午 初	11点
		午 正	12点
未	13—15点	未 初	13点
		未 正	14点
申	15—17点	申 初	15点
		申 正	16点
酉	17—19点	酉 初	17点
		酉 正	18点
戌	19—21点	戌 初	19点
		戌 正	20点
亥	21—23点	亥 初	21点
		亥 正	22点

(七)二十四节气

我国古代的历法到春秋时期,已经有了立春、春分、立夏、夏至、立秋、秋分、立冬、冬至八个节气,并能准确地推算出冬至日期。到秦汉时期,二十四节气已经具备。二十四节气均匀地分配在一年的十二个月中,其名称基本上体现了这时的气候特点或主要农事特点,这成为一年中的农事活动的重要依据。直到今天,仍有重要意义。今附表于下。节气日期为阳历。

二十四节气表

	节气名	立春 (正月节)	雨水 (正月中)	惊蛰 (二月节)	春分 (二月中)	清明 (三月节)	谷雨 (三月中)
春季	节气日期	2月4日 或5日	2月19日 或20日	3月5日 或6日	3月20日 或21日	4月4日 或5日	4月20日 或21日
	太阳到达黄经	315°	330°	345°	0°	15°	30°
	节气名	立夏 (四月节)	小满 (四月中)	芒种 (五月节)	夏至 (五月中)	小暑 (六月节)	大暑 (六月中)
夏季	节气日期	5月5日 或6日	5月21日 或22日	6月5日 或6日	6月21日 或22日	7月7日 或8日	7月23日 或24日
	太阳到达黄经	45°	60°	75°	90°	105°	120°
	节气名	立秋 (七月节)	处暑 (七月中)	白露 (八月节)	秋分 (八月中)	寒露 (九月节)	霜降 (九月中)
秋季	节气日期	8月7日 或8日	8月23日 或24日	9月7日 或8日	9月23日 或24日	10月8日 或9日	10月23日 或24日
	太阳到达黄经	135°	150°	165°	180°	195°	210°
	节气名	立冬 (十月节)	小雪 (十月中)	大雪 (十一月节)	冬至 (十一月中)	小寒 (十二月节)	大寒 (十二月中)
冬季	节气日期	11月7日 或8日	11月22日 或23日	12月7日 或8日	12月21日 或22日	1月5日 或6日	1月20日 或21日
	太阳到达黄经	225°	240°	255°	270°	285°	300°

二十四节气歌

春雨惊春清谷天,夏满芒夏暑相连,
秋处露秋寒霜降,冬雪雪冬小大寒。
每月两节不变更,最多相差一两天。
上半年来六、廿一,下半年是八、廿三。

（八）中国历史纪年工具书十八种

有关中国历史纪年的工具书很多。这些著作的性质虽基本相同，但在记事方面，其繁简差别很大，有些著作实际是编年史。这里所著录为以纪年为主者，或有助于查阅纪年。

1) 中外历史年表 翦伯赞主编，其他三位编者为齐思和、刘启戈、聂崇岐。三联书店 1958 年出版。1962 年以后，由中华书局多次重印。全书分为"中国史之部"和"外国史之部"，两部的史事均按时序对照编排，上起公元前 4500 年左右，止于公元 1918 年。简明扼要地逐年记述了中国和外国六千年间比较重要的史事。全书以公元纪年为主，"中国史之部"下列出干支纪年和各朝代帝王的年号。本书约有 135 万字。

2) 中国历史大事年表 冯君实编。辽宁人民出版社 1985 年出版。本书上起原始社会之元谋人，下止于 1949 年。公元前 841 年前仅注大致年代，以后按年标注公元、干支、帝王年号、月份，系以历史大事。年表之后附有"王朝世系表"及"年号索引"，以备查阅。本书约有 106 万字。

3) 中国历史大事纪年 徐州师范学院历史系本书编写组编。1979 年出版。本书上起远古，止于 1948 年。所用年份，古代史部分均用夏历，近代史部分用公历。本书约有 42 万字。

4) 中国历史纪年表 万国鼎编，原名《中西对照历史纪年图表》，1937 年出版，1956 年万斯年、陈梦家修订后由商务印书馆出版，中华书局 1978 年重印出版。

该书分上下两编，上编包括《历史年代总表》和《公元甲子纪年表》。下编包括《夏商周年代简表》等历朝年代简表以及《中日对照年表》《公元甲子检查表》《太岁纪年表》等。书后附有笔画索引。

《公元甲子纪年表》记自公元前 841 年至公元 1949 年的公历与中历的年代对照、纪年干支、各朝代的国号、帝王姓名、年号、庙号、年数等。检用便利。《公元甲子检查表》是公元与干支纪年的简便推算表，由公元前甲子检查表与公元后甲子检查表组成。笔画索引把历朝国号、帝王庙号和年号等按笔画排列。如只知庙号或年号，可以通过索引查出国号和年代。

5) 中国历史纪年 荣孟源编，三联书店 1956 年出版。分为三编。第一编《历代建元谱》，起于公元前 206 年（汉高祖元年），止于中华人民共和国成立。可以查检历代帝王的年号、帝号、庙号、姓名以及朝代年数等。第二编《历代纪年表》,起于公元前841年,止于中华人民共和国成立。按朝代先后列了十五个年表。并把同时并存的几个政权一并收入。第三编《年号通检》,按年号第一个字的笔画排列,年号下的小注指明使用该年号的朝代和人名。

6) 中国历史年代简表 文物出版社编,1973年出版。分成两部分,一为《年代简表》,二为《年号通检》。

《年代简表》按朝代顺序以公元、干支及帝王纪年逐年对照,帝王列有姓名及谥号或庙号;并载重要割据政权或民族政权纪元。《年号通检》把年号按笔画编成索引,列出所属朝代、帝王和年限。

7) 中国历史纪年表 方诗铭编,上海辞书出版社1980年出版,上海书店出版社2013年修订重版。全书分为两部分,一为《纪年表》,二为《年号索引》,《纪年表》起于公元前841年,止于1949年。按历史阶段分为十五个纪年表。除注明历代帝王的谥号或庙号、年号外,还列出重要的有年号的割据或民族政权及农民革命政权。

该书吸收了较新的成果,纠正了其他一些年表的错误,查法较简便。

8) 中国日本朝鲜越南四国历史年代对照表 山西省图书馆1979年编印。该书起于公元前660年日本神武天皇元年,止于1918年。可用于查检日本、朝鲜、越南的历史纪年与公元、中国年号、干支的对应年代。

9) 两千年中西历对照表 薛仲三、欧阳颐编,1940年初版,1957年增订重版。该书起于公元元年,止于公元2000年,可查检中西历日对照、星期和纪日干支。另附十八表,为正表的补充。

10) 中国历史中西历对照年表 李佩钧编。云南人民出版社1957年出版。全书按公元和干支排成表格,列出朝代名称、建都地点、朝代起迄时间、帝王姓名、谥号或庙号、世系和年号等,简明易查。

11) 中西回史日历 陈垣撰,北京大学研究所1926年印行,1962年修订增补后由中华书局重版。全书二十卷,为公元元年至公元2000年的中西历年月日对照,自公元622年以后又增回历年月日对照。书后附有《日曜表》《甲子表》《年号表》等。编排以西历为主,中历、回历为辅,可查检中西回历的年月日和中国纪年干支、国号、帝王庙号、年号、年数及星期、纪日干支等。

12) 中国史历日和中西历日对照表 方诗铭、方小芬编著。上海辞书出版社 1987 年出版。全书分为三编：（一）上编（公元前），西周共和元年至西汉哀帝元寿二年。（二）下编（公元后），西汉平帝元始元年至中华民国三十八年。（三）附编，收有"殷历日表""共和元年前西周历日表""1949—2000 年历日表"等。后附"年号索引"。本书约有 164 万字。

13）近世中西史日对照表 郑鹤声编，商务印书馆 1936 年出版。该书上起 1516 年（明武宗正德十一年），下迄 1941 年。以西历为主，每年详列中西历月日的对照关系，并记载星期、干支、节气。编排简明，易于查检。书前附有"近世中外年号纪元对照表"，将中国、日本、朝鲜三国的年号纪年与公元对照，并注明每年干支及朝代、帝王谥号或庙号、在位年数。书后附"太平新历及阴阳历史日对照表"，起自公元 1851 年（太平天国辛开元年，清咸丰元年），止于 1864 年（太平天国甲子十四年，清同治三年）。

14）清代中西对照表（1573—1840） 中国人民大学清史研究所资料室编，中国人民大学出版社 1980 年出版。该书是摘录郑鹤声编《近世中西史日对照表》中有关清代的部分，略去"星期"与"节气"两项编成的。出于清史研究的需要，该表将后金和女真时期也包括在内，所以起于 1573 年（明万历元年）。而 1840 年以后的部分可查荣孟源编《中国近代史历表》，所以该表止于 1840 年。

15）二十史朔闰表 陈垣撰，北京大学研究所 1926 年印行，古籍出版社 1956 年重印，1962 年增编后由中华书局出版。1956 年版上起汉高祖元年（前 206），下至民国二十九年（1940），1962 年版延至公元 2000 年。书前有"年号通检"，书后有"魏蜀吴朔闰异同表""陈周隋朔闰异同表""日曜表"等。

该书是《中西回史日历》的缩编本，但两书体例并不相同。该书以中历为主，西历、回历为辅。由中历的甲子纪年和朔闰反映出历代帝王庙号、年号、年数、纪年干支、中西回历朔闰对照和纪日干支。该书每月仅标中历朔日，查检时不及《中西回史日历》方便。但该书对三国和南北朝时期各朝代的朔闰异同都一一注明，较《中西回史日历》详尽，而且对前人有关中西回历的专著进行了考证，凡推算错误之处均加以纠正和说明。

16）公元干支推算表 汤有恩编，文物出版社 1961 年出版。全书分为"公元推算干支表""干支推算公元表"以及"历代年号通检"等三部分。

利用"公元推算干支表"可以迅速推算出公元前 3200 年到公元后 3200 年的干支纪年。《干支推算公元表》起于公元前 1978 年（夏启元年癸亥），止于公元1911年(清宣统三年辛亥)。该表分为甲、乙两表,甲表推算公元前纪年,乙表推算公元后纪年。

17) 中国历代年号考　李崇智编,中华书局1981年出版。本书内容时间,起于西汉武帝建元元年(前140),止于民国时期。收录历代帝王、农民政权、地方割据政权和少数民族政权的年号八百余个,按其使用情况,列为一千二百余条,对其疑义、异说加以考辨。

18) 新编中国三千年历日检索表　徐锡祺撰,人民教育出版社1992年出版。本书的主体部分为"历日检索表",以朔闰表形式列出农历与公历、和历、回历对照。农历各月朔日(即初一)干支下列的日期,为该日相对应的公历日期。其下又有四个部分,为"列国纪年表""参考资料""年号索引"。后附"主要参考书目"。

二　目录类

（一）马克思主义经典作家史论要目、索引

1　专著、论文要目二十种

所选专著和论文，主要从《选集》《全集》中选出，一般单行本，不再注出。

《马克思恩格斯选集》第一卷　人民出版社 1972 年版
1) 共产党宣言（马克思、恩格斯）
2) 德意志意识形态（第一卷第一章，马克思、恩格斯）
3) 1848 年至 1850 年的法兰西阶级斗争（马克思）
4) 德国的革命和反革命（恩格斯）

《马克思恩格斯选集》第二卷
5) 不列颠在印度的统治（马克思）
6) 政治经济学批判序言（马克思）

《马克思恩格斯选集》第三卷
7) 反杜林论（恩格斯）
8) 劳动在从猿到人转变过程中的作用（恩格斯）

《马克思恩格斯选集》第四卷
9) 家庭、私有制和国家的起源（恩格斯）
10) 法德农民问题（恩格斯）

《马克思恩格斯全集》第七卷　人民出版社 1959 年版
11) 德国农民战争（恩格斯）

《马克思恩格斯全集》第十九卷　人民出版社 1963 年版

　　12) 给维·伊·查苏利奇的复信草稿(马克思)

　　13) 马尔克(恩格斯)

　　14) 法兰克时代(恩格斯)

《马克思恩格斯全集》第二十五卷　人民出版社 1974 年版

　　15)《资本论》第三卷第四十七章(马克思)

　　16) 资本主义生产以前各形态(马克思)

《列宁选集》第三卷　人民出版社 1972 年版

　　17) 国家与革命

《列宁选集》第四卷　人民出版社 1972 年版

　　18) 论国家

《斯大林选集》下卷　人民出版社 1979 年版

　　19) 论辩证唯物主义和历史唯物主义

《毛泽东选集》第二卷　人民出版社 1991 年版

　　20) 中国革命和中国共产党

2　史学言论辑录五种

　　1) 马克思主义经典作家论历史科学　人民出版社编辑部编,人民出版社 1961 年版

　　2) 马克思恩格斯列宁斯大林论历史科学　黎澍主编,人民出版社 1980 年版

　　3) 马克思恩格斯列宁斯大林论资本主义以前诸社会形态　中国社会科学院历史研究所编,文物出版社 1979 年版

　　4) 马克思恩格斯列宁斯大林论民族问题　中国社会科学院民族研究所《马恩列斯论民族问题》语录编选组编,中国社会科学出版社 1978 年版

　　5) 马克思恩格斯列宁斯大林论宗教　中国社会科学院世界宗教研究所编,中国社会科学出版社 1979 年版

3　篇名、专题索引六种

1）马克思恩格斯全集目录（第 1 至 39 卷）　人民出版社 1976 年编辑出版

2）马克思恩格斯全集名目索引（第 1 至 39 卷）　中共中央马恩列斯著作编译局马恩室编译，人民出版社 1986 年版

3）列宁全集 1—39 卷目录　人民出版社 1965 年编辑出版

4）列宁全集专题分类索引　上海师范大学图书馆 1977 年编印

5）列宁全集索引（第 1 至 35 卷）　中共中央马恩列斯著作编译局译，人民出版社 1963 年版

6）毛泽东选集索引（第 1 至 4 卷）　中国人民大学编印

（二）基本历史文献

我国是一个历史悠久的文明古国，我们的祖先遗留下了丰富的文化遗产；其中极为珍贵的一部分，就是流传至今浩如烟海的历史文献，研究中国历史必须了解并充分利用这部分文献。这里仅就这些文献中最主要最有代表性的，按其不同的体裁分类介绍如下：

1　纪传体文献二十六种

以记载人物的传记为基本形式的历史著作，称为纪传体史书。这种体裁始创于司马迁。他所撰的《史记》就是纪传体的代表性著作。《史记》由"本纪""世家""列传""表""书"五部分组成，前三部分就是人物"纪传"。这一体例在此后的两千年间，都为正史的撰写所仿效。

"本纪"或简称为"纪"。是按年、月、日的时间顺序记载皇帝的生平事迹和国家大事的编年体传记。"本纪"编在全书的最前面，是全书的纲领性部分。

"世家"为《史记》所首创，是记载世代为诸侯王或显贵者的传记。宋欧阳修《五代史》中有《十国世家》。在多数史书中入于列传。

"列传"是记载重要历史人物的传记。以所记朝代的政治人物为主，也包括了其他社会阶层的代表人物，如文人、逸士、儒生、方士等。多数史书还有少数民族和外国列传。"列传"有"专传"（一人一传）、"合传"（二人以

上合写一传)、"附传"(一人传后附写一族或事迹相类的人)、"类传"(一类人物同入一篇传)之分。是纪传体史书最主要的部分。

"书"在《汉书》以后的史书中多称"志",《新五代史》称为"考"。是有关典章制度的专章。内容包括政治、军事、经济、法律、文化、天文、地理、灾异、宗教等各个方面。"志"是研究各种制度的重要资料。

"表"是按时间顺序谱列国家兴亡、帝王更代、制度演变和贵族世系的一种形式。"表"之前都有一篇或长或短的序言,概述列表的思想目的,有的详述一代的有关制度。"表"本身虽记事简单,但经有经有纬,网罗面很广,亦有不少资料可补"纪""传""志"之不足。但是,在纪传体史书中,不是每一部史书都有本纪、世家、列传、书(志)、表五项内容。多数史书有纪、传两项,或有表、志而很不完善。

纪传体史书中最主要的是"二十四史"。"二十四史"是自汉武帝时开始到清乾隆年间,历朝陆续修撰的二十四部纪传体史书的总称。这二十四部史书为:《史记》《汉书》《后汉书》《三国志》《晋书》《宋书》《南齐书》《梁书》《陈书》《魏书》《北齐书》《周书》《隋书》《南史》《北史》《旧唐书》《新唐书》《旧五代史》《新五代史》《宋史》《辽史》《金史》《元史》《明史》。全部"二十四史"共有三千二百四十九卷,四千多万字。每部书都有多种木刻版本。使用最方便的是中华人民共和国成立后由中华书局组织专家点校出版的铅印本,共二百四十一册。

"二十四史"合《新元史》为"二十五史",再合《清史稿》为二十六史。今依次介绍如下:

1) 史记 西汉司马迁(前135—前93?)撰。迁字子长,左冯翊夏阳(今陕西韩城)人。出身于史学世家。武帝时,继其父任太史令。

司马迁撰《史记》开始于公元前104年(太初元年),大约用了十年完成。这是我国古代第一部纪传体通史。司马迁撰《史记》主要依据先秦和西汉前期的历史文献,如《世本》《春秋左氏传》《国语》《战国策》《秦纪》《楚汉春秋》和一些儒家经典;并充分利用了当时汉朝皇家所藏的典籍、档案,以及他自己周游全国各地时调查搜集来的资料。全书起自黄帝,止于汉武帝时,记事长达三千余年。共有一百三十篇,分为十二本纪、十表、八书、三十世家、七十列传。司马迁死后,此书继有损缺。到东汉前期,班固就说:《史记》已经是"十篇缺,有录无书"。三国魏人张晏认为:"迁没之后,亡《景纪》《武纪》《礼书》《乐书》《兵书》《汉兴以来将相年表》《日者列传》《三王世家》《龟策列传》《傅靳列传》。"西汉后期的元、成帝时,褚先生补作《武帝纪》《三王世家》《龟策日者传》,"言辞鄙陋,非迁本意也"。后人大多不同意此说法。但《史记》在流传过程中有残缺和有些部分经后人补缀及窜伪等现象是毫无疑问的。今本《史记》中某些篇目中有"褚先生曰"字样就是明证。

司马迁在编纂《史记》过程中,表现了一定的进步思想。他敢于揭露封建统治的某些黑暗面,列农民起义领袖陈涉(胜)、吴广入"世家",而且给予很高的评价。他还为儒人、医者、卜者、刺客、游侠、商贾等没有什么政治地位乃至被统治阶级视为"卑贱之人"者立传。此外,他还为少数民族立传。入传的有匈奴、南越、东越、朝鲜、西南夷和大宛。在《大宛列传》中还详细记述在今中、西亚的乌孙、康居、奄蔡、大月氏、安息等国的情况。这都是很可贵的。

《史记》自公诸于世后,历代注释者颇多。现存最早的注是刘宋时裴骃的《史记集解》、唐朝司马贞的《史记索隐》和唐朝张守节的《史记正义》,合称《史记》"三家注"。对研究和使用《史记》很有帮助。

《史记》除木刻本外,还有1955年文学古籍刊行社的影印本,精装三册;1959年中华书局标点本,平装十册,精装六册;2014年中华书局又组织学者进行修订,有精装、平装两种,各十册。此外还有日人泷川资言的《史记会注考证》,水泽利忠的《史记会注考证校补》等。

2) 汉书 东汉班固(公元32—92年)撰。固字孟坚,扶风安陵(今陕西咸阳东北)人。班固之父班彪是著名的儒学大师,曾作《史记后传》六十五篇,以续《史记》。班固自幼聪颖,"及大,遂博贯载籍,九流百家之言,无不穷究"(《后汉书·班彪传》)。班彪死后,班固任兰台令史等官,继续其父未竟之业,扩大《后传》而为《汉书》,亦称《前汉书》。

班固死时,《汉书》尚未全部完成,所缺"八表"和"天文志"由其妹班昭和马续补撰,全书才告完成。

《汉书》是我国古代第一部纪传体断代史。东汉以后所编正史,绝大部分都依照《汉书》的体例。

《汉书》记事始于汉高祖刘邦起兵,迄于王莽覆灭(地皇四年,公元23年),记述了西汉一代二百三十余年间的史事人物。全书分为一百卷(后人析为一百二十卷),分为十二纪、八表、十志、七十列传。

《汉书》继承了《史记》开创的纪传体,但取消"世家"入"列传",改"书"为"志"。汉武帝以前的部分,多照录《史记》,作者略有增删修订。如新增了一些传记,补入了一些史事,辑录了大量前人的言论、文章,保存了许多重要史料。

《汉书》将《史记》的"八书"合并、增补,改写为《律历》《礼乐》《食货》《郊祀》《天文》《沟洫》六志,又开创《刑法》《五行》《地理》《艺文》四志,合为十志。《刑法志》系统地记述了法令律例的沿革。《地理志》记述了全国的政区设置、沿革及各地的山川、户口、物产、民俗和经济发展状况。反映了西汉时期多民族、大一统、中央集权国家的基本面貌。《艺文志》分类著录了当时所见的图书,是我国第一部用比较科学的分类法编成的大型图书目录。《五行志》中保存了大量的有关天文、地理、气候、灾异等自然现象的资料,也有一定的史料价值。

《汉书》新创的《百官公卿表》对秦和西汉的中央集权的政治体制,各级政府的组成情况,职官名称、职掌、俸禄及主要官吏的升降任免等情况,都有记述,是研究秦汉官制的重要史料。

班固维护封建正统,他在《汉书》中宣扬五行灾异思想,对某些史事有所隐讳。因之《汉书》的思想性不如《史记》。

在东汉时,已有人为《汉书》作注。至唐时,颜师古汇集前人研究《汉书》的成果,为《汉书》作了新注,成就很高,颜师古被称为《汉书》的功臣。清人王先谦又收集了唐以后的注释,撰成了《汉书补注》一书,为研究《汉书》提供了更大方便。今人杨树达的《汉书窥管》和陈直的《汉书新证》,对研究使用《汉书》颇有助益。

《汉书》有 1962 年中华书局出版的标点本,共十二册。1959 年上海出商务版《汉书补注》八册,1983 年中华书局影印《汉书补注》二册。

3) 后汉书　南朝宋范晔(398—445 年)撰。晔字蔚宗,顺阳(今河南淅川县)人。范氏曾任左卫将军、太子詹事。后因统治阶级内部的倾轧而牵连被杀。

在范晔之前,有关东汉一代历史的著作很多。范晔博采众长,斟酌去舍,他的《后汉书》文约事详,逐渐取代了前人的著作。范晔死时,"志"的部分尚未完成,南朝梁人刘昭取晋人司马彪《续汉书》中的"八志"(简称《续志》),析为三十卷,补入范书,并为之作注。唐时李贤又为原书作注。至北宋时,合纪传与志为一书,成为今本。

《后汉书》主要记载东汉光武帝刘秀到献帝刘协之间近两百年的历史。全书分为十本纪、八十列传、八志(三十卷),共一百二十卷。

《后汉书》继承了《史记》《汉书》的纪传体,有些篇目的内容颇有增益。如《东夷列传》就较详细地记述了当时朝鲜半岛诸国和日本(时称倭国)的情况。又《南蛮传》亦为前书所不载。《后汉书》又新创《党锢》《宦者》《文苑》《独行》《方术》《逸民》《列女》等列传。《党锢》和《宦者》两传记述了东汉后期宦官专权与士大夫、太学生为反对宦官势力而进行的斗争。《文苑》《独行》《逸民》和《方术》等传分别记载了当时较著名的文人、耿直之士、占卜者和医术人物。《列女传》是正史中第一次为妇女立类传,所述多为有才德的妇女。

唐以后,历代研究注释《后汉书》的人很多。至清代,惠栋作《后汉书补注》,王先谦作《后汉书集解》。近年台湾学者施之勉又著《后汉书集解补》,对全书多所考证订补。

1959年上海商务版《后汉书集解》共五册,1965年中华书局出版的标点本《后汉书》共十二册。

4)三国志 西晋陈寿(233—297年)撰。寿字承祚,巴西安汉(今四川南充市)人。先仕蜀为观门令史。入晋后,任著作郎、治书侍御史等官。

《三国志》主要记载魏、蜀、吴三国兴亡的历史,起于黄巾大起义之时,止于西晋灭吴,时长近百年。体例承袭了纪传体裁,又适应三国鼎立的形势,分全书为《魏书》《蜀书》《吴书》三大部分。"书"亦称"志"。陈寿因在修史时为晋官,所以以魏为正统。魏、吴两部分,主要参考了王沈的《魏书》、鱼豢的《魏略》和韦昭的《吴书》;蜀汉的史料,他本人收集的比较多。全书共六十五卷,分为《魏书》三十卷,《蜀书》十五卷,《吴书》二十卷。本书取材较精,文字简练,但作为史书来说,过于简略,而且无表、志。刘宋时,裴松之为之作注,他采用魏晋著作一百四十余种,增补了许多史实,注文多出本文数倍,其史料价值不亚于《三国志》本身。裴注引用著作今多散佚,就更受到重视。

《三国志》有1957年古籍出版社出版的线装本近人卢弼撰《三国志集解》;1959年中华书局出版的标点本,共五册。

5)晋书 唐房玄龄、褚遂良、令狐德棻等编撰。房玄龄等都是唐朝前期的高级官僚。全书共一百三十卷。分为帝纪十卷,志二十卷,列传七十卷,载记三十卷。记载了从司马懿到晋恭帝时,包括西晋、东晋和十六国时期的重要史事。本书以臧荣绪撰《晋书》为主要参考,兼采当时流传的各家《晋书》之长撰成。

《晋书》的志都是从东汉末述起。其中的《食货志》对曹魏的屯田、西晋的占田制度等都有记述。《晋书》在《四夷列传》之外，又新创"载记"一项，近于"世家"，是记述少数民族政权兴亡的传记。这比《史记》《汉书》《三国志》中的民族传记又有进一步的发展。

1974年中华书局出版的标点本，共十册。

6）宋书 南朝梁沈约（441—513年）撰。约字休文，吴兴武康（今浙江德清县）人。在南朝宋、齐、梁三朝都作过官。《宋书》共一百卷，分为本纪十卷，志三十卷，列传六十卷。主要记载南朝刘宋一代的历史。其中的志上溯先秦，尤详于魏、晋，分别载录了不少诏诰、奏疏和古代乐曲、歌词等资料，甚为宝贵。

1974年中华书局出版的标点本共十册。

7）南齐书 南朝梁萧子显（489—537年）撰。子显字景阳，南兰陵郡南兰陵县（今江苏常州）人。

《南齐书》是一部记叙萧齐（南齐）王朝一代的纪传体断代史。原名《齐书》，自宋代始称《南齐书》，以区别于李百药撰《北齐书》。原为六十卷，现存五十九卷，包括本纪八卷，志十一卷，列传四十卷。

萧子显是萧道成之孙，对南齐政权多所回护，但子显以当代人记当代事，保留了较多的原始材料。

1972年中华书局出版的标点本共三册。

8）梁书 唐姚思廉（557—637年）撰。思廉字简之，历官陈、隋、唐三朝。其父姚察在隋时曾编写过部分书稿，思廉在此基础上完成是书。全书分为五十六卷，分为本纪六卷，列传五十卷。是一部记述萧梁王朝一代的纪传体断代史。其中的本纪主要记载了萧衍的事迹，对萧詧建立的后梁却漏而不载。列传新创《止足列传》，记述宦成身退的封建士大夫。《儒林传》中载有杰出的唯物主义学者范缜的《神灭论》及其重要事迹，《诸夷列传》分为"海南诸国""东夷""西北诸戎"三部分，较详细地记述了东至朝鲜、日本，南至东南亚、南洋、南亚，西到中亚、西亚及西伯利亚的三十余个国家或民族的地理、历史、社会情况。这些都是宝贵的历史资料。

1973年中华书局出版的标点本共三册。

9）陈书 唐姚思廉以其父姚察的旧稿为基础撰写，是一部记述陈王朝一代的纪传体断代史书。《陈书》三十六卷，分为本纪六卷，列传三十卷。内容过于简略，但保存了不少原始资料。

1972年中华书局出版的标点本共三册。

10）魏书 北齐魏收（505—572年）撰。收字伯起，钜鹿（今河北平乡县）人。是北齐著名的文人。在北魏和东魏、北齐时，一直参加修北魏的历史，至公元554年（北齐高洋天宝五年）修成。

《魏书》是一部记述北魏王朝兴亡和东、西魏的建立及其灭亡的纪传体断代史。共一百三十卷，包括纪十二卷，列传九十八卷，志二十卷。

《魏书》以北魏和东魏为正统。在《本纪》之前增《序记》一卷，系统地记载了拓拔魏的先代，这是前史所没有的。对西魏三帝则不为立纪。书中称东晋为"僭"，宋、齐、梁都为"岛夷"，刘聪、石勒、苻健、李雄等十六国主要政权都入列传，同于《晋书》的载记。另有较详细的四夷传和外国传。《魏书》有"十志"，首创《释老志》，是记述宗教源流的重要史料。《官氏志》先记官，后记氏，是研究门阀豪族及北方氏族融合问题的重要史料。《食货志》记述了北魏的经济制度，是研究北魏均田制的重要资料。

《魏书》到宋代已残缺二十九卷。刘恕、范祖禹等以他书补成今本。1974年中华书局出版的标点本共八册。

11）北齐书 唐李百药（565—648年）撰。百药字重规，定州安平（今河北安平县）人。父德林曾撰《齐书》。百药在此基础上参考他书，增删润饰而成。

《北齐书》是一部记述东魏和北齐兴亡的纪传体断代史，原名《齐书》，宋时为区别萧子显《南齐书》始加"北"字。全书共五十卷，分为纪八卷，列传四十二卷。北齐时已散佚严重，只存十七卷，后人取《北史》等书补齐。

1972年中华书局出版标点本共二册。

12）周书 唐令狐德棻（583—666年）撰。德棻宜州华原（今陕西铜川市耀州区）人。曾参与撰写《晋书》《五代史志》等。撰写《周书》的资料，主要参考了西魏史官柳虬所著和隋牛弘没有写完的《周史》。

全书共五十卷，分为纪八卷，列传四十二卷，是一部记述西魏和北周兴亡的纪传体断代史。本纪以西魏、北周为主，兼记东魏、北齐和梁、陈的史事。列传有《异域传》两卷，同于其他史书的"四夷传"和"外国传"，记述了高丽、百济、突厥、西域诸国的政治制度、物产、习俗等。北宋初年，《周书》已散佚，后人取《北史》等书补入。

1971年中华书局出版的标点本共三册。

13）隋书 唐魏征、颜师古、孔颖达、许敬宗等多人撰成。全书共八十五卷,分为纪五卷,志三十卷,列传五十卷。纪传部分主要记述隋朝的史事;志原为梁、陈、北齐、北周、隋五代而作,称《五代史志》。包括了政治、经济、军事、法律、文化、图书等各种制度或资料,内容很丰富。《经籍志》沿用了西晋荀勖所创立的图书目录四分法,但为之定名为经、史、子、集四部。从此创立了中国古代目录分类法的标准。

1973年中华书局出版的标点本共六册。

14)南史 唐李延寿撰。延寿字遐龄,相州(今河南安阳)人。任崇贤馆学士。父大师曾撰写过编年体南北朝史,书未竟而去世。延寿改编年为纪传,依其父旧稿删并南朝宋、齐、梁、陈四书而成是书。全书共八十卷,分为纪十卷,列传七十卷。是一部记述南朝宋、齐、梁、陈四代的纪传体断代史,无表志。

《南史》简洁易读,内容比较充实,保存了不少有价值的资料。但作者为突出世家大族的地位,常以家传的形式,将列传中不同朝代一姓一族的人物合成一编,形如谱牒。

1975年中华书局出版的标点本共六册。

15)北史 唐李延寿据其父的《北史》旧稿,删并北朝魏、齐、周、隋四书而成。全书共一百卷,分为纪十二卷,列传八十八卷。是一部记述北朝从北魏统一北方到隋代北周灭陈的纪传体断代史。本书的体例和优缺点约与《南史》类似。

1974年中华书局出版的标点本共十册。

16)旧唐书 五代后晋刘昫、张昭远等撰。是一部记述唐代近三百年史事的断代史。原名《唐书》,宋修《新唐书》成后,改称《旧唐书》。全书共二百卷,分为本纪二十卷,志三十卷,列传一百五十卷。

《旧唐书》长庆(唐穆宗年号)以前的部分多依吴兢、韦述、柳芳、于休烈、令狐峘等人所撰唐史旧本,资料比较充实。长庆以后的部分简略疏漏,内容亦芜杂。但《旧唐书》作者去唐不远,书中保留了大量的原始资料。

1975年中华书局出版的标点本共十六册。

17)新唐书 宋欧阳修、宋祁等撰。全书共二百二十五卷,分为纪十卷,志五十卷,表十五卷,列传一百五十卷,亦是一部记述唐代近三百年史事的断代史。

《新唐书》较《旧唐书》体例完备,纪表志传俱全,消除了《旧唐书》前密后疏的缺点,文字亦简洁。首创《兵志》,记载唐代军制的废置得失。新增

《仪卫志》《选举志》《藩镇志》等，补充了不少史料。《宰相表》《方镇表》《宗室世系表》等亦便于检索。但叙事比较笼统，有些史实记述不很清楚。

1974年中华书局出版的标点本共二十册。

18）旧五代史 宋薛居正等撰。原名《五代史》，又称《梁唐晋汉周书》，欧阳修《五代史记》刊行后，称《旧五代史》。全书一百五十卷，记事起于朱温建立后梁，至北宋代后周止，记载了"五代十国"的兴亡和重大史事。但以中原五个朝代为正统，分为《梁书》二十四卷，《唐书》五十卷，《晋书》二十四卷，《汉书》十一卷，《周书》二十二卷。十国则入"世袭""僭伪"列传中，合五卷。《外国列传》记述国内外一些民族国家的史事，"志"记述五朝政治、经济、文化制度等。计分为本纪六十一卷，列传七十七卷，志十二卷。

该书依据范质《五代通录》和各朝的实录，叙事比较详尽，史料价值较高。但原实录中多有为统治者曲笔回护之处，《旧五代史》多照录下来。

《新五代史》行世后，《旧五代史》渐次湮失。至清代，邵晋涵等人从《永乐大典》辑出旧文，补以《册府元龟》等书百余种，但已非旧貌。今人陈尚君又作《旧五代史新辑会证》一书，辑补辨正之处甚多。

1976年中华书局出版的标点本共六册。

19）新五代史 宋欧阳修（1007—1072年）撰。修字永叔，江西庐陵（今江西吉安）人。《新五代史》原名《五代史记》，为区别薛居正等修《五代史》而称今名。体例仿《旧五代史》，亦以梁、唐、晋、汉、周为正统，逐代为皇帝立纪，为主要臣属立传。为十国立"世家"。全书七十四卷，分为本纪十二卷，列传四十五卷，考三卷，世家十卷，十国世家年谱一卷，四夷附录三卷。

《新五代史》亦法李延寿《南史》《北史》，将五代有些人物的纪传综合在一起，编为类传。如《死节》《一行》《义儿》《伶官》等，按年代先后编排。一人历仕数朝的入《杂传》。《司天考》和《职方考》实是《旧五代史》的《天文志》和《郡县志》。书中《世家》专记十国政权的更替，《四夷附录》书法着力于褒贬人物，内容过于简略，史实多所忽略。唯间用小说笔记材料，尚有一定的史料价值。

1974年中华书局出版的标点本共三册。

20）宋史 元脱脱和阿鲁图等撰。全书四百九十六卷，分为本纪四十七卷，志一百六十二卷，表三十二卷，列传二百五十五卷。记事起宋太祖赵匡胤建隆元年（960）至宋帝昺祥兴二年（1279），是记述宋朝一代的断代史。

修撰《宋史》时,依据宋代历朝的实录、国史和宋人的文集、笔记等,资料相当丰富。所记人物、史事多而具体。志分《天文》《五行》《律历》《地理》《河渠》《礼》《乐》《仪卫》《舆服》《选举》《职官》《食货》《兵》《刑法》《艺文》等,共十五篇,每篇又分为若干卷,卷帙庞大,占全书的三分之一,系统而又详细地记述了宋代的政治、法律、军事、经济、文化、科学技术和图书情况,很有史料价值。根据宋朝的政治情况,撰"奸臣"四卷、"叛臣"三卷,为蔡京、黄潜善、秦桧、张邦昌、刘豫等的传记。根据宋朝的学术思想情况,又撰"道学"四卷,为周敦颐、程颢、程颐、张载、朱熹等道学人物的传记。"世家"则为十国中的后存者吴越钱氏、西蜀孟氏、南唐李氏、南汉刘氏、北汉刘氏、荆南高氏等的传记。蛮夷列传和外国列传也比较详细具体。但因成书仓促、缺漏、讹舛颇多,尤其是理宗、度宗以后的记事更粗疏。

1977年中华书局出版的标点本共四十册。

21) 辽史 元脱脱等撰。主要依据辽耶律俨所修《实录》和金陈大任《辽史》的旧本,兼采他书,稍加编次而成。

全书一百十六卷,分为本纪三十卷,志三十二卷,表八卷,列传四十五卷,国语解一卷。记载起自辽太祖耶律阿保机,止于天祚帝耶律延禧。对耶律大石建立的西辽缺载。

《辽史》很有特点,其《百官志》分别撰"北面"官和"南面"官各两卷,具体反映了当时适应各民族特点,分别设治的情况。新创《营卫志》和《兵卫志》,叙述契丹贵族的政治军事组织。列传亦有"奸臣""逆臣"等,为这类人物的传记。诸表对纪传部分也有一定补充作用。《国语解》意在为书中契丹语名物提供注释,但译音存在一些讹误。

《辽史》没有广泛采用宋人著作,缺误甚多,但仍是研究辽朝兴亡的重要资料。

1974年中华书局出版的标点本共五册。

22) 金史 元脱脱等撰。《金史》的编修,主要依据金朝的历代实录、元王鹗撰《金史》、刘祁《归潜志》和元好问的"野史"等。

全书共一百三十五卷,分为本纪十九卷,志三十九卷,表四卷,列传七十三卷。主要记载女真族所建金朝兴亡的史事。首篇《世纪》,追述金太祖阿骨打的先世。《世纪》叙述追认的皇帝,为元、明两史所效法。"志"分十四篇,为《天文》《历》《五行》《地理》《河渠》《礼》《乐》《仪卫》《舆服》《兵》《刑》《食货》《选举》《百官》等,相当全面具体。尤其是有关东北地理、民族政制、习俗的部分,十分可贵。《金史》新创《交聘表》,记金与宋、夏、高丽的战和交往。《金国语解》的作用与《辽国语解》同。

元朝所修三史中,《金史》条例整齐,记载详备,胜于其他二史,惟列传译名混乱,是其缺点。

1975年中华书局出版的标点本共八册。

23)元史 明宋濂、王祎等撰。全书二百一十卷,分为本纪四十七卷,志五十八卷,表八卷,列传九十七卷。记事起元太祖成吉思汗,终于元顺帝至正二十八年(1368)。编撰多依据元各帝实录、《经世大典》等,保存了较多的原始材料。但未曾利用《元朝秘史》《辍耕录》等重要著作,对一些史实叙述不清或缺而不录。

《元史》的志分十三篇,为《天文》《五行》《历》《地理》《河渠》《礼乐》《祭祀》《舆服》《选举》《百官》《食货》《兵》《刑法》等。其中的《地理》《河渠》《百官》《食货》等篇内容丰富具体,收录了许多宝贵史料。列传部分问题较多,编次混乱芜杂。

民国初年,柯劭忞曾撰写《新元史》,以补《元史》之不足。

1976年中华书局出版的标点本共十五册。

24)明史 清张廷玉、万斯同、王鸿绪、张玉书等撰。依据明朝诸帝的实录(除惠帝外)、《明会典》、谈迁《国榷》等著作,资料丰富。万斯同为黄宗羲弟子,熟悉明朝掌故,他亲自参加明史的编写工作。这些因素使《明史》成为唐以后官修史书中较好的一部。

全书共三百三十二卷,分为本纪二十四卷,志七十五卷,表十三卷,列传二百二十卷。主要记载明太祖朱元璋建国至崇祯皇帝自缢明亡间二百多年的历史。

《明史》新创《七卿表》,记载都察院长官和六部首撰。《艺文志》只载明人撰述,不录前代人著作。新立《阉党传》,专记宦官集团党羽;《土司传》记少数民族地区的史事;《流贼传》记明末农民大起义。

《明史》编次得体,记载详备,惟于建州女真和南明史实多所缺漏。

1974年中华书局出版的标点本共二十八册。

25)新元史 近人柯劭忞撰。全书二百五十七卷。分为本纪二十六卷,志七十卷,表七卷,列传一百五十四卷。是记载元代史事的纪传体断代史。作者主要利用《元经世大典》残本、《元典章》等资料和清代学者洪钧《元史译文证补》等研究成果,仍按《元史》的体例加以补正成书。全书虽为新作,但观点承袭《元史》,史料内容也有所遗漏,少有创新。本书1920年成书,1930年修订,有徐氏退耕堂本。

26) 清史稿 近人赵尔巽等撰。依据清朝国史馆的底本和历朝《实录》《圣训》《东华录》《宣统政纪》等。记事起清太祖努尔哈赤至宣统帝时。全书共五百二十九卷,分为本纪二十五卷,志一百三十五卷,表五十三卷,列传三百一十六卷。

撰者多为清朝遗老,观点陈旧。称太平军为"粤匪",谓辛亥革命为"倡乱"等。对帝国主义在中国的侵略行为避而不谈,对清帝的行为多所回护。书分"关内本"和"关外本"。"关内本"即民国十七年(1928)刊本。"关外本"为张作霖退回关东,在书中加入《张勋传》《康有为传》等内容者。

1976年中华书局出版的标点本共四十八册。

2 编年体文献十二种

按照时间顺序记叙史事的历史著作称为编年体史书。这种体裁的出现早于纪传体。我国历史上第一部编年体史书当推鲁国史官左丘明撰次的《春秋左氏传》。这种体裁虽"以事系年"、"系日",但有时亦追溯往事或叙及后事,兼有当时人或后人的评论。这种体裁因囿于年月,常常对于一些重大史事不能连续记述,有割裂现象。对人物及典章制度的叙述亦比较简略。编年体史书中的重要著作有《春秋左氏传》《资治通鉴》等。介绍如下:

1) 春秋左氏传 相传是战国时期鲁国史官左丘明撰。《春秋左氏传》亦称《左传》或《左氏春秋》,与《公羊传》《穀梁传》合称"春秋三传"。《左传》以《春秋》为纲,内容多是用事实来说明《春秋》简约的经文。但《左传》记事起鲁隐公元年(前722),其内容追忆往事到周宣王二十三年(前805),早于《春秋》八十多年。《春秋》记事止于鲁哀公十四年(前481)西狩获麟,《左传》记事迄智伯之灭(前453),晚于《春秋》二十八年。

《左传》记事,以鲁国为主,同时详细记载了其他诸侯国发生的重大事件,其内容包括了春秋时期政治、军事、社会、文化诸方面的重要史实,并记述了一部分春秋以前的重大事件与上古传说,因而保存了大量古代史料。《左传》取材广泛,收有许多古代史书的记载,同时也采用了一些传说。

《左传》常见的版本是作为"十三经"之一与《春秋》合刊本。西晋杜预曾作《春秋左氏经传集解》,唐孔颖达等撰有《春秋左传正义》。有中华书局

《十三经注疏》影印本。中华书局于1981年标点铅印出版了杨伯峻编著的《春秋左传注》共四册,使用很方便。

2) 资治通鉴 宋司马光(1019—1086年)撰。光字君实,陕州夏县(今属山西)涑水人,故称"涑水先生"。做过天章阁待制兼侍讲、龙图阁直学士、御史中丞等官。死后追赠"温国公",谥"文正",后代学者也称他为"司马温公"或"司马文正公"。

司马光认为纪传体史书烦冗难读,为了便于封建统治者从历代兴亡中鉴戒得失,决定依《左传》的体例,撰写一部从战国至五代的编年体史书。治平三年(1066),完成了从周威烈王二十三年(前403)到秦二世三年(公元前207年)的八卷,名为《通志》,进呈宋英宗。英宗十分欣赏,遂下令开局,由司马光推荐人物,继续编撰。次年,宋神宗为这部书赐名为《资治通鉴》。全书至元丰七年(1084)完成,历时十九年。

全书共二百九十四卷,上起周威烈王二十三年(前403),下迄五代周世宗显德六年(959)年,凡十六代,记载了一千三百六十二年的历史。

帮助司马光撰写的有刘攽(两汉)、刘恕(三国至隋)、范祖禹(唐五代),都是当时著名的史学专家。他们在分工之后,先依据正史、野史、传状、文集、谱录等资料编为"事目""丛目",再写成"长编",最后由司马光删增定稿。

《通鉴》取材宏富,史料翔实。在一定程度上敢于据实直书。全篇叙事详尽,文笔简洁。在记述重大史事的同时,兼述天文、地理、水利、兵制、赋税财政、官僚机构等方面的情况。惟对文化科学记述很少,经济制度和社会生产方面的记载也嫌简略。在篇后的论赞中,某些议论反映了司马光的保守观点。

《通鉴》一律用一年中的最后一个年号纪年。在每卷总述年代的时候,用岁阴、岁阳纪年,使用时要注意检索有关的工具书。

宋末元初人胡三省著有《资治通鉴音注》,凡是《通鉴》所涉及的典章制度、名物训诂、郡县沿革、民族变迁等都加以精详考证,对《通鉴》在文字和史实上的错误也有订正,对书法义例也加以注释,是研究、阅读《通鉴》必不可缺少的参考著作。

《资治通鉴》有中华书局标点本刊行,书后附胡三省《通鉴释文辩误》十二卷。标点本共二十册。

3) 汉纪 东汉荀悦撰,三十卷,记西汉事。

4) **后汉纪**　晋袁宏撰,三十卷,记更始元年至曹丕(魏)代汉时事。

5) **续资治通鉴**　清毕沅撰,二百二十卷,记宋太祖至元顺帝时事。

6) **续资治通鉴长编**　宋李焘撰,五百二十卷,记宋太祖至钦宗时事。

7) **建炎以来系年要录**　宋李心传撰,二百卷,记南宋高宗一朝事。

8) **三朝北盟会编**　宋徐梦莘撰,二百五十卷,记宋徽宗政和七年至高宗绍兴三十一年事。

9) **国榷**　明谈迁撰,一百零四卷,又卷首四卷,记明朝事。

10) **明纪**　清陈鹤撰,六十卷,记明朝事。

11) **明通鉴**　清夏燮撰,九十卷,又前编四卷,附编六卷,记明朝事。

12) **小腆纪年附考**　清徐鼒撰,二十卷,记南明事。

3　纪事本末体文献十一种

以记载重大史事的发生、发展和终结为基本形式的历史著作称为纪事本末体史书。这种体例是以事为纲,兼立为标题,按类组织史料,记述历史事件的始末。兼有编年体和纪传体的优点,详于纪事,但缺少经济、文化、制度、民族等方面的内容。这种体裁在中国古代史籍的编撰体例中出现较晚。我国第一部纪事本末体史书是《通鉴纪事本末》。

1) **左传记事本末**　清高士奇撰。以列国事迹分列题目,自成起讫。本书以南宋章冲《春秋左氏传事类始末》为基础,又采集他书材料,在正文之下附入"补逸""考异""辨误""考证""发明"等。全书五十三卷,中华书局1979年标点本共三册。

2) **通鉴纪事本末**　宋袁枢(1131—1205年)撰。枢字机仲,建州建安(今福建建瓯)人。作过礼部试官、严州教授、大理少卿等官。

袁枢把《通鉴》内容分为二百三十九事,将《通鉴》各年同一或有关内容按时间顺序辑出,每事述其原委,合为一书。本书的史料价值并未超过《通鉴》。但这种体例克服了编年体的不成系统和纪传体的记述重复,事件全过程都比较清楚、完整,又富于故事性,因此受到欢迎,形成旧史编纂中的一大流派。

《通鉴纪事本末》全书共四十二卷,中华书局1955年标点本共八册。

3) **续通鉴纪事本末**　清李铭汉撰,一百一十卷。依据毕沅《续资治通鉴》,将其内容分为一百一十年编成,时间上接袁枢《通鉴纪事本末》之后。刊于光绪三十二年(1906),中华书局标点本共六册。

4)宋史纪事本末　明陈邦瞻撰,二十六卷,一百零九目,记两宋事。

5)辽史纪事本末　清李有棠撰,四十卷,每卷一事,记辽代事。

6)金史纪事本末　清李有棠撰,五十二卷,每卷一事,记金代事。

7)西夏纪事本末　清张鉴撰,三十六卷,每卷一事,卷首附图表二卷,辑有关西夏资料。

8)元史纪事本末　明陈邦瞻撰,二十七卷,每卷一事,记元代事。

9)明史纪事本末　清谷应泰撰,八十卷,记明代事。

10)三藩纪事本末　清杨陆荣撰,四卷,二十二事,记南明弘光、隆武、永历三帝事。

11)清史纪事本末　近人黄鸿寿撰,八十卷,每卷一事,记满族兴起到清亡事。上海文明书局1915年出版。

4　典志体文献十种

以通记数代的典章制度为主的史书,称为典志体史书,为政书的一种。这种体裁的出现是史学发展的需要。我国的史学著作自《史记》之后,各朝主要史书多是以断代为书,有志的所记简略,有的无志。体例概不统一,更不能完整和系统地反映历代典章制度的状况及其沿革。政书的出现就适应了这方面的需要,也开创了史学编纂的新体裁。典志体实际上是纪传体史书中书、志部分的扩大、充实和贯通,也可以说是记载历代典章制度沿革变迁的通史。我国第一部典志体史书,是唐人杜佑所撰《通典》。在这之后,南宋郑樵撰《通志》,宋元之际马端临撰《文献通考》,合称"三通",是典志体史书中的代表作。"三通"的续作,是《续通典》《续通志》《续文献通考》,合称"续三通"。清朝官修的三部典志体史书,《清通典》《清通志》《清文献通考》合称"清三通"。以上九部合称"九通"。加上刘锦藻所撰《清续文献通考》,合称"十通"。"十通"分类记述了我国古代政治、经济、军事等各项制度发展变化的情况,是有关典章制度的巨著。有商务印书馆印行"十通"本。

1)通典　唐杜佑(734—812年)撰。佑字君卿,京兆万年(今陕西西安)人。历任御史中丞、尚书左丞、司徒同平章事等职。

唐开元末,刘秩著《政典》三十五卷,按《周礼》六官分门汇集材料。杜佑以为"条目未尽",在此基础上又参考开元礼乐书及其他史料,撰成《通典》一书。起自黄帝到唐代宗时为止,共二百卷,分为九门。

《食货典》十二卷,《选举典》六卷,《职官典》二十二卷,《礼典》一百卷,《乐典》七卷,《兵典》十五卷,《刑典》八卷,《州郡典》十四卷,《边防典》十六卷。

本书撰写方法是用采集前人著作汇编而成,每一门的资料集中而又系统,对于每一制度的兴废沿革,一目了然,使用很方便。杜佑为唐朝人,对唐朝的史实记载尤详。

2) 通志 宋郑樵(1103—1161年)撰。樵,兴化军莆田(今福建莆田)人。因居夹漈山中,后人称"夹漈先生",有《夹漈遗稿》三卷。

郑樵所撰《通志》,是一部综合历代有关史料而成的通史。分本纪、年谱、略、世家、列传。其中本纪自三皇五帝到隋,列传自周到隋,略自传说时代到唐及北宋。《通志》纪传部分多抄录旧史,史料价值不大。但其中的"二十略"是全书的菁华,尤其《氏族》《六书》《七音》《都邑》《昆虫草木》五略是著者新创,也是著者用力之作。

二十略为《氏族略》六卷,《六书略》五卷,《七音略》二卷,《天文略》二卷,《地理略》一卷,《都邑略》一卷,《礼略》四卷,《谥略》一卷,《器服略》二卷,《乐略》二卷,《职官略》七卷,《选举略》二卷,《刑法略》一卷,《食货略》二卷,《艺文略》八卷,《校雠略》一卷,《图谱略》一卷,《金石略》一卷,《灾祥略》一卷,《昆虫草木略》二卷。

3) 文献通考 元马端临(1254—1324年)撰。端临字贵与,饶州乐平(今江西乐平)人。出身于南宋末的书香门第。入元后以教学著书为志,后老死家中。

《文献通考》记上古到南宋宁宗时典章制度的沿革。全书三百四十八卷,分为二十四门,实为《通典》的扩充与续作,二十四门中十九门均为《通典》的原目或子目,只《经籍考》等五门为马氏所新创。全书取材在中唐以前者,以《通典》为基础,兼有补充。中唐以后者,由马氏集经史、会要、传记、奏疏、论议及其他文献而成,宋代史料尤为详备,多有《宋史》不载之事。

二十四门为《田赋考》七卷,《钱币考》二卷,《户口考》二卷,《职役考》二卷,《征榷考》六卷,《市籴考》二卷,《土贡考》一卷,《国用考》五卷,《选举考》十二卷,《学校考》七卷,《职官考》二十一卷,《郊社考》二十三卷,《宗庙考》十五卷,《王礼考》二十二卷,《乐考》二十一卷,《兵考》十三卷,《刑考》十二卷,《经籍考》七十六卷,《帝系考》十卷,《封建考》十八卷,《象纬考》十七卷,

《物异考》二十卷,《舆地考》九卷,《四裔考》二十五卷。

4) 续通典 清乾隆时官修,一百五十卷,共九门,记唐肃宗至明末典章制度。

5) 续通志 清乾隆时官修,六百四十卷,体例与《通志》相同,记唐初至明末事。

6) 续文献通考 有两种编本:一、明王圻撰本,二百五十四卷,编成于万历十四年(1586);二、清乾隆时官修本,二百五十卷。后书记自宋宁宗至明末的政治经济制度沿革。编纂优于前书。

7) 清通典 亦称《皇朝通典》,清乾隆时官修,一百卷,分九门,记清初至乾隆时的典章制度。

8) 清通志 亦称《皇朝通志》,清乾隆时官修,一百二十六卷。省去本纪、列传、世家、年谱,仅存二十略。记清初至乾隆时事。

9) 清文献通考 亦称《皇朝文献通考》,清乾隆时官修,三百卷,分田赋、钱币等二十六考。集录清初至乾隆时各种文献编成,史料价值较高。

10) 清续文献通考 近代人刘锦藻撰,四百卷,分三门。年代与《清文献通考》衔接,包括乾隆五十一年(1786)以后至清末。

5 会要体文献十四种

以记述某一朝代或某一历史时期的典章制度为主的史书,称为会要体史书,亦为政书的一种。在中国古代几种史书修撰体例中,会要体是出现较晚的一种。唐德宗时苏冕曾撰《会要》四十卷,记述自唐初至德宗时的史事,这是会要体的首次出现。苏冕以后,经由唐、宋人两次续作而成书的《唐会要》,是第一部完整的会要体史书。此后,历代撰成的会要体史书甚多,部分著作具有较高的史料价值。今就其中重要的介绍如下:

1) 春秋会要 清姚彦渠撰。全书共四卷,为记述春秋时期的典章制度的史书。分为世系和吉、凶、军、宾、嘉五礼,共六门,九十八事。原名《春秋三传汇要》,取材仅限于《春秋》的经传。与一般会要体制稍异。中华书局于1955年出有标点本。

2) 七国考 明董说撰。为记述战国时期秦、齐、楚、赵、韩、魏、燕七国的典章制度的史书。全书资料基本采自《史记》和《战国策》,兼及诸种杂史。全书共十四卷,分职官、食货、都邑、宫室、国名、群礼、音乐、器服、杂祀、丧制、兵制、刑法、灾异、琐征等十四门。董氏引书不很严谨,史料不尽可信。中华书局于1956年出有标点本。

3）秦会要订补 清孙楷撰，近人徐复订补。孙楷辑求古代史书所载秦代法制典政，著录成书。全书共二十六卷，分为世系、礼、乐、舆服、学校、历数、职官、民政、食货、兵、刑法、方域、四裔等十四门，名《秦会要》。原书遗误较多，徐复订补，逐条修正原书错漏，并收有一部分近人论著作为附录，称《秦会要订补》。有群联出版社本、中华书局1959年标点本。

4）西汉会要 宋徐天麟撰。《西汉会要》与《东汉会要》常合称《两汉会要》。作者排比《史记》《汉书》的材料，仿《唐会要》例撰成。记西汉典章制度。

全书共七十卷，分为帝系、礼、乐、舆服、学校、运历、祥异、职官、选举、民政、食货、兵、刑法、方域、蕃夷十五门。下分若干事，共三百六十七事，每事集中了有关资料，按时间先后编排，检阅很方便。有中华书局1955年出版铅印本和上海人民出版的标点本。

5）东汉会要 宋徐天麟撰。全书共四十卷，分为十五门，门下分事，共三百八十四事。体例基本上与《西汉会要》相同，唯《西汉会要》有"祥异"，《东汉会要》有"封建"。此书不仅将同类资料按门集中汇编，而且取材除据《后汉书》外，兼及有关书籍，对《后汉书》有所补益。有中华书局1955年出版铅印本和上海古籍出版社1978年出版的新本。

6）三国会要 清杨晨撰。主要取材于《三国志》及裴松之注，并参以其他著述。全书共二十二卷，分为帝系、历法、天文、五行、方域、职官、礼、乐、学校、选举、兵、刑、食货、庶政、四夷十五门，记载三国时典章制度等事。《三国志》无志，对于三国的各种制度无甚记载。此书编成，汇辑了有关史料并对之加以分类编排，对研究这一时期的典章制度及有关问题提供了很大的方便。中华书局于1956年出版有标点本。

7）唐会要 宋王溥（922—982年）撰。溥字齐物，并州祁（今山西祁县）人，历仕后汉、后周、北宋。唐德宗时苏冕曾"缵国朝政事，撰《会要》四十卷"，记载自唐高祖至唐德宗时史事。唐宣宗时，由崔铉监修，完成了自德宗至宣宗时的《续会要》四十卷。宋初王溥对上述两稿加以整理，补修了从唐宣宗到唐末的史事，编成定本。

全书一百卷，分类体例与《通典》相近，内容有帝系、礼乐、宫殿、舆服、学校、封建、官制、选举、佛道、食货等类。

《唐会要》成书于宋初，其主要部分修撰于唐朝中后期，故书中保存了丰富的唐代原始资料,许多为两《唐书》所不及。尤其是书中记述历朝制度的沿革变迁,著录许多重要文献和典故,可补正史与典志体史书之不足。

《唐会要》在清代以前未有刊本,流传过程中渐次残阙。清乾隆时,四库馆臣曾据他本加以整理校订,仍为一百卷。但已非王溥原本,惟主要内容未受重大损失。

中华书局于 1955 年出版有标点本。

8）五代会要　宋王溥撰。溥著有《唐会要》一百卷。

《五代会要》根据五代的实录撰成,全书共三十卷,二百七十九目,作者身历五代后两朝,对这一时期的典制沿革见闻较多,因而能够有系统地记载五十年间的典章制度,是研究这一时期历史所必不可少的重要资料。有中华书局标点本。

9）宋会要辑稿　清徐松辑。《宋会要》原稿为宋朝官修史书。宋代专设"会要所"以修撰会要,成书二千二百余卷。起于宋初,止于宁宗时期。但除李心传编纂的《十三朝会要》外,其他会要均未刊行。元灭南宋,稿本北运燕京,元修《宋史》志,多以此为依据。至明初已是残本。明成祖时修《永乐大典》,曾大量抄录其中的史事。清嘉庆间,徐松从《永乐大典》中辑出,分帝系、后妃、乐、礼、舆服、仪制、瑞异、运历、崇儒、职官、选举、食货、刑法、兵、方域、蕃夷、道释等十七门。多有《宋史》及其他史书所不载的资料,是研究宋史的重要文献。惟其中大部分已难于辨别出处,又辑录时未作细致的校订,亦有错讹。有北京图书馆 1936 年影印本共八册。中华书局 1957 年有影印本。上海古籍出版社 2014 年出版有标点本。

10）建炎以来朝野杂记　宋李心传撰。分甲乙两集,辑录南宋高宗、孝宗、光宗、宁宗四朝史料,记载始于建炎元年(1127)。甲集二十卷,分为上德、郊庙、典礼、制作、朝事、时事、故事、杂事、官制、取士、财赋、兵马、边防十三门。乙集二十卷,少郊庙一门,末卷别出边事,亦十三门。此书材料丰富,体例与会要相同,有《宋史》诸志及其他典志体史书所未载的史料。有上海商务印书馆国学基本丛书本,共三册。

11）元典章　旧称《大元圣政国朝典章》,元英宗时官修。前集六十卷,附新集不分卷。记载元世祖、成宗、武宗、仁宗、英宗五朝史事。分诏令、圣政、朝纲、台纲、吏部、户部、礼部、兵部、刑部、工部十门。记元英宗以前的典章制度。所录全为诏命、律令和有关的事例等,多为原始资料,是研究元代政治、经济、法律、风俗的重要资料。但该书体例紊乱,兼杂方言俗话,与一般会要性质不同。

清朝有沈氏刻本,但多有错讹。1925年故宫发现原始刻本,陈垣据之并参考其他抄本,校正沈刻本脱误之处达一万余条,写成《元典章校补》一书,有校勘札纪六卷,补正阙文三卷,改订表格一卷,是有关《元典章》的重要著作。

12) 明会要 清龙文彬撰。共八十卷,分帝系、礼、乐、舆服、学校、运历、职官、选举、民政、食货、兵、刑、祥异、方域、外蕃等十五门,子目为四百九十八事,可供检索明代制度资料之用,史料价值不及明代官修的《明会典》。中华书局于1956年出版有标点本,共二册。

13) 明会典 明朝官修史书。初修于弘治时。嘉靖续修,万历十五年(1587)重修,共二百二十八卷。体例以六部为纲,文职衙门共二百二十六卷,首列宗人府,其下分为吏、户、礼、兵、刑、工六部及都察院、六科、各寺、府、监、司等行政机构的职掌、事例,并附有冠服礼仪插图。武职两卷,叙述五军都督府及各卫所。各官职之下多列有详细的统计数字,如田土、户口、驻军、粮饷等。内容较《明史》各志详细,是研究明代典章制度的重要资料。商务印书馆万有文库本共四十册。

14) 清会典 清朝官修史书。清康熙三十三年(1694)初修,后历雍正、乾隆、嘉庆、光绪各朝续修。光绪二十五年续修本为会典一百卷,事例一千二百二十卷、图二百七十卷。内分为宗人府、内阁、吏、户、礼、兵等部,盛京户、礼、兵、刑、工部、理藩院、通政使司、大理司、太常寺、翰林院、起居室、詹事府、光禄寺、太仆寺、太医院、顺天府、奉天府、鸿胪寺、国子监、钦天监、内务府等。有清刊本。

6 主要类书三十六种

类书是辑录各种书籍中的有关资料,分门别类编排而成的工具书,具有百科全书的性质。古代的类书编排方法不很科学,用分韵、分字等方法编排。但是类书很有用处,如可以根据所辑资料查找古代社会事物的原委、典章制度的沿革、文字掌故的兴废,或可用以校补古籍。

我国最早的类书,是三国时期魏文帝曹丕命刘邵等人编的《皇览》,早已散佚。以后历代编纂的类书,计有六百多种,大多也已散佚,目前存世者约有二百种。按照取材范围,大致可以分为综合性类书和专门性类书两种。今择其重要者介绍下。

综合性类书

1）北堂书钞 唐虞世南编,清孔广陶再校。这是我国现存的最早的一部类书,成书于隋朝大业年间(605至618年)。全书共一百六十卷,分帝王、后妃、政术、刑法、封爵、设官、礼仪、艺文、乐、武功、衣冠、仪饰、服饰、舟、车、酒食、天、岁时、地等十九部,部下再分类,共八百五十二类。类下先摘引词句作标题,标题下引录古籍。本书记载了隋以前的一些可贵资料,对于研究历史、辑佚和校勘古籍有相当价值。缺点是有的引文未注明出处,文句也不太完整。有光绪十四年(1888)南海孔氏刊印本。

2）艺文类聚 唐欧阳询等编。该书是我国现存最早的一部完整的官修类书,成书于唐朝武德七年(624)。全书一百卷,分天、岁时、地、州、郡、山、水、帝王、人、礼、乐、职官、政治、刑法、杂文、战伐、产业、衣冠、食物、杂器物、巧艺、方术、百谷、鸟、兽、鳞介、祥瑞、灾异等四十五部,部下分目。如天部分天、日、月、星、云、风、雪、雨、霁、雷、电、雾、虹等。全书共有七百二十余目。每目之下,先录记事,即摘录经、史、子等书籍中的有关资料;后录有关诗赋赞表。征引古籍一千四百余种。这些古籍今多散佚。此书可用以辑佚校勘。有汪绍楹校本,中华书局一九六五年出版,上海古籍出版社一九八二年新版。

3）初学记 唐徐坚等编。三十卷,分天、岁时、地、州郡、帝王等二十三部。部下分子目,共三百一十三个子目。子目下,先为"叙事",编引有关记述;次为"事对",选编有关对句。后为"诗文",节引有关诗文。本书虽然卷帙不大,但选材谨严,且皆为隋以前古籍,亦很有参考价值。有中华书局一九六二年版本。许逸民编《初学记索引》可备查。

4）白孔六帖 由唐白居易《白氏六帖事类集》与宋孔传《六帖新书》两书合编而成。两书原各三十卷,合编后,析为一百卷,并用今名。体例同《北堂书钞》,分一千三百八十七个门类。一门类前,标有"白"字的,是白书原文;标有"孔"字的,是孔书原文。每一门类采录古籍中有关史事、成语典故等,有一定史料价值。但录文很少注出处。有明刊本。

5）太平御览 宋李昉等编,成书于宋太宗太平兴国时。初名《太平编类》(又名《太平总类》)。全书一千卷,约五百万字。共分五十五部,四千五百五十八类,按天、地、人、事、物顺序编排。类下编排资料以经、史、子、集为序,均先书出处,再录原文。征引广博,多至一千六百九十种,保存了大量古代有关政治、经济、文化、自然博物等各方面资料。引用资料比较完整,可据以考订史事,辑校散佚。但此书校订欠精,颇有讹谬之处。有中华书局一九六〇年版本。钱亚新编《太平御览索引》和燕京大学引得编纂处编《太平御览引得》可备查。

6) 山堂考索　南宋章如愚编,又名《群书考索》,共四集,二百一十二卷,四十六门。门下分类,类下再分子目。征引丰富,考据亦精,对于南宋以前各类事物,尤其是政治制度,记述较详。有明正德慎独斋刊本。

7) 玉海　南宋王应麟编。二百卷,附《词学指南》四卷。分为天文、地理、帝学、圣文、艺文等二十一门。门下分类,共二百四十余类。每类之下以事物或图书名字作为标目。纪事以年代为序,略古详今,并有考异。虽然卷帙浩大,却条理有序。所辑资料,自经、史、子、集至人物传记,无所不包。尤其是宋代掌故,多录自实录、国史、日历诸书,为后世学者所推崇。有清光绪九年(1883)浙江书局重刊本。

8) 永乐大典(残本)　明解缙、姚广孝等编。永乐元年至二年(1403至1404年),编成初稿,名《文献大成》。后经修订,至永乐六年成书,改用今名。共二万二千八百七十七卷,凡例、目录六十卷,一万一千零九十五册,三亿七千多万字。采集古籍七八千种,按"洪武正韵"韵目编排,"用韵以系字,用字以系事"。依次录有关天文、地理、人事、名物,以至奇闻异见、诗文词曲等。元代以前的秘册佚文,往往一字不易地全行录入,许多古籍赖此得以保存,对于辑佚、校勘的价值极大。该书只有抄本,正本藏于文渊阁,副本藏于皇史宬。正本约毁于明亡之际,副本的大部分为八国联军焚毁,有些被劫到外国。目前存世者仅有八百多卷。中华书局根据历年征集到的七百三十卷,影印出版。

9) 渊鉴类函　清张英等编。该书以明俞安期《唐类函》所录仅至唐初,于是以其为基础,博采初唐至明嘉靖年间的古籍,又补其缺略,汇成巨编。成于康熙四十九年(1710)。全书四百五十卷,总目四卷,卷数比《太平御览》少一半多,但内容却多出一倍。共分四十五部,部下分类,类下先叙总类、释名、沿革,次叙典故,再录对偶、摘句,最后录诗文。资料详备,编排得体,所用资料,均详注出处,使用方便。有1932年扫叶山房影印同文书局本。

10) 古今图书集成　清康熙时陈梦雷编,雍正时蒋廷锡校补,初名《汇编》,后改称《钦定古今图书集成》。全书一万卷,目录四十卷,共计一万零四十卷,一亿六千多万字。分为历象、方舆、明伦、博物、理学、经济等六编。每编下分为典,共三十二典。典下分部,共六千一百零九部。部下设汇考、总论、图表、列传、艺文、纪事、杂录、外编等项。内容丰富,收录广博,体例较完备,包括政治、军事、经济、文化、科技等各方面资料,是很有使用价值的工具书。但亦有删节不当、错字、漏字等问题。雍正四年,以铜活字排印,仅印六十四部。今有上海中华书局一九三四年影印雍正铜活字本,附《考证》二十四卷。

11) 锦绣万花谷　南宋人撰,作者佚名。分前、后、续三集,各四十卷。分类隶事,所引古籍甚多。

12) 古今事文类聚　宋祝穆撰。一百七十卷,分前、后、别、续四集。亦称《事文类聚》。元富大用又编新集三十六卷,外集十五卷;祝渊编遗集十五卷。

13) 记纂渊海　宋潘自牧撰,明王嘉宾补遗,为一百卷。

14) 事林广记　宋陈元靓撰,明钟景清增补,分二十六则。

15) 古今合璧事类备要　宋谢维新撰,分前、后、续、别、外五集,三百六十六卷。

16) 天中记　明陈耀文撰,六十卷。

17) 山堂肆考　明彭大翼撰,其孙婿张幼学增订。四十五门,二百二十八卷,补遗十二卷。

18) 唐类函　明俞安期汇辑,徐显卿校订。二百卷,分四十三部。

19) 潜确居类书　明陈仁锡撰,一百二十卷,七十二册,十二函。明金阊映雪草堂刑本。

专门性类书

20) 册府元龟　宋王钦若、杨亿等编。成书于宋真宗大中祥符六年(1013),原名《历代君臣事迹》,后改今名。全书九百四十万字,比《太平御览》多一倍。分帝王、列国君、宗室、外戚、将帅、台省、邦计、国史、学校、刑法、牧守、总录、外臣等三十一部,部下分一千一百零四门。部、门之下都有"序",述其要旨。所录资料,采自"正经""正史"及唐、五代的诏令、奏议等,兼及《国语》《战国策》《淮南子》《修文殿御览》等书。引文多整篇整节照录,具有较高的史料价值。但取材范围较窄,内容仅限于政治制度和君臣事迹等方面。有中华书局一九六〇年影印本。精印共十二册。

21) 三才图会　明王圻与其子王思义编。共一百零六卷,分天文、地理、人物、文史、草木、鸟兽等十四门,主要汇辑诸书图谱,并附以文字说明。"采摭浩博"。但内容比较冗杂,对事物源流也没有详加考析。有清光绪时刻本。

22) 图书编 明章潢编。专门汇辑诸书图谱,成书于明万历十四年(1586)。原名《论世编》,后改今名。共一百二十七卷,分经义、天文、地理、人道四类。末二卷"易象类编"和"学诗多识"为附录性质,与图谱无关。内容丰富,条理分明,书类《三才图会》,但考证较精详。其中地理、人道二类,多反映明代政治和社会情况,可补史志之缺。有明万历时刻本。

23) 格致镜原 清陈元龙编。共一百卷。分乾象,坤舆等三十类,类下分目,共八百八十六目。包括天文、地理、建筑、器用、动植物等。"采撷极博",体例井然,为研究我国古代科学技术和文化史的重要参考书。有光绪二十二年(1896)上海积山书局石印本。

24) 佩文韵府 清张玉书等编。以元代阴时夫《韵府群玉》和明代凌稚隆《五车韵瑞》为基础,于康熙五十年(1711)增补而成。共四百四十四卷,依《平水韵》一百零六韵分为一百零六部。以单字统词语,尽量列举古书用例。后列"对语""摘句",都注出处。本书收罗极富,所收词藻典故一百四十余万条,是一部供查找文章典故和韵藻丽句用的大型类书兼韵书。但资料多辗转抄来,错误较多,所引诗文也多不举出处。1937年商务印书馆影印本附有词头四角号码索引,便于检索。另有《韵府拾遗》一百一十二卷,是本书的补编。

25) 子史精华 清吴士玉等编。专采子、史部及少数经、集部书中有关社会情况、自然知识、学术文化等方面的名言隽句汇编成册。始编于康熙六十年(1721),成书于雍正五年(1727)。共一百六十卷,分天、地、帝王、文学、器物等三十部,部下分类,共二百八十类。各类之中收名言隽句,每条以句中精要词语作标题,以原文和注释分双行夹注于下。本书采辑宏富,考核精良,句中引文裁剪得宜,连贯完整,并详注出处。有光绪时蜚英馆石印本。

26) 事类赋 宋吴淑撰。三十卷,分十四部,子目一百篇。后人续有增补,清华希闵有《广事类赋》,吴世旃有《广广事类赋》,黄葆真增辑《事类赋统编》。

27）事物纪原　宋高承撰，明李果校补。十卷，分五十五部，纪事达一千八百四十一条。清纳兰永寿有《事物纪原补》。

28）岁时广记　宋陈元靓撰，四卷，一百六十六条。

29）小学绀珠　宋王应麟辑，十卷，分十七门。

30）月令广义　明冯应京撰，二十四卷。有明刊本。

31）万姓统谱　明凌迪知辑。一百四十卷，附《历代帝王姓系统谱》六卷，《氏族博考》十四卷。

32）经济类编　明冯琦原编，冯瑗等整理，一百卷。有明万历刊本。

33）称谓录　清梁章钜编。天津古籍书店1987年出版，1644页。

34）读书纪数略　清宫梦仁编。五十四卷，分天、地、人、物四大纲，各分子目。

35）事物原会　清汪汲撰，四十卷。有清嘉庆二年刻本。

36）月令粹编　清秦嘉谟编，二十四卷。有清嘉庆十七年琳琅仙馆刻本。

7　主要总集十八种

总集是汇录许多人的诗文而成的，有汇录一个朝代的，有汇录许多个朝代的。所收虽为诗文，但由于内容广泛，其中颇有史料价值较高的资料。今择其重要者介绍如下：

1）文选　南朝梁萧统（昭明太子）编选，世称《昭明文选》。分为三十八类，共七百余篇。原三十卷，唐李善作注，析为六十卷。又有唐人吕延济五人合注，称"五臣注"。宋人合两本为一，称"六臣注文选"。今有影印宋刊本。李善注有清嘉庆间胡克家重刻宋刊本，附《考异》十卷。中华书局1977年有影印本，共三册。

2）古文苑　编者姓名不详，二十一卷。相传为唐人旧藏本，北宋时传世。录周代至南朝齐诗文二百六十余篇，分为二十类。其收文为《文选》所不载。清乾隆间，孙星衍《岱南阁丛书》中有翻刻宋元刊本。孙氏又辑金石、传记、地志和类书中的遗文，自周迄元，共二十卷，为《续古文苑》。有嘉庆间《平津馆丛书》本。

3）文苑英华　宋李昉等编，一千卷。辑录南朝萧梁至晚唐、五代时的二千二百余家，近两万篇作品，以上续《文选》。全书分"赋""诗"等三十八类。其中以唐代的作品为最多，约占十分之九。为"宋四大书"之一（其他三书为《太平广记》《太平御览》《册府元龟》）。中华书局1966年影印宋刊配明刊本,并附印《辨证》和《辨证拾遗》,共六册。

4) 全上古三代秦汉三国六朝文 清严可均编,七百四十六卷。上起上古,下迄隋代,收作者三千四百多人,分代编次为十五集。收集比较广泛完备。中华书局1958年有断句影印本,共四册。

5) 全唐文 清董浩等编,一千卷。用清内府所藏旧钞《唐文》为底本,并采《文苑英华》《唐文粹》《永乐大典》诸书,共收唐、五代作家三千四百余人,作品一万八千四百八十八篇。有扬州刻本。清陆心源有《唐文拾遗》七十二卷,《续》十六卷,专录《全唐文》未收之文。该书收入其所刻《潜园总集》中。今人陈尚君有《全唐文补编》一书,补录唐代诗文甚多。

6) 全辽文 今人陈述辑校。分十三卷,共收八百三篇。文章收自文献和碑刻,包括了迄今所见的辽代主要遗文。文章按时间前后,分为十三卷编排。撰人佚名及时间不详者附后。附录有三,为"类目索引""作者索引及事迹考"和"图版"。中华书局1982年出版。

7) 玉台新咏 南朝陈徐陵编,十卷。

8) 古诗纪 明冯惟讷编,一百五十六卷,录上古至隋代诗歌。

9) 乐府诗集 宋郭茂倩编,一百卷。录汉魏到唐五代的乐府歌辞,兼及先秦至唐末歌谣。

10) 全汉三国晋南北朝诗 近人丁福保编,五十四卷,上起西汉,下迄隋代,收作者七百余家。

11) 全唐诗 清彭定求等编,九百卷。共收唐、五代诗二千二百余人,四万八千九百余首。

12) 宋文鉴 南宋吕祖谦编,一百九十卷。

13) 南宋文苑 清庄仲方编,七十卷。

14) 元文类 元苏天爵编,七十卷。

15) 明文海 清黄宗羲编,原书六百卷,未刊行。《四库提要》题四百八十二卷,系删去记晚明史事部分一百十八卷。该书保存史料颇多。

16) 清文汇 近人沈粹芬等编,二百卷。

17) 皇朝经世文编 清贺长龄等编,一百二十卷。

18) 皇朝经世文续编 一为清盛康编,一百二十卷;一为同时人葛士濬编,亦一百二十卷。两书的内容、体例基本相同。

8　中国近代史资料丛刊十二种

此《丛刊》共十二种，于上世纪五至九十年代陆续编成出版。编纂此《丛刊》是1949年9月间由刚成立的中国史学会发起的。编委（当时称总编辑）包括徐特立、范文澜、翦伯赞、陈垣、郑振铎、向达、胡绳、吕振羽、邵循正、白寿彝、华岗等。参与编纂的包括了来自北大、清华、燕京大学、北师大四个大学的历史系和北大图书馆系及中国科学院近代史研究所等机构的共一百余人。直接间接为《丛刊》做贡献的专家、学者遍及全国。此《丛刊》的倡议、编辑、出版，大大推动了中国史学界对中国近百年史，尤其是帝国主义侵华和中国人民反侵略的历史的关注，也大大加强了对中国人民，尤其是对青少年的爱国主义教育和国际主义教育。

《丛刊》的编辑出版情况如下：

专题名称	编者	出版时间	
鸦片战争（六册）	齐思和等	上海神州国光社	1954
第二次鸦片战争（六册）	齐思和等	上海人民出版社	1978
太平天国（八册）	王重民等	上海神州国光社	1952
中法战争（七册）	邵循正等	新知识出版社	1955
捻军（六册）	范文澜等	上海神州国光社	1953
中日战争（七册）	邵循正等	新知识出版社	1956
戊戌变法（四册）	翦伯赞等	上海神州国光社	1953
义和团（四册）	翦伯赞等	上海神州国光社	1951
辛亥革命（八册）	荣孟源等	上海人民出版社	1957
回民起义（四册）	白寿彝等	上海神州国光社	1952
洋务运动（八册）	中科院近代史所等	上海人民出版社	1961
北洋军阀（五册）	来新夏等	上海人民出版社	1993

参编者为访求资料跑遍全国，甚至还向国外求索。经过再三精选，最后汇辑成书，每个专题少者四册，约有160万字；多者八册，约有300万字。11个专题共约有3千万字。

（三）目录学与辨伪

1 中国图书分类

中国的史料文献浩中烟海，学者往往穷毕生之力，而莫测其涯际。就以二十四史来说，已有 3242 卷。实际这只不过是所谓"正史"。史部的其他诸史还有编年、纪事本末、别史、杂史、实录、典制、方志、谱牒等，其数量比正史要多出百倍、千倍。而且，对于研究历史来说，史料不仅限于此。所谓"六经皆史"，"诸子亦史"，文章、诗赋、词曲、小说、传奇、志铭、簿籍等等，一切有文字的资料，都可能是有用的史料。为了充分利用这些资料和迅速、准确地在图书馆查到有关的资料，除了要学会使用有关的工具书外，还需要具备一些有关我国古代、现代图书分类的知识。

（1）我国古代的图书分类

我国古代的图书分类先后有过六分法、四分法、五分法、九分法、十二分法等。其中最重要、影响也最大的是六分法和四分法。

六分法是我国最早的图书分类法，创始于西汉末年的刘歆。他在汉哀帝时期，根据其父刘向在《别录》一书中所撰的古籍提要，把各书一一归类，编成我国第一部图书分类目录——《七略》。《七略》有辑略、六艺略、诸子略、诗赋略、兵书略、数术略、方技略。其中辑略是全书的总序和其他各略的序，说明各类图书内容和学术流派，其余六略则专门著录图书。所以，《七略》是把全部图书分成了六类。第一类"六艺略"，下分易、书、诗、礼、乐、春秋、论语、孝经、小学九类。第二类"诸子略"，下分儒、道、阴阳、法、名、墨、纵横、杂、农、小说十家。第三类"诗赋略"，下分屈原等赋、陆贾等赋、孙卿等赋、杂赋、歌诗五种。第四类"兵书略"，下分兵权谋、兵形势、阴阳、兵技巧四种。第五类"数术略"，下分天文、历谱、五行、蓍龟、杂占、形法六种。第六类"方技略"，下分医经、经方、房中、神仙四种。这种图书六分法，历东汉、三国基本上沿用不改。

西晋时，秘书监荀勖著《中经新簿》，对《七略》的六分法作了改革，把全部图书分为四部：一曰甲部，相当于《七略》的六艺略；二曰乙部，相当于《七略》诸子、兵书、术数、方技四略的总和；三曰丙部，系由六艺中的《春秋》类所附史书扩大而成；四曰丁部，即《七略》的诗赋略，并增以图赞和汲冢新发现的古书。从内容看,实际上甲部基本上就是经部,乙部基本上就是子部,丙部基本上就是史部,丁部基本上就是集部。这部书开了我国图书四分法之端。东晋时,李充撰《四部书目》,更换了荀勖所定四部的次序,使甲部纪经部书,乙部纪史部书,丙部纪子部书,丁部纪集部书。四部分类的顺序从此确定。至唐代魏征等编《隋书·经籍志》,又明确地以经、史、子、集代替了甲、乙、丙、丁的四部名称,并确定了其次序。这种图书四分法在此后的一千余年间一直被沿用着。

清朝乾隆时,纪昀等编的《四库全书总目》是我国古代最大的一部图书目录,也是使用图书四分法。为了对这种方法有个比较确切的了解,现将《四库全书总目》的类目转录于下:

经部十类

易类、书类、诗类、礼类(周礼、仪礼、礼记、三礼总义、通礼、杂礼书)、春秋类、孝经类、五经总义类、四书类、乐类、小学类。

史部十五类

正史类、编年类、纪事本末类、别史类、杂史类、诏令奏议类(诏令、奏议)、传记类(圣贤、名人、总录、杂录)、史钞类、载记类、时令类、地理类(总志、都会郡县、河渠、边防、山川、古迹、杂记、游记、外纪)、职官类(官制、官箴)、政书类(通制、典礼、邦计、军政、法令、考工)、目录类(经籍、金石)、史评类。

子部十四类

儒家类、兵家类、法家类、农家类、医家类、天文算法类(推步、算书)、术数类(数学、占候、相宅相墓、占卜、命书相书、阴阳五行、杂技术)、艺术类(书画、琴谱、篆刻、杂技)、谱录类(器物、食谱、草木鸟兽虫鱼)、杂家类(杂学、杂考、杂说、杂品、杂纂、杂编)、类书类、小说家类(杂事、异闻、琐语)、释家类、道家类。

集部五类

楚辞类、别集类(汉至五代、北宋建隆至靖康、南宋建炎至德祐、金至元、明洪武至崇祯、清朝)、总集类、诗文评类、词曲类(词集、词选、词语、词谱词韵、南北曲)。

目前,不少图书馆的古籍分类仍然沿用四分法,所以,了解了古代的四部分类法,就可以按图索骥,有目的地查找到现存古籍。

（2）我国现代的图书分类

20世纪以来，随着国内社会生产、生活的进步和国外科学技术、学术思想的传入，图书的内容及种类日益丰富，传统的四部分类法已不能适应。于是，新的图书分类法陆续出现。1949年以前，有人直接引用美国杜威的十进分类法：0 总类；1 哲学；2 宗教；3 社会科学；4 语言学；5 自然科学；6 应用科学；7 美术；8 文学；9 历史。有人则根据我国书籍情况，对杜威分类法略加改编。这些分类法大多是按资产阶级思想体系编排的。其后，为适应社会主义思想体系和突飞猛进的科学技术的需要，我国图书工作者不断探索新的图书分类法。目前，我国通用的图书分类法已有"中国人民大学图书资料分类法"（简称"人大法"）、"中国科学院图书馆图书分类法"（"科图法"）、"武汉大学图书馆图书分类法"（"武大法"）、"中小型图书馆图书分类法"、"中国图书馆图书分类法"（"中图法"）、"中国图书资料分类法"等。这些分类法大同小异，其中以"中图法"和"中国图书资料分类法"较新，也较科学、具体，现已逐渐为一些大型图书馆采用。今简要介绍一下"中图法"，以便对这类新型分类法有一初步的了解。

《中国图书馆图书分类法》是北京图书馆等36个单位集体编制，科学技术文献出版社一九七五年出版的。全书先将图书分为哲学、社会科学、自然科学三大部类，进而分为马克思主义、列宁主义、毛泽东思想，哲学，社会科学，自然科学，综合性图书五个基本部类。在此基础上，再分为22大类：A 马克思主义、列宁主义、毛泽东思想；B 哲学；C 社会科学总论；D 政治；E 军事；F 经济；G 文化、科学、教育、体育；H 语言、文字；I 文学；J 艺术；K 历史、地理；N 自然科学总论；O 数理科学和化学；P 天文学、地球科学；Q 生物科学；R 医药、卫生；S 农业、林业；T 工业技术；U 交通运输；V 航空、宇宙飞行；X 环境科学；Z 综合性图书。大类之下再分小类，总计约四万个类目。

根据上述通用的各种分类法，现在一般图书馆都编有三种藏书卡片，即图书分类目录卡、书名目录卡和著者目录卡，可供使用。

2 主要实用目录书七种

我国的目录学著作极多，自《汉书·艺文志》以来，不少正史中均有此类篇章。如《隋书》和《旧唐书》中称为《经籍志》，《新唐书》《宋史》《明史》中称为《艺文志》。清代学者还为《后汉书》《三国志》《元史》等辑补了《艺文志》。自南北朝以来,官修或私撰目录书渐多。南朝梁阮孝绪撰《七录》,北宋王尧臣等撰《崇文总目》,南宋晁公武撰《郡斋读书志》,陈振孙撰《直斋书录解题》,尤袤撰《遂初堂书目》,清于敏中、彭元瑞等撰《天禄琳琅书目》,孙星衍撰《孙氏祠堂书目》,张之洞撰《书目答问》,近人范希曾撰《书目答问补正》等,都是重要的目录学著作。不过,这些著作中,有的已失传,有的为旧刻本,流传较少,如非为研究目录学,而只为检寻现存史书,以利用近年再版或出版的几种与目录书有关的著作为宜。

1) 中国丛书综录 上海图书馆 1959—1962 年编,中华书局出版。集合全国 41 家主要图书馆所藏书 2797 种,收有各种学术著作 38891 种,编成比目。实为一种联合目录。因我国古代文献的大部分收入各种丛书,所以本书可作为一部巨型古代文献联合目录使用。全书分三册:第一册《总目分类目录》,分"汇编"和"类编"两部分。"汇编"分杂纂、辑佚、郡邑、氏族、独撰五类。"类编"分经、史、子、集四类。又有《丛书书名索引》,可以检索所有丛书书名和各丛书中收录著作的子目书名。后附《全国主要图书馆收藏情况表》,便于索书。第二册是根据《总目分类目录》所收丛书中七万多条子目编成的《子目分类目录》,以子目为单位,采用四部分类,部下又析为类、属。第三册为《子目书名索引》和《子目著者索引》。便于从丛书名、子目书名、著作性质和著者姓名任何一个方面去检索所需图书。使用时,一般是先查检第三册,根据查出的页码,再查第二册,便知某书卷数、作者及收入何种丛书,然后再查第一册,便知此丛书的收藏单位。

2) 四库全书总目 清永瑢、纪昀主编。是一部解题式的目录书,二百卷。全书按中国古代传统的分类法,分经、史、子、集四大类,每一大类又分若干小类,其中一些比较复杂的小类再细分子目。每一大类、小类的前面有小序,子目的后面有案语,扼要地说明这一类著作的源流以及所以分这一类目的理由。每一类的后面,还附有"存目","存目"中的书籍,是经纂修官们校阅,认为价值不高,或思想内容有对于封建统治不利,因而不曾收入《四库全书》中的。收入《四库全书》中的有 3461 种,79309 卷;存目中的有 6793 种,93551 卷。基本上包括了乾隆以前中国古代的重要著作(尤以元代以前的书籍收辑更为完备)。每一种书有介绍其大致内容的提要,又有系统的分类编排,为我们了解古代的各类著作提供了方便。

近人余嘉锡撰《四库提要辩证》,对本书的一些讹谬疏漏,有所订正。1965 年,中华书局重新影印该书时,补录《四库撤销书目提要》和《四库未收书目提要》,并附有四角号码书名及著者姓名索引,便于检索。

3) 贩书偶记 近人孙殿起撰。初版于 1936 年,1949 年后,中华书局再版。该书主要收录清代著作,兼及辛亥革命迄于抗日战争以前有关古代文化的书籍,记载每部书的书名、卷数、著者姓名、籍贯、版本及其年代等,未写提要。因收书原则凡是见于《四库全书》者不收;如收,必版本、卷数等有异者。所以被认为是《四库全书总目》的续编。近来又有《贩书偶记续编》,为孙氏遗稿,上海古籍出版社出版。

4) 丛书集成初编目录 商务印书馆编辑出版。《丛书集成初编》收书 3111 种,汇辑自宋代至清代一百种丛书编成,1935 年开始分期出版,约成 9/10,未出齐。《目录》编排比较科学,使用方便。

5) 四部丛刊书录 商务印书馆编辑出版。《四部丛刊》为近人张元济辑。共三编:初编 350 种,续编 81 种,三编 73 种。辑者就涵芬楼和其他藏书家所藏宋、元旧刻,明、清精刻,钞本,校本和手稿本辑成此书,影印出版。《书录》为此《丛刊》的解题书目。

6) 四部备要书目提要 中华书局编辑出版。《四部备要》为中华书局辑印,收书 336 种,都是研究古籍常备著作。《书目提要》为《备要》解题书目。

7) 中国历史大辞典·史学史 中国历史大辞典编纂委员会编(主编:吴泽、杨翼骧),上海辞书出版社 1983 年出版。本书共收词目 3630 条,包括史学一般、史官、史家、史籍诸方面。史籍主要有史论、史著、典制、表谱、辑佚、史评及史籍校勘等。收录年代的下限,一般以著述或刊行在辛亥革命以前者为断,但跨年限的著名史著和著名史家的著述亦有收录。书前的《词目表》按笔画编排,每一词条之后均注有作者姓名。

3 史料辨伪

研究历史,要十分重视所据资料的可靠性,只有用确实可靠的资料,才能做出正确的结论来。根据不可靠或不甚可靠的资料研究历史,是很危险的。研究我国古代的历史,就会遇到有一部分古文献存在问题,或书名古而内容不甚古,或书与作者不一致等,因之产生了"辨伪学"。"辨伪学"及"辨伪"成果与对中国古代史的研究有直接的关系。

伪书的产生,导源于伪言、伪事。伪言、伪事的产生,或由于传说失实,或由于争胜伪托。此类事例可以确指的,能上溯至春秋、战国之际。自"百家争鸣"展开,各派学者互相辩驳、争胜,往往以古为高,于是竞托古人言语、事迹而著书立说,如儒家称尧、舜,而诸子说黄帝,伪书于是就出现了。至秦统一中国,曾有"焚书坑儒"之事,古代典籍几乎烧尽。在西汉初年虽有老儒靠口头传授之经,只不过是先秦典籍的一小部,而且仅就这一小部也不尽可靠。自西汉至魏晋,陆续发现了大批古书,有些确为先秦典籍;但也有些是汉晋人伪托或伪造的,于是伪书大增。至后代,亦有伪书出现。

伪书出现的具体原因很多;其为伪的情况,各书也不尽相同。因之辨伪家各有其说。清人姚际恒著《古今伪书考》,就伪书的情况分为如下六类,可资参考:

一、全伪。
二、有真书杂以伪者。
三、有本非伪书,而后人妄托其人之名者。
四、有两人共此一书,名今传者不知为何人作者。
五、有书非伪而书名伪者。
六、有未足定其著书之人者。

西汉后期,开始了今文经与古文经的争论,揭开了辨伪学的序幕。至东汉前期,辨伪学正式诞生。如王充《论衡》中的《儒增》《艺增》《书虚》《正说》诸篇,均对古书有所辨正。至隋唐时期,辨伪学有所发展。颜师古注《汉书·艺文志》,在不少书下注明"依托"。刘知幾《史通》的《疑古》和《惑经》诸篇,对比古文献所记同一史事之歧义,辩驳其所记之真伪。至宋代,疑古之风大盛,辨伪之著作亦多。北宋的司马光、欧阳修、苏轼、王安石等,南宋的郑樵、程大昌、朱熹、叶适、洪迈、唐仲友、赵汝谈、高似孙、晁公武、黄震等,都有贡献。至明代,辨伪学更有发展。明初宋濂撰《诸子辨》,其主观目的虽为辨诸子"各奋私知而或戾(lì,违反)大道"的殊说,但对不少子书的真伪有所辨正。至明后期,胡应麟撰《四部正讹》,以辨伪为主,根据证据、心理、历史许多方面的因素,将伪书分为二十类,还提出了八项审核伪书的方法,这在辨伪学上是一大贡献。清之辨伪,蔚然成风,大家也很多。姚际恒的《古今伪书考》是一部代表作。姚际恒是清初的一位大学者,他在该书《小叙》中说:"明宋景濂有《诸子辨》;予合经、史、子而辨之。"对集部伪书及"子类中二氏之书,亦不及焉"。此书虽较严谨,评议审慎;但有取舍随意、武断失当之处。《四库全书总目提要》对多种古书的真伪有所评议,但提要别有宗旨,对辨伪事多不深究。民国前期,辨伪学一度继续发展。梁启超著《中国近三百年学术史》和《古书真伪》对前人的辨伪学有所概述,对不少古书亦有评议。后顾颉刚创"古史辨"学派,辨证古书的方法较前人进步,探讨亦更深入。他还编辑出版《辨伪丛刊》《古史辨》专集等,一度把辨伪学推向新的高潮。张心澂撰《伪书通考》,是一部重要的辨伪巨著。黄云眉撰《古今伪书考补证》,编次依姚书,于每篇之下,汇辑前人成果,又有所发明,评述亦翔实具体,为一集大成之作。今天,我国文化界在全面开展对古文献的整理工作,这是我国文化事业的一大建设工作,其规模是空前的。辨伪工作当是其中的一项具体内容。这项工作将随着整理古文献这一伟大工程而深入发展,并将获得更大的成就。

四家辨伪对照表

说明:本表据姚名达编《宋胡姚三家所论列古书对照表》和黄云眉编《古今伪书考补证》附《原著补证异同对照表》参以有关著作编成。姚表转录各家意见有错谬脱漏者,据原著补正。黄表"考语"过长者,酌予缩删。宋胡姚三家为明宋濂《诸子辨》、胡应麟《四部正讹》、清姚际恒《古今伪书考》。

所辨书名	判 语			
	诸子辨	四部正讹	古今伪书考	古今伪书考补证
鬻子	其徒所记,汉儒补缀	讹残	伪	
管子	非管仲自作	真伪相杂	战国人有参入者	一家而有数家,但其书可取
晏子	非晏婴自作	同上	后人采婴行事伪之,伪	伪
老子	疑			
文子	非计然所著	真以杂伪	真杂以伪	伪
关尹子	伪	伪	伪	杂糅老、儒、释、仙技之说而成
亢仓子	伪	讹补	王士元伪撰	今本又非王本
邓析子	真			
鹖冠子	真	伪杂以真	《汉志》一篇,余悉后人增入	伪,非刘勰所见之书
子华子	伪	伪	宋人伪撰	同姚
列子	后人荟萃而成	真杂以伪	战国有其书,汉明帝以后人又附益之	魏晋以来伪托

续表

所辨书名	判语			
	诸子辨	四部正讹	古今伪书考	古今伪书考补证
曾子	非曾子自作			
言子	非言偃自作			
子思子	非子思自作			
慎子	真		伪	伪,慎懋赏本亦伪
庄子	《盗跖》《渔父》《让王》,疑后人所窜入		《盗跖》《渔父》《让王》《说剑》四篇,非庄子作	内篇七篇可信,外、杂篇皆不可靠
墨子	真			
鬼谷子	真	伪	伪	伪,后人谓即苏子,亦误
孙子	真	无可疑	未知谁作	非孙子书,但其书可取
吴子	真	战国人掇其议论成篇	伪	伪
尉缭子	真	无可疑	伪	伪
尹文子	伪		伪	伪,今本或为陈、隋间人所托
商子	真		伪	汉人伪撰
公孙龙子	真		伪	伪,后人附会庄、列、墨子而成
荀子	真			
韩子	真			
燕丹子	伪	伪杂以真		
孔丛子	伪	疑伪	注者宋咸伪作	魏王肃伪撰
淮南鸿烈解	真			
扬子法言	真			
抱朴子	真	真		
刘子(新论)	非刘勰作	非刘勰作	称刘昼,或刘飇、刘韵、刘孝标未定	四人皆非作者,不知何人所作
文中子	伪	真伪相杂	伪	非伪书,乃谬书
天隐子	疑			

续表

所辨书名	判　语			
	诸子辨	四部正讹	古今伪书考	古今伪书考补证
玄真子	真			
金华子	真			
齐丘子（化书）	伪盗	窃	称齐丘撰，或云谭峭书，齐丘夺之	谭峭作，齐丘又伪窜其间
聱隅子	真			
周子通书	真			
子程子	真中有伪			
连山易		伪		
归藏易		伪		
子夏易		伪中伪	伪	
周易乾凿度		伪	伪	不补
乾坤凿度		伪中伪		
三　坟		伪	伪	不补
古文尚书百两篇		伪		
尚书孔安国序		疑		
元命包		疑伪		
关朗易传		伪	阮逸伪撰	伪
麻衣心法		伪	伪	不补
元　经		伪	阮逸伪撰	同姚
仪礼逸经		伪		
易　传			别详通论	
古文尚书			伪	不补
尚书汉孔氏传			伪	不补
焦氏易林			称焦赣撰，伪	伪
诗　序			伪，大序卫宏作，小序亦汉人作。	大小序皆与卫宏关系最切，其他皆不足信
子贡诗传			明丰坊伪撰	伪
申培诗说			同上	同上

二　目录类

续表

所辨书名	判　语			
	诸子辨	四部正讹	古今伪书考	古今伪书考补证
周　礼			出西汉之末	春秋以后书,但非一人一时之笔,且必有一政治家集大成
大戴礼			决非戴德原书	同姚
孝　经			伪	汉儒所作
忠　经			称马融作,伪	不伪,乃唐马融,非汉马融
孔子家语			王肃伪撰	同姚
小尔雅			即《孔丛子》第十一篇,伪	或《汉志》小雅,然必为王肃所变乱
家礼仪节			伪	不补
阴符经		讹,战国以前有	称黄帝作,伪;寇谦之作	伪,出唐李筌之手
六　韬	后人依托	伪	伪	伪
黄石公三略	后人依托	非圯上老人作,伪杂以真	伪	伪
越绝书		东汉袁康作	东汉袁康、吴平同作	同姚,但二人未必同时同邑
素　问		六朝后据《内经》缀辑易名	伪,所言有古近之分	伪,杂采诸子伪书而成
灵枢经		同上	伪	唐王冰撰,伪
魏公子无忌		秦汉游侠依托		
苌　弘		同上		
范　蠡		同上		
大夫种		同上		
公孙鞅		同上		
广武君		汉游侠依托		

续表

所辨书名	判语			
	诸子辨	四部正讹	古今伪书考	古今伪书考补证
韩　信		同上		
神　农		依托尤荒唐		
黄　帝		同上		
风后握奇经		讹	后世伪撰	伪，唐以后作
力　牧		依托尤荒唐		
蚩　尤		同上		
封　胡		同上		
鬼臾区		同上		
项　王		伪托		
武侯十六策		伪		
武侯心书		伪	伪	不补
黄石公素书		伪	伪	伪
孙子(孙绰)		本书亡佚，后人补之		
李卫公问对	后人依托	伪	是宋神宗时定本	阮逸伪托
广成子		伪		
无名子		伪		
黄帝内传		伪		
穆天子传		周穆王史官所记	汉后人作	虽未必为古本，亦未必为汉后人作
晋史乘		伪	元吾衍伪撰	系补阙，非伪撰
楚梼杌		伪	同上	同上
山海经		战国好奇之士杂录奇书而成	秦汉间书	始于秦汉，后人又有附益
古岳渎经		伪		
燕丹子		汉末文士据荆轲增损而成		

续表

所辨书名	判语			
	诸子辨	四部正讹	古今伪书考	古今伪书考补证
宋玉子		伪		
神异经		伪托	伪	六朝人伪作
十洲记		伪托	伪	同上
赵飞燕外传		伪	伪	伪
鲁史记		伪		
西京杂记		不伪	伪	出隋唐间
述异记		未知作者是任昉或祖冲		
列仙传		伪	伪,六朝人作	伪,出魏晋间
牟子论		伪		
洞冥记		伪	六朝伪作	同姚
汉武内传		伪	称班固、王俭造,伪	今本又非王俭原书
拾遗记		伪		
名山记		伪		
梁四公记		伪		
隋遗录		伪		
开元天宝遗事		伪		
广陵妖乱志		讪谤之词		
潇湘录		最鄙诞,作者不一说		
牛羊日历		托名		
龙城录		嫁名		
续树萱录		嫁名		
白猿传		托名		
周秦行记		李德裕门人托名		
碧云骃		托名		
云仙散录		前六卷伪		
清异录		真		

续表

所辨书名	判语			
	诸子辨	四部正讹	古今伪书考	古今伪书考补证
艾子		伪		
钟吕传道集		伪		
香奁集		伪名		
魏文诗格		伪		
李峤诗评		伪		
乐天、圣俞二金针传		伪		
欧阳修杜诗注		伪		
苏氏杜诗注		伪		
洞极		伪		
司马法	疑亦非伪	真杂以伪	伪	
通玄经		同上		
潜虚		真疑伪		
春秋繁露		讹	书不伪，书名伪	书亦伪
汲冢周书		真	汉后人仿效为之	真伪杂糅
竹书纪年		真	后人增改，非晋本	今本为明人所钞合
天禄阁外史			伪	不补
十六国春秋			伪，出明屠乔孙、项琳之二人手	屠氏本与汉魏丛书本皆伪
致身录			伪	伪
隆平集			伪	伪
於陵子			明姚士粦伪撰	同姚
石申星经			伪	采晋、隋二志而成
周髀算经			伪	撰于西汉
续葬书			伪	不补
拨沙经			伪	不补
神农本草			伪	自汉至宋，代有增补
秦越人难经			六朝人伪托	伪，杂采《八十一难》《灵》《素》为之

续表

所辨书名	判 语			
	诸子辨	四部正讹	古今伪书考	古今伪书考补证
脉　　诀			五代高阳生伪撰	伪,宋世庸医所托
博 物 志			伪	伪,掇取诸书引《博物志》,又杂采他小说成之
杜律虞志			杨慎谓张伯成为之	同姚
三礼考注			称吴澄撰,多所增加	庸妄者伪托
贾谊新书			真杂以伪,非谊原书	决非谊原书
伤 寒 论			真杂以伪	单论本传于今者不伪
金匮玉函经			真杂以伪	与《要略》不同。今所传者为《要略》,不伪
尔　　雅			书不伪,汉世书	先后集缀而成,不能定为何时何人所作
韵　　书			讹,宋刘渊作	不补
水　　经			书不伪,但非桑钦作	非一时一手作
吴越春秋			赵晔、杨方二人,不知谁作	今所传乃杨方书
东坡志林			书不伪,书名伪	不补
国　　语			未知谁作	今本乃《左传》残余,刘歆更掇拾杂书补缀为之

（四）考古与文物著作二十二种

研究中国古代史,除文献资料外,最重要的就是考古与文物资料。研究原始社会和奴隶社会早期,主要依靠考古与文物资料。有关考古与文物的著作很多,这里选择研究中国通史常参考的二十种简要介绍如下：

1）新中国考古的收获　中国科学院考古研究所编著,文物出版社1961年出版。本书为介绍中华人民共和国建立后前十年的考古成就的著作。全书分为三部分,第一部分分为早期原始社会和原始氏族社会。氏族社会又按黄河中下游、上游、华南、北方、东北地区等分别进行介绍,第二部分为奴隶社会,第三部分为封建社会。又附有插图五十三幅,图版一百三十幅。

2) 文物考古工作三十年(1949—1979)　文物编辑委员会编,文物出版社 1979 年出版。本书为介绍 1949 年以来三十年的文物与考古工作的成就。全书以省(市、自治区)为单位,共有三十篇,每篇介绍本省三十年来的成就,均由本省的文物工作队或博物馆等部门执笔。按时间顺序和文物考古工作的具体情况,由原始社会以次介绍到宋元以后。第三十一篇为《文物考古工作三十年记事》。另附有图版三十二版,有照片一百余幅;文内还有插图一百余幅。

3) 文物考古工作十年(1979—1989)　文物编辑委员会编,文物出版社 1990 年出版。本书是《文物考古工作三十年(1949—1979)》的续编。全书正文 32 篇,分别介绍各省、市、自治区(包括台、港、澳)的文物考古工作。卷末附有《文物考古工作十年记事》。后附图版三十二版,有各篇正文中所述代表性文物、遗址照片二百余幅。

4) 新中国的考古发现和研究　中国社会科学院考古研究所编著,文物出版社 1984 年出版。本书为对 1949 年以来三十年间的中国考古学的发现和研究的一部综合性的论述。全书分为六章,第一章为旧石器时代,第二章为新石器时代,第三章为商周时代,第四章为秦汉时代,第五章为魏晋南北朝时代,第六章为隋唐至明代。内容丰富,既有文物考古情况介绍,又有研究心得。内附插图 104 幅,彩版 214 幅,图版 216 幅。

5) 中国历史参考图谱　郑振铎编,上海出版公司 1947—1951 年出版。本书收录中国自上古至清代各个历史时期的重要遗迹、名人图像、古器物、重要文献及善本、墨迹、艺术珍品等各种图片共 3004 幅,按时序编为 24 辑。每辑都有目录,并附有说明一册,介绍有关文物的时代背景及每幅图片的内容。

6) 中国大百科全书——考古学　考古学编辑委员会编,中国大百科全书出版社 1986 年出版。全书分为:概论,中国旧石器时代考古,中国新石器时代考古,商周考古,秦汉考古,三国两晋南北朝——明考古,国外考古。正文共 800 余页,每一条目多附有插图。全书另附彩色插图 270 余张,还有"中国考古学年表""条目内容索引"等。

7）中国农业科学技术史稿　梁家勉主编,农业出版社1989年出版。本书上起原始社会农业发生时期,下讫鸦片战争前后,按时序或朝代分为八章,每章大致以农、林、牧、鱼、副为序。内容以文献资料为主,配有部分插图。本书附录"中国农业科技史大事年表""生物学名表"及"引用文献一览表"等。

8）中国古代农业科技史图谱　陈文华编著,农业出版社1991年出版。全书分为五编,第一编"原始农业——新石器时代",第二编"上古农业——夏、商、西周",第三编"传统农业（上）——春秋、战国、秦汉",第四编"传统农业（中）——魏晋南北朝、隋唐",第五编"传统农业（下）——宋、元、明、清"。本书以文物考古资料及有关图片为主,亦有少量文字说明。

9）中国历代契约粹编（上中下册）　张传玺主编,北京大学出版社2014年出版。资料选自青铜器铭文、汉晋木简、碑刻、吐鲁番及敦煌文书、徽州文书、各种图书档案、买地券等,除西周为契约性质的资料外,自西汉至于明、清及民国,共收契文2500余件,其中包括了许多少数民族文字汉译契约。多数契约原文第一次公布。

10）殷契萃编　郭沫若编,初版是1937年在日本出版的。1949年后,经过校订,由科学出版社1965年出版。全书分为两部分,第一部分为《萃编》图版,共选甲骨文1595片。第二部分为《考释》,有释文、有考释,编次与图版同。编后附录《索引》（以片数为标识）、《殷代世系表》、《干支表》三种,以便检阅。

11）两周金文辞大系图录考释　郭沫若著,中国科学院考古研究所编辑,科学出版社1957年12月出版,分为八册,第一至第五册为"图录"部分,第六至第八册为"考释"部分。序列西周王臣之器凡160余器,东周收三十余国凡160余器。八百年周代的铜器条贯于年代与国别之下。"考释"部分为作者的研究。本书原出版于1935年。这次订修,作了一些修改、补充,抽换并增加了一些新材料。

12）睡虎地秦简论考　吴福助著,台北市文津出版社1994年出版。分甲乙两部:甲部为"论著",乙部为"资料评介"。

13）流沙坠简　罗振玉、王国维撰,三册。1914年出版,1934年校正重印。全书选录简牍、纸片、帛书等图片共588件,以汉简为主,有少数纸片、帛片和晋代及其以后的简牍。第一册为"考释",分三部分,第一部分为《小学术数方技书考释》,罗振玉撰;第二部分为《屯戍丛残考释》,王国维撰;第三部分为《简牍遗文考释》,亦罗振玉撰。第二册为"图片",第三册为"补遗"和"附录"。

14)居延汉简考释 劳干撰,1943年在四川南溪石印出版;1949年商务印书馆铅印再版。1962年台湾出修订版。书分三部分,第一部分为"图版之部",第二部分为"释文之部",第三部为"考证之部"。"释文之部"分为五类,即文书、簿籍、信札、经籍、杂项。每类之下又按性质分为若干小类。

15)居延汉简甲乙编 中国科学院考古研究所编,中华书局1980年出版。全书分为四个部分:一、图版,合甲、乙编共四七五版;二、释文,是甲、乙编的全部释文;三、附录:(一)居延汉简的出土地点与编号,(二)额济纳河流域障燧述要;四、附表:(一)居延汉简出土地点表,(二)居延汉简标号表,(三)居延汉简竹简、木觚、札屑表,(四)释文未收简号表,(五)木件、木楬表。《甲乙编》中有不少错释、漏释或未释出者,谢桂华、李均明、朱国炤三人撰《居延汉简释文合校》(文物出版社1987年出版)对《甲乙编》的释文多所匡正。陈直著《居延汉简研究》(天津古籍出版社1986年出版),为陈先生多年研究的心得。

16)居延新简 甘肃省文物考古研究所、甘肃省博物馆、文化部古文献研究室、中国社科院历史所编,文物出版社1990年出版。1972—1974年间,甘肃省的考古工作者在肩水金关、甲渠侯官(破城子)、甲渠塞第四燧三处遗址收得汉简19400余枚,1982年,又在甲渠侯官收得汉简22枚。本书所收,为甲渠侯官和甲渠塞第四燧所得汉简释文部分的简化汉字横排本。

17)敦煌汉简释文 吴礽骧、李永良、马建华释校,甘肃省文物考古研究所编,甘肃人民出版社1991年出版。本书搜集了本世纪初以来在甘肃疏勒河流域的汉代障塞烽燧遗址中,陆续发现的2484枚竹木简牍,加以释校。释文分为两大部分:一、中华人民共和国建立后出土的汉简,二、中华人民共和国建立前出土的汉简。后附《敦煌马圈湾汉代烽燧遗址发掘报告》(文字部分)和《简牍编号索引》。

18)简牍与制度——尹湾汉墓简牍官文书考证 廖伯源著,台北市文津出版社1998年出版。对汉代仕进制、郡县属吏制等考之甚详。

19)吐鲁番出土文书 唐长孺主编,文物出版社自1981年至1991年,已出版10册。本书所收为出自新疆维吾尔自治区吐鲁番阿斯塔那和哈拉和卓古墓的文书,内容包括随葬用衣物疏、文书、功德录、告身及契约等。10册所收资料时间起自十六国前期之前凉至唐前期。

20）敦煌学十八讲 荣新江著。2001年北京大学出版社出版。十八讲内容大体上有六个方面，一是敦煌简史，二是敦煌藏经洞的发现和文物流散、研究的历史，三是敦煌材料的史学研究问题，四是各种敦煌文献及其价值的介绍，五是对敦煌石窟各个方面的概论，六是敦煌写本外观和辨伪问题。这六个方面基本上概括了敦煌学的主要内容，也突出了历史学所关注的主要问题。

21）金石萃编 清王昶撰。一百六十卷，以著录历史石刻为主，共收1500余种，亦有少数铜器铭文。起于三代，迄于宋金，其中包括了南诏、大理时期的金石铭文九编。按朝代编次，摹录原文，后附历代名家的考证或案语。有《未刻稿》三卷，1918年始刊行。续此书的有陆耀遹《金石续编》二十一卷，陆增祥《八琼室金石补正》一百三十卷，方履籛《金石萃编补正》四卷。

22）三星堆奥秘 陈显丹等著，四川人民出版社2001年出版。书中介绍了四川广汉市三星堆古遗址、古文化器物发现发掘的情况，及学者们对三星堆文化与古蜀王国关系的推想等，极具知识性趣味性和研究性。

（五）现代学者著作要目

1 中国通史二十六种

通贯古今的史书叫做"通史"。也有些通史由于各种原因，只写了若干朝代，并未写到当代。用现代体例撰写的中国通史，最早的有夏曾佑《中国古代史》、梁启超《中国四千年开化史》、李泰棻《中国史纲》、邓之诚《中华二千年史》、吕思勉《中国通史》、缪凤林《中国通史纲要》、章嵚《中华通史》等。此后有周谷城《中国通史》、钱穆《国史大纲》、翦伯赞《中国史纲》、范文澜《中国通史简编》、吕振羽《简明中国通史》等。这些著作部分在1949年后修改重印。1949年后编写的中国通史很多，都是在马克思主义指导下编写的。当然这些通史在体例、内容繁简、材料取舍、对史事和人物的评价等方面也存在一些差异或分歧，又各有其优缺点。今选择使用较多的及台湾、香港近年出版的若干中国通史及中国通史参考资料等二十六种介绍如下：

1）中华文明史（四卷本） 袁行霈、严文明、张传玺、楼宇烈主编，北京大学出版社2006年出版。本书将中华文明分为四个时期，以中华文明史上重大的转型作为分期的依据,细致地描绘了各个时期文明的特点、亮点、及其承上启下的关系,彰显那些对文明发展做出重大贡献的人物,探讨对文明发展起关键作用的各种因素,从而全面论述了中华文明发展的历程,揭示了若干发展规律和历史经验。本书力图将中华文明放到世界格局中进行考察,写出中华文明在世界文明进程中所处的地位及其所起的作用。在论述中充分注意文物考古资料与文献资料的结合,力求史笔、议论、才情三者相结合。

2) 中国通史简编(今题《中国通史(修订本)》) 范文澜著,是在1949年前版本的基础上扩大修订的,陆续由人民出版社出版。第一册(编)为原始社会至战国时期,第二册(编)为秦汉南北朝时期,第三、四册为隋唐时期,以上四册均由范文澜所著。五、六两册及以后各册,是范老去世后,由蔡美彪等人续写的。每册附有数十张地图和文物插图。本书主张西周封建论。

3) 中国史纲要 翦伯赞主编。"文化革命"前,只出了二、三、四册,第一册只有初稿,在北京大学内部铅印使用。1979年,四册同时由人民出版社出版。第一册为原始社会至秦汉时期,第二册为魏晋至隋唐时期,第三册为宋辽金至明清时期,第四册为鸦片战争至五四运动前的近代史时期,共约72万字。1983年再版时,合为上、下两册,内容、字数未作大的改动。本书主张西周封建论。2006年,由北京大学历史系集体修订,北京大学出版社出版。

4) 简明中国通史 吕振羽著。本书写于抗日战争时期,在解放战争时期和中华人民共和国成立初期,多次印行。后经作者修订,1959年由人民出版社分上、下两册出版,自原始社会至清朝鸦片战争前,约67万字。本书主张西周封建论。

5) 中国历史纲要(修订本) 尚钺主编,1954年人民出版社出版,全一册,自原始社会至鸦片战争前,书前有部分图版。1980年修订再版,约40万字。本书主张魏晋封建论。

6) 中国通史纲要 白寿彝主编,1980年上海人民出版社出版,全一册,自原始社会至近代,约30万字。本书主张战国封建论。

7) 中国通史(修订本) 周谷城著,1939年由开明书店出版。1949年后,经作者修订,于1957年由上海人民出版社出版。"文化革命"后再版。分上、下两册,自原始社会到近代,约75万字。本书主张东汉封建论。

8) 中国古代史 刘泽华、杨志玖、王玉哲、杨翼骧等集体编著,初名《中国古代史稿》，为试用教材。1979年人民出版社分上、下两册出版。上册自原始社会至唐朝，下册自五代至鸦片战争前，约100万字。每册有百余张文物图版、插图、地图并附帝王世系表。本书主张战国封建论。

9）中国古代史　朱绍侯主编，1979年福建人民出版社出版。分上、中、下三册，上册自原始社会至东汉，中册自魏晋至宋辽金，下册自元至鸦片战争前，约100万字。本书主张战国封建论。

10）国史大纲（修订本，上、下册）　钱穆著，商务印书馆1996年第3版。著者谓："内容于学术思想、政治制度、社会风气，国际形势，兼有顾及，惟但求其通为一体，明其治乱盛衰之所由，阐其一贯相承之为统，以指陈吾国家民族生命精神之所寄。"

11）中国古代社会　何兹全著，北京师范大学出版社2001年出版。上自原始社会末期，下至魏晋南北朝。为一部讨论中国社会分期问题的专著，是中国社会在汉魏之际进入封建时代这一学说的代表作。

12）中国历史概要（古代史）　王德培、李光霁主编，甘肃人民出版社1987年出版。用于老年大学教材。全书自原始社会至清鸦片战争前，约有32万字。

13）中华二千年史　邓之诚著，商务印书馆1934年出版，1949年后，中华书局再版发行。共分五卷七册。

14）中华五千年史　张其昀著，分三册，台北中国文化研究所1963年出版。

15）中国历史纲要　谢鸿轩著，两册，台北北开出版社1955年出版。

16）中国史纲要　黄大受著，台北世界书局1955年出版。

17）中国历史提纲　冯明之著，香港上海书局1961年出版。

18）简明中国史纲　周舟川著，香港文苑书屋1963年出版。

19）中国通史（增订本）　傅乐成著，台湾大中图书有限公司1969年出版。分上、下两册。

20）中国历史简编　朝阳编辑部编，香港朝阳出版社1974年出版。

21）中华通史　陈致平编，台湾黎明文化事业公司1975年出版。

22）中国思想通史　侯外庐主编，人民出版社1957年至1960年陆续出版，共四册。从上古至明代。

23）简明中国古代史　张传玺主编，北京大学出版社1991年出版，2007年第四版。全书共40万字，自原始社会至清朝中英鸦片战争前夕，共分八章。另附有"历代帝系表"、地图、插图共200余幅。

24）中国古代史读本（上、下册） 陈苏镇、张帆编，北京大学出版社2006年出版。本书是中国古代史研究论文的精选，共收录国内外学者的文章四十余篇，内容涉及政治、经济、制度、文化等诸领域。能为初学历史的读者提供借鉴。

25）中国通史参考资料（古代部分） 翦伯赞、郑天挺主编，中华书局自1962—1984年陆续出版。第一至六册为原始社会至元朝，第八册为清朝（鸦片战争前）。第七册明朝因故未出。

26）中国史学发展史 尹达主编，中州古籍出版社1985年出版。全书分上下两卷，上卷述古代史学，下卷述近现代史学，包括了早期的马克思主义中国史学。

2　中国断代史八十六种

中国断代史一般是指论述中国历史上一个朝代或相临数个朝代的历史著作。其内容不仅限于个别问题，而是较全面地论述这一历史阶段的政治、经济、文化等。这里开列的中国断代史都是近数十年来国内出版的有代表性的著作，或有一定的学术价值。其中有些是台湾和香港出版的。缺少断代史著作的朝代，酌选有关的论文集以充之。版本多者，只列初版或新近的版本。

1）先秦史十六种

书　名	著　者	出版社	出版年
中国古代社会研究	郭沫若	上海新文艺出版社	1952
青铜时代	郭沫若	科学出版社	1965
奴隶制时代	郭沫若	人民出版社	1977
中国古代社会史论	侯外庐	人民出版社	1955
中国上古史纲	王玉哲	上海人民出版社	1959
先秦史（《中国史纲》第一卷）	翦伯赞	北京大学出版社	1990
		台北市云龙出版社	2003
先秦史	吕思勉	上海古籍出版社	1982
中国古代社会史	李宗侗	台北中华文化出版事业委员会	1954
中国青铜器时代	郭宝钧	三联书店	1963
中国奴隶社会史	金景芳	上海人民出版社	1983

续表

书　名	著　者	出版社	出版年
先秦史论稿	徐中舒	巴蜀书社	1992
夏商史稿	孙　淼	文物出版社	1987
春秋史	童书业	开明书店	1946
春秋史	陈东林	台北益民	1981
战国史	杨　宽	上海人民出版社	1955
李学勤说先秦	李学勤	上海科学技术文献出版社	2009

2）秦汉史十种

书　名	著　者	出版社	出版年
秦汉史(《中国史纲》第二卷校定本)	翦伯赞	北京大学出版社 台北市云龙出版社	1983 2003
秦汉史	吕思勉	上海古籍出版社	1983
秦汉史	姚秀彦	台北三民书局	1987
秦汉史（增订本）	韩复智、叶达雄、邵台新、陈文豪	台北里仁书局	2007
秦汉史	劳　干	台北中华文化出版事业委员会	1995
秦集史	马非百	中华书局	1982
汉史论集	韩复智	台北文史哲出版社	1980
秦汉史论集	高　敏	中州书画社	1982
秦汉史论稿	邢义田	东大图书公司	1987
张传玺说秦汉	张传玺	上海科学技术文献出版社	2009

3）魏晋南北朝史十一种

书　名	著　者	出版社	出版年
魏晋南北朝史（上、下册）	王仲荦	上海人民出版社	1979、1980
两晋南北朝史	吕思勉	开明书店 上海古籍出版社	1948 1983
魏晋南北朝史	劳　干	台北中华文化出版事业委员会	1995
魏晋南北朝史	林瑞翰	台北至大图书文具教育用品公司	1977
魏晋南北朝史论丛	唐长孺	三联书店	1955
魏晋南北朝史论丛续编	唐长孺	三联书店	1959

续表

书 名	著 者	出版社	出版年
魏晋南北朝史论拾遗	唐长孺	中华书局	1983
魏晋南北朝史论集	周一良	中华书局	1963
魏晋南北朝史札记	周一良	中华书局	1985
三国史	马植杰	人民出版社	1992
朱大渭说魏晋南北朝	朱大渭	上海科学技术文献出版社	2009

4）隋唐五代史九种

书 名	著 者	出版社	出版年
隋唐五代史纲要	杨志玖	新知识出版社	1955
隋唐五代史	傅乐成	台北中华文化出版事业委员会	1957
隋唐五代史	吴枫	人民出版社	1958
隋唐五代史纲（修订本）	韩国磐	人民出版社	1979
隋唐史（全二册）	岑仲勉	中华书局	1982
隋唐制度渊源略论稿	陈寅恪	中华书局	1963
唐史	章群	台北中华文化出版事业委员会	1958
五代十国	李唐	香港宏业书局	1963
王永兴说隋唐	王永兴	上海科学技术文献出版社	2009

5）宋辽金西夏史十七种

书 名	著 者	出版社	出版年
宋辽金史	金毓黻	商务印书馆	1946
		台湾乐天出版社	1971
简明宋史	周宝珠等	人民出版社	1985
宋史	方豪	台北中华文化出版事业委员会	1954
宋史	黎杰	台北大新书局	1964
宋史新探	蒋复聪	台湾正中书局	1966
宋史研究文集（第一辑）	邓广铭、程应镠主编	上海古籍出版社	1982
祖宗之法——北宋前期政治述略	邓小南	生活·读书·新知三联书店	2006
宋辽金史研究论集	大陆杂志社	台北大陆杂志社	1960
王安石	邓广铭	生活·读书·新知三联书店	2007

续表

书　名	著　者	出版社	出版年
岳飞传	邓广铭	新知三联书店	2007
契丹兴亡史	林旅芝	香港三育图书文具公司	1957
辽史简编	杨树森	辽宁人民出版社	1984
金史简编	张博泉	辽宁人民出版社	1985
西夏史稿(增订本)	吴天墀	四川人民出版社	1982
西夏研究论集	李范文	宁夏人民出版社	1983
松漠之间——辽金契丹女真史研究	刘浦江	中华书局	2008
王曾瑜说辽宋夏金	王曾瑜	上海科学技术文献出版社	2009

6) 元明清(鸦片战争前)二十三种

书　名	著　者	出版社	出版年
元　史	黎　杰	台北大新书局	1964
元　史	张其昀、姚从吾	台湾"国防研究院"	1985
元朝史(上、下册)	韩儒林	人民出版社	1986
元史论丛(第一辑)	元史会	中华书局	1982
元史论丛(第二辑)	同上	同上	1983
陈高华说元朝	陈高华	上海科学技术文献出版社	2009
明　史	包遵彭	台湾国防研究院	1962
明代史(修订本)	孟　森	台北华北出版社	1975
明代史	李　洵、薛　虹	辽宁人民出版社	1985
明代城市研究	韩大成	中国人民大学出版社	1991
明史管见	黄冕堂	齐鲁书社	1985
南明史略	谢国桢	上海人民出版社	1957
王春瑜说明史	王春瑜	上海科学技术文献出版社	2009
明清史论著合集	商鸿逵	北京大学出版社	1988
清代通史(上、中、下)	萧一山	北京中华印刷局 商务印书馆	1929 1928
清代通史(一至五册)	萧一山	台湾商务印书馆	1972

续表

书　名	著　者	出版社	出版年
清朝全史（上下册）	（日）稻叶君山著、但焘译	上海中华书局	1915
清史大纲	金兆丰	开明书店	1935
		香港太平书局	1963
简明清史（一、二）	戴逸主编	人民出版社	1984
清朝史话	夏家骏	北京出版社	1985
王钟翰说清朝	王钟翰	上海科学技术文献出版社	2009

7) 近代（鸦片战争至五四运动）十种

书　名	著　者	出版社	出版年
中国近代史	李鼎声	上海光明书局	1933、1950
中国近代史	陈恭禄	商务印书馆	1935
中国近代史	蒋廷黻	长沙商务印书馆	1938
中国近世史	郑鹤声	重庆南方印书馆	1944
中国近代史	范文澜		1951
中国民族解放运动史	华岗	三联书店	1951
近代中国史纲	郭廷以	台北市南天书局	1980
中国近代史	李侃	中华书局	1994
从鸦片战争到五四运动	胡绳	人民出版社	1998
来新夏说北洋	来新夏、焦静宜	上海科学技术文献出版社	2009

3　中国经济史五十八种

书　名	著　者	出版社	出版年
简明中国经济通史	郑学檬	黑龙江人民出版社	1984
中国经济史	黎世衡	台湾文海出版社	1970
先秦两汉经济史稿	李剑农	三联书店	1957
两汉经济史论丛	陈直	陕西人民出版社	1958
中国经济史资料（秦汉三国编）	傅筑夫、王毓瑚	中国社会科学出版社	1982

续表

书 名	著 者	出版社	出版年
秦汉江南经济述略	黄今言	江西人民出版社	1999
秦汉魏晋经济制度研究	柳春藩	黑龙江人民出版社	1993
中国经济通史·秦汉经济卷（上、下）	林甘泉主编	经济日报出版社	1999
三国食货志	陶元珍	商务印书馆	1935
曹魏之经济基础	马智修	香港著者印	1968
魏晋南北朝隋唐经济史稿	李剑农	三联书店	1959
魏晋南北朝社会经济史探讨	高 敏	人民出版社	1987
北朝经济试探	韩国磐	上海人民出版社	1958
六朝经济史	许辉、蒋福亚主编	江苏古籍出版社	1993
五十年来汉唐佛教寺院经济研究	何兹全主编	北京师范大学出版社	1986
唐代寺院经济研究	黄敏枝	台湾大学文学院	1971
金代经济史略	张博泉	辽宁人民出版社	1981
宋元明经济史稿	李剑农	三联书店	1957
元代社会经济史论集	周康燮主编	香港崇文书店	1975
明代社会经济初探	韩大成	人民出版社	1986
明清时代商人及商业资本	傅衣凌	人民出版社	1956
明清农村社会经济	傅衣凌	三联书店	1960
明代江南市民经济试探	傅衣凌	上海人民出版社	1957
明代经济史述论丛初稿	秦佩珩	河南人民出版社	1959
明代社会经济史论丛（上、下册）	吴缉华	台湾学生书局	1970
明代社会经济史论集（1—3）	周康燮主编	香港崇文书店	1975
中国近三百年社会经济史论集（1—4）	存萃学社	香港崇文书店	1972—1974
清代经济史简编	郭蕴静	河南人民出版社	1984
清实录经济资料辑要	南开大学历史系	中华书局	1959
中国资本主义萌芽问题讨论集（二册）	中国人民大学中国历史教研室	三联书店	1957

续表

书　名	著　者	出版社	出版年
中国资本主义萌芽（上、下册）	田居检、宋元强编	巴蜀书社	1987
中国历代土地制度史纲（上、下册）	乌廷玉	吉林大学出版社	1987
中国封建社会土地所有制形式问题讨论集（上、下册）	南开大学历史系	三联书店	1962
中国土地制度史	赵俪生	齐鲁书社	1985
中国古代土地关系史稿	陈守实	上海人民出版社	1984
契约史买地券研究	张传玺	中华书局	2008
中国封建土地制度史（第一卷）	林甘泉主编	中国社会科学出版社	1990
秦汉土地制度与阶级关系	朱绍侯	中州古籍出版社	1985
秦汉魏晋南北朝土地制度研究	高　敏	中州古籍出版社	1986
汉唐间封建土地所有制形式研究	贺昌群	上海人民出版社	1964
三至六世纪江南大土地所有制的发展	唐长孺	上海人民出版社	1957
北朝隋唐的均田制度	韩国磐	上海人民出版社	1984
清朝初期的八旗圈地	刘家驹	台北台湾大学文学院	1964
中国农业史	中国农业遗产研究室	科学出版社	1959
唐宋官私工业	鞠清远	上海新生命书局	1934
明代官手工业的研究	陈诗启	河北人民出版社	1958
中国古代纺织史稿	李仁溥	岳麓书社	1983
中国古代社会商品经济形态研究	冷鹏飞	中华书局	2002
中国商业史	陈　灿	商务印书馆 台北文星书店	1929 1965
中国邮驿发达史	楼祖诒	昆明中华书局	1940
中国邮驿史料	楼祖诒	人民邮电出版社	1958
中国财政史辑要（四十卷）	杨志濂	台湾台联国风出版社	1970

续表

书 名	著 者	出版社	出版年
中国财政简史	中央财政金融学院财政教研室	中国财政经济出版社	1980
中国盐政史	曾仰丰	商务印书馆	1936
中国盐政史	何维凝	台湾何龙沣芬盐务学校	1966
中国经济思想通史（修订本，全四册）	赵靖主编	北京大学出版社	2002
中国人口通史（上、下）	路遇、滕泽云	山东人民出版社	2000

4　中国政治史二十种

书 名	著 者	出版社	出版年
中国政治二千年	张纯明	长沙商务印书馆	1941
		香港崇文书店	1971
中国政治史讲话	钱亦石	生活书店	1947
中国政治制度史	曾资生	重庆南方书馆	1943
中国政治制度史	杨熙时	商务印书馆	1946
中国古代政治制度研究	祝总斌	三秦出版社	2006
中国文官制度史	张金鉴	台北中华文化出版事业委员会	1955
中国古代文官制度	楼劲、刘光华	甘肃人民出版社	1992
中国宰相制度	李俊	商务印书馆	1947
		台湾商务印书馆	1966
中国监察史略	徐式圭	中华书局	1937
中国地方行政制度史略	程幸超	中华书局	1948
中国地方行政制度史上编（1—4）	严耕望	台湾历史语言研究所	1961—1963
中国政治制度史	白钢主编	天津人民出版社	1991
秦汉官制史稿（上、下册）	安作璋、熊铁基	齐鲁书社	1985
品位与职位（秦汉魏晋南北朝官阶制度研究）	阎步克	中华书局	2002

续表

书 名	著 者	出版社	出版年
汉唐宰相制度	周道济	台湾政治大学政治研究所	1964
两汉魏晋南北朝宰相制度研究	祝总斌	中国社会科学出版社	1990
北周六典(上、下册)	王仲荦	中华书局	1979
唐代政治史述论稿	陈寅恪	三联书店	1956
辽金中央政治制度	杨树藩	台湾商务印书馆	1978
明清政治制度	陶希圣、沈任远	台湾商务印书馆	1967

5　中外关系史六种

书 名	著 者	出版社	出版年
中西文化交通小史	刘伯骥	台北正中书局	1953
中国国际贸易史	商务印书馆编审部	台北台湾商务印书馆	1961
中国古代对外贸易史	沈光耀	广东人民出版社	1985
中西交通史料汇编(1—6册)	张星烺编注、朱杰勤校订	中华书局	1977—1979
郑和下西洋资料汇编	郑鹤声、郑一钧	齐鲁书社	1984
中外文化交流史	周一良主编	河南人民出版社	1987

6　中国农民战争史六种

书 名	著 者	出版社	出版年
中国农民战争史(秦汉卷)	朱大昀主编	人民出版社	1990
隋末农民起义	漆侠	华东人民出版社	1954
唐末农民战争	胡如雷	中华书局	1979
明末农民战争	袁良义	中华书局	1987
清代台湾农民起义史料汇编	中国社科院历史所明史室	福建人民出版社	1983
中国农民起义论集	李光璧等	三联书店	1958

7 中国民族史、文化史十六种

书　名	著　者	出版社	出版年
中华民族多元一体格局	费孝通等	中央民族学院出版社	1989
中国民族史研究(1—3)		中央民族学院出版社	1990
中国民族史	罗香林	台北中华文化出版事业委员会	1955
中国少数民族	该书编写组	人民出版社	1981
李绍明民族学文选	李绍明	成都出版社	1995
中国古代北方民族史新论	林　干	内蒙古人民出版社	1993
十批判书	郭沫若	科学出版社	1965
中国古代文化史	阴法鲁、许树安	北京大学出版社	2008
中国家族社会之演变	高达观	台北九思出版社	1978
汉代物质文化资料图说	孙　机	文物出版社	1991
中国古代礼教史	周林根	台湾海洋学院	1966
宗周社会与礼乐文明	杨向奎	人民出版社	1992
古代礼制风俗漫谈	文史知识编辑部	中华书局	1998
中国工艺美术史	田自秉	东方出版中心	1996
近代中国科学家	沈渭滨主编	上海人民出版社	1988
中国近代文化概论	龚书铎主编	中华书局	1997

（六）主要史学期刊选目

这里著录的都是属于中国古代史或与中国古代史关系密切的期刊。共分四组：1. 1949年以前的；2. 1949年以后的；3. 台湾地区的；4. 香港、澳门地区的。大陆的期刊多由大学或学术单位编辑、出版，但其署名多为该刊编辑部或编委会。编辑、出版的归属有时亦有变化。这里著录时，1949年前的，以注出版地点为主，少数期刊注出主编人；1949年后的，一律注出版地点；台湾和香港、澳门的则注编辑、出版单位。大陆各省社会科学院院刊、各大学学报及各学会所出丛刊很多，这里不著录。

1　1949年以前十三种

1）大公报·史地周刊（天津）
2）益世报·史地周刊（天津）
3）历史语言研究所集刊（北平）
4）中国社会经济史集刊（陶孟和、汤孟龙主编）
5）东方杂志（半月刊）（上海）
6）史地半月刊（北平）
7）史学与地学（上海）
8）史学杂志（双月刊）（南京）
9）史学集刊（北平）
10）史料旬刊（故宫博物院，北平）
11）食货（陶希圣主编）
12）禹贡（顾颉刚等主编）
13）文史杂志（顾颉刚主编）

2　1949年以后三十三种

1）历史研究（北京）
2）文史（北京）
3）文史哲（济南）
4）人文杂志（西安）
5）中国社会科学（北京）
6）江汉论坛（武汉）
7）江海学刊（南京）
8）社会科学战线（长春）
9）学术月刊（上海）
10）学术研究（广州）
11）晋阳学刊（太原）
12）东岳论坛（济南）
13）中国史研究（北京）
14）北大史学（北京）
15）中华文史论丛（上海）

16）史学月刊（原名《新史学通讯》，开封）
17）史学集刊（长春）
18）历史教学（天津）
19）民族研究（北京）
20）中国社会经济史研究（厦门）
21）国学研究（北京）
22）史学史研究（北京）
23）文物（原名《文物参考资料》，北京）
24）考古（原名《考古通讯》，北京）
25）考古学报（北京）
26）考古与文物（西安）
27）江汉考古（武汉）
28）中原文物（郑州）
29）中国历史博物馆馆刊（北京）
30）农业考古（南昌）
31）吐鲁番文献研究论集（北京）
32）中国文物报（北京）
33）光明日报·史林（北京）

3　台湾地区二十五种

1）大陆杂志（大陆杂志编委会）
2）文史哲学报（台湾大学）
3）历史学报（台湾师范大学历史研究所）
4）"中央研究院"院刊
5）"中央研究院"民族学研究所集刊
6）中国历史学会史学集刊
7）东方杂志（台湾商务印书馆）
8）史绎（台湾大学历史学会会刊）
9）"中央研究院"历史语言研究所集刊
10）故宫季刊（台北"故宫博物院"）
11）故宫文物月刊（台北"故宫博物院"）
12）食货月刊

13）**中原文献**（台北中原文献社）
14）**东海大学历史学报**（东海大学历史研究所、历史系）
15）**东吴文史学报**（东吴大学）
16）**史学汇刊**（中华学术院、中华史学协会、中国文化学院史学研究所）
17）**史苑**（辅仁大学历史学会）
18）**中华杂志**（台北）
19）**书目季刊**（中国书目季刊编委会）
20）**史迹勘考**（成功大学历史学系史迹研究室）
21）**考古人类学刊**（台湾大学）
22）**清华学报**（清华学报社）
23）**辅仁学志**（辅仁大学）
24）**"国立编译馆"馆刊**
25）**中国文化月刊**（台中东海大学）

4 香港、澳门地区十二种

1）**九州学刊**（香港中华文化促进中心）
2）**文史**（香港浸会学院）
3）**文史学报**（文学院文史学报编委会）
4）**史潮**（香港中文大学联合书院历史学会）
5）**史地**（香港）
6）**香港大学历史学会年刊**
7）**中国文化研究所学报**（香港中文大学）
8）**华国**（香港中文大学崇基学院中国及东方语文学系华国学会）
9）**新亚书院历史学系系刊**（香港中文大学新亚书院）
10）**珠海学报**（香港珠海书院）
11）**联合书院学报**（香港中文大学联合书院）
12）**濠镜——澳门社会科学学会学报**

（七）现代学者论著索引

至目前为止,已有的与中国古代史有关的论著目录索引的编纂形式主要有三种:一、纯论文（含资料）类;二、纯专著类;三、论、著兼收类。从出版数量来看,第一类已出数十种,第二三类出版数量较少。这里为了减少头绪和层次,只分两类,即将一三两类合一。

1 中国古代史论著索引十八种

1)中国史学论文索引(第一编上、下编) 中国科学院历史研究所第一、二所和北京大学历史系合编,科学出版社1957年6月出版。从清末至抗日战争前夕(约从1900—1937年7月),共搜罗定期刊物1300余种,收录论文3万余篇。全书分成上、下两编,共17大类。上编专载一般历史科学的论文:分为历史、人物传记、考古学、目录学四大类。下编专载各种专门科学历史的论文:分为学术思想史、社会科学史与政治科学史、经济学史、文化教育事业史、宗教史、语言文字学史、文学史、艺术史、历史地理与地理学史、自然科学史、农业史、医学史、工程与技术史13大类。上编(再版改为第一编上册)前有《本索引所收杂志一览表》,第一编下册(原拟为下编)后附按人名、地名、朝代名、原有标题以及各种专名编成的《辅助索引》,以便检索,另附有《外国人名汉译对照表》。

2)中国史学论文索引(第二编上、下册) 中国社会科学院历史研究所编,中华书局1979年8月出版。从1937年7月—1949年6月,共搜罗杂志960余种,收录论文3万余篇。分成上、下两册。以综合性科目为上册,包括史学、中国史、传记、考古、目录学等五个大项目;以专门性科目为下册,包括中国学术思想史、中国政治社会生活史、中外关系史、中国经济史、中国文化教育史、宗教史、中国语言文字史、中国文学史、中国艺术史、历史地理、中国自然科学史、中国农业史、中国医学史、中国工程技术史等14个大项目。最后附录《所收杂志期刊一览表》。

3)中国史学论文索引(第三编全三册) 中国社会科学院历史研究所编,中华书局1995年出版。本书为《中国史学论文索引》第一、二编的续编,收录了1949年至1976年中国大陆、香港、台湾等地区出版的报纸、杂志和论文中所发表的史学论文篇目,约4万条,按其性质分类编排。所收论文以中国古代史和近代史为限,上册按文章性质分为8个部分:1. 历史理论和历史研究方法;2. 中国通史;3. 各代史;4. 民族史;5. 农业战争史;6. 中外关系史;7. 历史人物评价及人物传记;8. 考古学和物质文化史。

4)中国古代史论文资料索引(1949—1979年) 上海复旦大学历史系资料室编,上海人民出版社1985年1月出版。全书共收论文3万余篇,分为《总类》和《分类》两大部分。《总类》收通论和跨朝代的文章。按文章性质分为十类：一、通论，二、政治、社会史，三、经济史，四、法律史，五、军事史，六、民族史，七、地方史，八、中外关系史，九、文化史，十、教学问题与学术动态。《分类》收断代为限的文章。按文章内容时序分为十六个阶段：一、原始社会，二、夏，三、商，四、西周和春秋、战国，五、秦，六、两汉，七、三国，八、两晋南北朝，九、隋，十、唐，十一、五代十国，十二、两宋，十三、辽、金、夏，十四、元，十五、明，十六、清。每类或阶段之下又分为若干部分，每部分之下又分为若干目和子目。

5）史学论文索引（1979—1981） 北京师范大学历史系资料室编，1981—1982年出版，分为上、下两册，内部发行。该书收录论文自原始社会至清朝。为了避免重复，在收录论文的时间上，尽量与已铅印发行的目录索引相衔接。如中国古代史部分承接复旦大学历史系编、上海人民出版社出版的《中国古代史论文资料索引》，从1979年1月收起。全书分为两大类，一、总类，下分八个目，即通论、军事、法律、经济、民族、地方志、文化、中外关系。二、分类，按朝代（时代）分目，自原始社会起，每一朝代为一目或子目，至清朝。

6）中国史学论文引得（1902—1962） 余秉权编，香港正东学社1963年出版。

7）中国文化研究论文目录（1946—1979） "中央图书馆"编辑，台湾商务印书馆1982年初版。本书采用台湾出版期刊、报纸、论文集共1121种，共收论文、资料12万余篇。全书分为六册，第一册：孙中山与蒋介石研究、文化与学术、哲学、经学、图书目录学；第二册：语言文字学、文学；第三册：历史（一）、史学、通史、断代史、考古学、民族民俗学；第四册：历史（二）、专史（学科史）；第五册：传记；第六册：著者索引。

8）日本期刊三十八种中东方学论文篇目（附引得） 于式玉编（哈佛燕京学社引得编纂处），哈佛燕京学社1933年出版。

9）一百七十五种日本期刊中东方学论文篇目（附引得） 于式玉、刘选民编（哈佛燕京学社引得编纂处），哈佛燕京学社1940年出版。

10）战国秦汉史论文索引（1900—1980） 张传玺、胡志宏、陈柯云、刘华祝合编，北京大学出版社1983年3月出版。从约1900—1980年的国内（包括台湾和香港）中文报刊1240余种中，收录有关战国秦汉历史的文章一万二千余篇，分为十八类：一、战国秦汉史概况，二、政制和法律，三、经济和财政,四、社会,五、阶级斗争和农民战争,六、少数民族和民族关系,七、中外关系,八、地理,九、军事,十、经学,十一、诸子,十二、语言、文学,十三、文化,十四、科学技术,十五、宗教,十六、传记,十七、历史文献,十八、考古与文物。类下有目和子目。后附《所收报刊一览表》《英文目录》。

11)战国秦汉史论著索引续编(论文1981—1990,专著1900—1990)
张传玺主编,北京大学出版社1992年11月出版。共采用国内(包括台湾、香港、澳门)中文报刊1220余种,著录论文、资料2万余篇,著录专著3千余部。所收台湾等地论文起自1949年,止于1990年;大陆论文起自1981年,止于1990年;专著起自1900年,止于1990年。论文和专著分类同《战国秦汉史论文索引》。

12)战国秦汉史论著索引三编(1991—2000) 张传玺主编,北京大学出版社2002年出版。所收大陆、香港、澳门的有关论著限于1991—2000年之内;所收台湾的有关论著,除此10年外,对于在前两编缺录者,适当增补。其增补最多者,为采自1990年初版的台湾"中央图书馆"编《中国文化研究论文目录》第三册之"历史类",其所收时间起自1949年,止于80年代。内容分类同于本索引《续编》。

13)清史论文索引(20世纪初—1981年) 中国社会科学院历史研究所清史研究室、中国人民大学清史研究所合编,中华书局1984年6月出版。共收论文篇目2万条,包括1949年10月以来台湾和香港发表的有关论文篇目。

14)中国近代史论著目录 复旦大学历史系资料室编,上海人出版社1980年出版。

15)中国近代史辞典 陈旭麓、方诗铭、魏建猷编著,上海辞书出版社1982年出版。

16)考古研究所编辑出版书刊目录索引及概要 考古杂志社编,四川大学出版社2001年出版。内容分为四个部分,分别为《考古》第1—399期目录索引、《考古学报》第1—139期目录索引、《考古学集刊》第1—13集目录索引、中国考古学专刊概要。所跨时间自1950年至2000年12月。原由《考古》编辑部编、科学出版社1984年出版的《〈考古〉200期总目索引(1955年1月—1984年5月)》的单行本已涵盖其中。

17)《文物》五〇〇期总目索引(1950年1月—1998年1月) 文物编

辑部编，文物出版社1998年出版。本索引收录《文物》（原名《文物参考资料》）篇目自创刊号至第500期。内容分为四部分：一、论述及研究；二、考古及文物资料；三、文博、图书馆工作；四、知识介绍及其他。一、三、四部分篇目以类相从，按发表先后为序。第二部分按省区，省区之下再分时代编排。

18）报刊资料索引·历史、地理　中国人民大学书报资料社编。本索引每年所收全部篇目共分七个分册出版。本分册的历史部分分为"历史学""中国古代""近代""现代"和"世界史"各段专题。地理部分中有"中国历史地理"专题。由于资料收自国内出版发行的一千余种报纸、杂志、丛刊等，每年出版一册，为比较完善的一种工具书。

2　中国古代史专著索引十六种

1）八十年史学书目（1900—1980）　中国社会科学院历史研究所资料室编，中国社会科学出版社1982年10月出版。收录中国人著译史学著作9千余种，分为上、下两编；上编包括史学理论和历史研究法、中国史、世界史、考古学和物质文化史、综合参考。下编包括经济史、政治史、军事史、农民战争史、民族史、宗教史、社会生活与社会问题、学术思想史、文化史、艺术史、教育史、文学史、语言文字史、科学技术史、地方史和历史地理、中外关系史、史学史和史料学。后有"附录"，为"著者索引"。

2）中国古代史参考书目　复旦大学图书馆、历史系合编，1973年印。该书系根据《全国总书目》《全国新书目》和本单位藏书编成，收录自1949年10月至1973年6月出版和重印的有关中国古代史图书两千余种。

3）上海地区港台版图书联合目录（史学部分）　复旦大学图书馆、历史系资料室合编，1984年打印。所收为上海图书馆、上海社科院图书馆及各重要大学图书馆、资料室等于1983年10月以前入藏史学部分图书，计6千余种。分为中国史和世界史两部分。

4）魏晋南北朝史研究论文书目引得　邝利安编，台湾中华书局1971年出版。

5）魏晋南北朝史书目论文索引　武汉大学图书馆编，1982年印。分为三册；上册著录图书，起于1919年至1981年；中册著录论文，起于1900年至1981年；下册著录日文图书。

6）隋唐五代史论著目录　中国社科院历史所魏晋隋唐史研究室编，江苏古籍出版社1985年出版,兼收中国、日本有关论著,自1900—1981年。后附"著者索引"。

7)宋辽夏金史研究论著索引(1900—1982) 杭州大学古籍研究所、宋史研究室合编。1982年打印。所收为八十余年间国内报刊所发表有关宋辽夏金史的论文和出版的专著。其中包括了台湾、香港地区自1949年10月—1981年底的有关论著。共收篇目1万余条。分为甲、乙两编。甲编著录大陆论著,乙编著录台、港论著。每编下又将论文、专著分编。

8)宋史研究论文与书籍目录 宋晞编,台湾联合出版中心1967年出版。

9)日本宋史研究文献索引(1873—1980) 河南省社会科学院情报研究所编,1982年10月油印本。本索引主要根据日本东洋文库出版的《东洋史文献类目》编译,1978年以后的部分主要参照日本《史学杂志》和《东洋史研究》所载目录索引,共收3千余篇。论文分为十六类:一、一般史,二、历史地理,三、社会史,四、经济史,五、政治史,六、法制史,七、宗教史,八、学术思想史(附教育史),九、科学史,十、文学史,十一、美术史,十二、考古学,十三、金石、古文书学,十四、民族学,十五、语言文字学,十六、书志学。单行本分十二类,比论文少社会史,宗教史,考古学,金石、古文书学,其他相同。

10)中国近八十年明史论著目录(1900—1978) 中国社会科学院历史研究所明史研究室编,江苏人民出版社1981年2月出版。收录国内(包括台湾和香港)及中国学者在外国中文刊物上发表的论文约9400篇,著作约600本。论文分为十二类:一、总论,二、元末农民起义和明朝的建立,三、社会经济,四、政治、军事、法律,五、阶级关系和阶级斗争,六、民族,七、中外关系,八、思想文化,九、历史地理,十、科学技术,十一、人物,十二、其他。著作分类与论文同。后附"著译者索引""所收报纸杂志一览表""英文目录"等。

11)中国考古学文献目录(1900—1949) 北京大学考古系资料室编,文物出版社1991年7月出版。收录1900—1949年12月国内所公开出版的中文书籍和发表的中文报刊资料。所收书目2380余条,引用丛书130种;所收论文目录5900余条,引用报纸、杂志、文集398种。目录分"书目""报刊资料"两大部分。"书目部分"下分十类,为总类、考古学分论、田野发掘报告、考古学专论、美术考古、古代科学技术、古代文化生活、历史地理及名胜古迹与游记、民族史与民族志、中外文化交流与外国考古。"报刊资料部分"分类与"书目部分"基本相同。后附"引用丛书、报刊一览表"。

12）中国考古学文献目录（1949—1974） 中国社会科学院考古研究所图书资料室编，文物出版社 1978 年 12 月出版。引用期刊 184 种，报纸 50 种，收论文七千余篇，论文和资料集 39 种。分为"书目"和"报刊资料索引"两大部分。书目分为 8 类，为总类、田野考古资料、考古学分论、考古学专论、美术考古、科学技术、文化生活、历史地理与名胜古迹。报刊资料索引分为 11 类，与书目分类大致相同，多出有关宗教遗迹与遗物、少数民族地区考古和中外关系与文化交流。后附"引用期刊、报纸、文集和资料集一览表"。

13）河南文博考古文献叙录（1913—1985） 河南省博物馆编，中原文物编辑部 1987 年出版特刊。本书主要收录报刊和图书中有关河南文博、考古方面的文章，时间自 1900—1985 年底，总计 3500 余条，65 万余字。内容分为综论、遗址、墓葬、古建、石刻、遗物等十类，按时序编排。

14）中国历史地理学论著索引（1900—1980） 杜瑜、朱玲玲编。书目文献出版社 1981 年出版。本书收论文篇目 15000 余条，专著 2600 余种。后附日本学者有关论文篇目 3000 余条，专著 500 余种。另外还收 1981—1982 年部分，共有论文篇目 2000 余条，专著 200 余种，作为"补遗"，附在后面。

15）中国历史学年鉴 中国史学会《中国历史学年鉴》编辑部编。本年鉴创办于 1980 年，每年由人民出版社出版一册。主要栏目有"史学研究""新书选介""史学界动态""考古文物新发现""书目、论文索引"等。"书目"部分为中国版本图书馆编；"论文索引"部分为中国人民大学书报资料社编，与该社所编《报刊资料索引·历史、地理》分册之"历史"部分相同。

16）中国近代书目初稿 上海鸿英图书馆，1937 年出版。

三 职官类

(一)重要朝代官制简表

我国古代的官制,秦朝以前,由于资料不足,不能得出一个系统、完整的看法。虽是这样,利用这些资料,理出一个由原始社会末期至春秋、战国时期官制的一般情况及其发展变化线索是可能的。例如《左传》昭公十七年记载,郯国国君访问鲁国,与叔孙昭子谈到他的祖先少昊氏以鸟名官之事。这是一项比较完整而可信的由原始社会末期往阶级社会过渡时期的早期官制。研究商代的官制,主要依靠甲骨文,对照《尚书》和《诗经》中的某些篇、章,约略有所了解。研究西周的官制,主要依靠铜器铭文,再参稽《尚书》和《诗经》等,亦可获其轮廓。《周礼》一书虽记载了不少有关西周的官制;但其成书时间约在战国时期,所以研究西周,只可做参考。研究春秋、战国时期的官职,主要依靠《左传》和诸子等书。资料虽较前代多一些。但因尚无专记官制之书,因之仍难得到一个完整的印象。秦统一中国以后,确立了封建的中央集权制度,官制比较完善,历代有所发展;而且每个朝代都有较详细的专门记载官制的资料,这为系统全面地研究官制提供了方便。

为了便于教学和学习,这里用表解的形式,将秦、西汉、东汉、隋、唐、宋、元、明、清九个朝代的官制编列于下。每个朝代都分为中央和地方两个部分排列。官制、官名有改异者,采用在教学中常用、多用者,断限时间放宽。隶属、秩俸等明确者,尽量载明。必要时加注。临时性、不很重要及低级官职,一般不载列。

1 秦 朝

本表据《汉书·百官公卿表》(上)编成,各府寺官署的官制,可参看"西汉"表。

1) 中央

分为三公、将军、九卿、列卿、都尉等。

(1) 三公

官 名	职 掌	印 绶	备 注
左 丞 相	常丞天子,助理万机	金印紫绶	
右 丞 相	同上	同上	
太 尉	掌武事	同上	或称国尉
御史大夫	掌副丞相、执法	银印青绶	位上卿

(2) 将军

官 名	职 掌	印 绶	备 注
前 将 军	主征伐	金印紫绶	位上卿
后 将 军	同上	同上	同上
左 将 军	同上	同上	同上
右 将 军	同上	同上	同上

(3) 九卿

官 名	职 掌	印 绶	备 注
奉 常	掌宗庙礼仪	银印青绶	有丞,博士掌通古今
郎 中 令	掌宫殿掖门户	同上	有丞、大夫、郎、谒者
卫 尉	掌宫门卫屯兵	同上	有丞
太 仆	掌舆马	同上	有两丞
廷 尉	掌刑辟	同上	有正、左右监
典 客	掌边疆内外民族来朝的礼仪	同上	有丞
宗 正	掌宗室名籍	同上	有丞
治粟内史	掌谷货	同上	有两丞
少 府	掌山海池泽之税,以给供养	同上	有六丞,有符玺令

（4）列卿

官　名	职　掌	印　绶	备　注
中　尉	掌徼循京师	银印青绶	有两丞
将作少府	掌治宫室	同上	有两丞
典属国	掌来归的边疆民族	同上	
内　史	掌治京师	同上	
主爵中尉	掌列侯	同上	
詹　事	宫官，掌皇后、太子家		有丞
将　行	宫官，皇后卿		宦者

（5）都尉

官　名	职　掌	印　绶	备　注
护军都尉	武官		

2）地方

地方行政为郡县两级制。

（1）郡

官　名	职　掌	印　绶	备　注
郡　守	掌治其郡		
丞	掌佐守		
郡　尉	掌佐守，典武职甲卒		
监御史	掌监郡		

（2）县

官　名	职　掌	印　绶	备　注
县　令	掌治其县		万户以上为令，减万户为长
丞	署文书，典知仓狱		长吏
尉	主盗贼		长吏

注：《汉书·百官公卿表》（上）："大率十里一亭，亭有长；十亭一乡，乡有三老、有秩、啬夫、游徼。三老掌教化，啬夫职听讼、收赋税，游徼徼循禁贼盗。县大率方百里，其民稠则减，稀则旷，乡、亭亦如之，皆秦制也。"

2 西汉

本表据《汉书·百官公卿表》(上)编成,专业官职如盐、铁官等未录。

1) 中央

主要有上公、三公、将军、九卿、列卿、三辅官、校尉都尉、八校尉。中谒者台(尚书台)附于"九卿表"后。

(1) 上公

官　名	职　掌	印　绶	俸　禄	备　注
太　师	宫官,掌辅导皇帝	金印紫绶		平帝元始元年初置
太　傅	同上	同上		不常置
太　保	同上	同上		元始元年初置

(2) 三公

官　名	职　掌	印　绶	俸　禄	备　注
丞　相	掌丞天子,助理万机	金印绿绶	万石	哀帝元寿二年更名大司徒
长　史	诸史之长,职无不监	铜印黑绶	千石	两长史
司　直	掌佐丞相,举不法	银印青绶	比二千石	武帝元狩五年初置
太　尉	掌武事	金印紫绶	万石	元寿二年称大司马,位在司徒上
长　史		铜印黑绶	千石	
御史大夫	掌副丞相,执法	银印青绶	中二千石	成帝、哀帝曾更名大司空,俸万石
中　丞	掌图籍秘书,外督刺史,内领侍御史	铜印黑绶	千石	亦称御史中执法
御史丞		同上	千石	

(3) 将军

官　名	职　掌	印　绶	俸　禄	备　注
将　军	皆掌兵及四夷	金印紫绶	万石	有前后或左右将军,上卿
长　史		铜印黑绶	千石	

(4) 九卿

官 名	职 掌	印 绶	俸 禄	备 注
奉 常	掌宗庙礼仪	银印青绶	中二千石	景帝中六年,更名太常
丞		铜印黑绶	千石	
太乐令	主乐	同上	六百石	有丞
太祝令	凡国祭祀,掌读祝及迎送神	同上	六百石	有丞,后更名祠祀、庙祀
太宰令	掌宰工鼎俎馔具之物	同上	同上	有丞
太史令	掌天时星历及修史	同上	同上	有丞
太卜令	掌卜筮	同上	同上	有丞
太医令	掌医药	同上	同上	有丞
博 士	掌通古今	无印绶	比六百石	员多至数十人
五经博士	治经学,教授弟子			武帝建元五年初置
郎中令	掌宫殿掖门户	银印青绶	中二千石	武帝太初元年更名光禄勋
丞		铜印黑绶	千石	
太中大夫	掌议论	同上	比千石	
光禄大夫		无印绶	比二千石	
谏大夫		同上	比八百石	
五官中郎将	掌宿卫诸殿门,出充车骑	银印青绶	比二千石	三署之一
左中郎将	同上	同上	同上	
右中郎将	同上	同上	同上	
期门仆射	掌执兵送从	铜印黑绶	比千石	武帝建元三年初置
中郎将	监羽林	银印青绶	比二千石	
羽林监				
卫 尉	掌宫门卫屯兵	银印青绶	中二千石	
丞		铜银黑绶	千石	
公车司马令	掌殿司马门,夜徼宫中,总领征召	同上	六百石	有丞
卫士令	掌南北宫卫士	同上	六百石	有三丞
旅贲令				有丞
太 仆	掌舆马	银印青绶	中二千石	

续表

官 名	职 掌	印 绶	俸 禄	备 注
丞		铜印黑绶	千石	二人
大厩令	掌厩马	同上	六百石	有五丞一尉
未央令	掌厩马	同上	同上	同上
家马令	主供天子私用	同上	同上	同上,武帝更名桐马
廷　尉	掌刑辟	银印青绶	中二千石	曾名大理
廷尉正		铜印黑绶	千石	
左　监		同上	千石	
右　监		同上	千石	
左　平	掌平决诏狱	同上	六百石	
右　平		同上	同上	
典　客	掌来朝的边疆内外民族事务	银印青绶	中二千石	景帝中六年更名大行令。武帝太初元年更名大鸿胪
丞		铜印黑绶	千石	
行人令				有丞
译官令				有丞
别火令				有丞
宗　正	掌宗室名籍	银印青绶	中二千石	
丞			千石	
都司空令				
内官长				有丞
公主家令			六百石	有丞
治粟内史	掌谷货	银印青绶	中二千石	景帝后元年更名大农令,武帝太初元年更名大司农
丞			千石	二人
太仓令	主受郡国传漕谷		六百石	有丞
均输令	掌均输物产			有丞
平准令	掌知物价		同上	有丞
都内令	主臧官			有丞
籍田令	主籍田			有丞
斡官长	主均输事			有丞
铁市长	主盐铁事			武帝有盐铁丞
仓长	监各郡国仓事			有丞

续表

官　名	职　掌	印　绶	俸　禄	备　注
少　府	掌山海池泽之税,以给供养	银印青绶	中二千石	
丞		铜印黑绶	千石	六丞
尚书令	掌选署及奏下尚书文书众事		六百石	成帝初置尚书四人
符节令	主符节事。凡遣使,掌授节		同上	尚符玺郎中二人
太医令	掌诸医		同上	有丞
太官令	主膳食		同上	有丞
汤官令	主饼饵		同上	有丞
导官令	主择米		同上	有丞
乐府令	掌宫廷、巡行、祭祀音乐		同上	有丞
若卢令	掌诏狱、藏兵器		同上	有丞
考工室令	主作器械及主织绶诸杂工		同上	有丞
左弋令	佐助弋射之事		同上	有丞
居室令	掌拘禁犯人		同上	有丞
甘泉居室令	同上		同上	有丞
左司空令	主徒工作		同上	有丞
右司空令	主徒工作		六百石	有丞
东织令	掌皇宾丝织		同上	有丞
西织令	同上		同上	有丞
东园匠令	主作陵内器物		同上	有丞

附：尚书台官制

官　名	职　掌	印　绶	俸　禄	备　注
尚书令	掌选署及奏下尚书文书众事		六百石	成帝置尚书五人
常侍曹尚书	主丞相、御史事			
二千石曹尚书	主刺史、二千石事			
户曹尚书	主庶人上书事			
主客曹尚书	主民族、外国事			
三公曹尚书	主断狱事			

(5) 列卿

官　名	职　掌	印　绶	俸　禄	备　注
中　尉	掌徼循京师	银印青绶	中二千石	武帝太初元年更名执金吾
丞			千石	两丞
中垒令	掌卫戍,又统辖左右京辅都尉			有丞、两尉
寺互令				有丞
武库令	主兵器			三丞
都船令	治水官			三丞
将作少府	掌治宫室	银印青绶	二千石	景帝中六年更名将作大匠
丞		铜印黑绶	六百石	两丞
石库令		同上	同上	有丞
东园主章令	掌大材,以供东园大匠	同上	同上	有丞,武帝更名木工
左校令	掌左工徒	同上	同上	有丞
右校令	掌右工徒	同上	同上	有丞
前校令	掌徒工作	同上	同上	有丞
后校令	同上	同上	同上	有丞
中校令	同上	同上	同上	有丞
典属国	掌来归的边疆民族	银印青绶	二千石	成帝河平元年省并大鸿胪
水衡都尉	掌都水及上林苑	同上	比二千石	武帝元鼎二年初置
丞		铜印黑绶	六百石	五丞
上林令	主上林苑			八丞十二尉
均输令				四丞
御羞令	主御羞出御物进之			两丞
禁圃令	禁御人不得入			两丞
辑濯令	船官			两丞
钟官令	主铸钱官			有丞
技巧令	同上			有丞
六厩令	天子六厩,马皆万匹			有丞
辩铜令	主分别铜之种类			丞

续表

官 名	职 掌	印 绶	俸 禄	备 注
太子太傅	宫官,辅导太子,礼如师	银印青绶	二千石	于太子不称臣
太子门大夫		铜印黑绶	六百石	五人
中庶子	职如侍中	同上	六百石	五人
先马	太子出行,为前驱	同上	比六百石	或作洗马,十六人
太子少傅	宫官,辅导太子	银印青绶	二千石	于太子称臣
詹事	宫官,掌皇后、太子家	同上	二千石	
丞		铜印黑绶	六百石	
太子率更令	主庶子舍人更直	同上	千石	
太子家令	主仓狱	同上	八百石	有丞
仆	主马	同上	千石	
中盾	主门卫徼循	铜印黄绶	四百石	
卫率	主门卫	铜印黑绶	比千石	有丞
厨厩长				
长信詹事	宫官,掌皇太后宫	银印青绶	二千石	景帝中六年更名长信少府
将行	掌奉宣中宫命,中宫出则从	同上	二千石	景帝中六年更名大长秋
丞		铜印黑绶	六百石	

(6) 三辅官

官 名	职 掌	印 绶	俸 禄	备 注
京兆尹	治京师	银印青绶	二千石	武帝太初元年更右内史置
丞			六百石	两丞
京辅都尉				有丞
长安市令				有丞
长安厨令				有丞
左冯翊	治京师旧内史左地北		二千石	太初元年更左内史置
丞				两丞
左辅都尉	治左冯翊高陵			有丞

续表

官 名	职 掌	印 绶	俸 禄	备 注
廪牺令		铜印黑绶	六百石	有丞、尉
右扶风	治京师旧内史右地	银印青绶	二千石	原主爵中尉,太初元年更今名
丞		铜印黑绶	六百石	两丞
右辅都尉	治右扶风郿			有丞
掌畜令				有丞

(7) 校尉、都尉

官 名	职 掌	印 绶	俸 禄	备 注
护军都尉				武帝后属大司马
司隶校尉	察百官及三辅、三河、弘农	银印青绶	二千石	武帝征和四年初置,为中央官,兼察郡县
城门校尉	掌京师城门屯兵	同上	二千石	
司马	掌屯兵	铜印黑绶	千石	
城门候	掌城门屯兵	同上	六百石	有十二城门候
奉车都尉	掌御乘舆车	银印青绶	比二千石	武帝初置
驸马都尉	掌驸马	同上	比二千石	

(8) 八校尉(亦称七校尉,胡骑不常置)

官 名	职 掌	印 绶	俸 禄	备 注
中垒校尉	掌北军垒门内,外掌西域	银印青绶	二千石	武帝初置,有丞、司马
屯骑校尉	掌骑士	银印青绶	二千石	武帝初置,有丞、司马
步兵校尉	掌上林苑门屯兵	同上	同上	同上
越骑校尉	掌越骑	同上	同上	同上
长水校尉	掌长水、宣曲胡骑	同上	同上	同上
胡骑校尉	掌池阳胡骑	同上	同上	同上,不常置
射声校尉	掌待诏射声士	同上	同上	武帝初置,有丞、司马
虎贲校尉	掌轻车	同上	同上	同上

2) 地方

西汉的地方政区为郡、县两级制。此外,又有诸都尉、刺史等设置。在西域,则由中央派员加"西域都护"官名以领之。今分别列表如下(乡、亭、里同秦,不录):

(1) 郡、国(诸侯王)

① 郡

官　名	职　掌	印　绶	俸　禄	备　注
郡　　守	掌治其郡	银印青绶	二千石	景帝中二年更名太守
丞	掌佐守	铜印黑绶	六百石	
长　史	掌兵马	同上	六百石	只边郡有,无丞
郡　　尉	掌佐守,典武职甲卒	银印青绶	比二千石	景帝中二年更名都尉
丞	掌佐尉	铜印黑绶	六百石	

② 诸侯王国(成帝绥和元年以后)

官　名	职　掌	印　绶	俸　禄	备　注
王国相	治民,如郡太守	银印青绶	二千石	
中　尉	如郡都尉	同上	比二千石	
郎中令	侍卫诸侯王	铜印黑绶	千石	
仆	掌王舆马	同上	千石	

(2) 县、道、国(列侯)、邑

官　名	职　掌	印　绶	俸　禄	备　注
县令(长)	掌治其县	铜印黑绶或黄绶	令千石至六百石,长五百石至三百石	万户以上为令,减万户为长
丞	署文书,典知仓狱	铜印黄绶	四百石至二百石	长吏
尉	主盗贼	同上		大县二人
侯国相	主治民,如令、长,不臣	如本县令、长		
丞	如本县丞		如本县丞	
尉	如本县尉		如本县尉	
家　丞	家臣,主侍候,使理家事			

续表

官　名	职　掌	印　绶	俸　禄	备　注
门大夫	家臣			
庶　子	家臣			
行　人	家臣			
洗　马	家臣			

(3) 其他地方官制
① 边关都尉

官　名	职　掌	印　绶	俸　禄	备　注
关都尉	守函谷、阳关、玉门等关		比二千石	
农都尉	主边郡屯田殖谷		同上	武帝初置
属国都尉	主来归民族事		同上	同上

② 刺史
汉武帝元封五年分全国为十三州部，每州置刺史一人。

官　名	职　掌	印　绶	俸　禄	备　注
刺　史	掌奉诏条察州		六百石	十三人

③ 西域官制

官　名	职　掌	印　绶	俸　禄	备　注
西域都护	护西域三十六国			宣帝地节二年初置
副校尉	辅佐都护		比二千石	
丞			比六百石	
司马			同上	二司马
候			同上	二候
戊校尉	掌西域屯田事			
己校尉	同上			
丞			比六百石	
司马			同上	
候			同上	五候

注：《汉书·百官公卿表》(上)曰：
1. "列侯所食县曰国，皇太后、皇后、公主所食曰邑，有蛮夷曰道。"
2. "凡吏，秩比二千石以上，皆银印青绶。光禄大夫无。秩比六百石以上，皆铜印黑绶。大夫、博士、御史、谒者、郎无。其仆射、御史、治书尚符玺者，有印绶。比二百石以上，皆铜印黄绶。"

3 东 汉

本表据《后汉书·百官志》编成。灵帝中平五年置西园八校尉,因时间短暂未录。

1) 中央

主要有上公、三公、将军、九卿、校尉、尹。尚书台、御史台官制附于"九卿表"后。

(1) 上公

官 名	职 掌	印绶	俸禄	备 注
太 傅	宫官,掌辅导皇帝,无常职	金印紫绶		每帝初立,置太傅录尚书事,有长史

(2) 三公

官 名	职 掌	印绶	俸禄	备 注
太 尉	掌四方兵事功课,岁尽,奏其殿最	金印紫绶	万石	统太常、卫尉、光禄勋
长 史	辅佐太尉,署诸曹事		千石	
西曹掾	主府史署用		比四百石	有属,比二百石
东曹掾	主二千石长吏迁除及军吏		同上	同上
户曹掾	主民户祠祀农桑		比三百石	同上
奏曹掾	主奏议事		同上	同上
辞曹掾	主辞讼事		同上	同上
法曹掾	主邮驿科程事		同上	同上
尉曹掾	主卒徒转运事		同上	同上
贼曹掾	主盗贼事		同上	同上
决曹掾	主罪法事		同上	同上
兵曹掾	主兵事		同上	同上
金曹掾	主货币盐铁事		同上	同上
仓曹掾	主仓谷事		同上	同上
黄阁主簿	录省众事		同上	同上
司 徒	掌人民事	同上	万石	统太仆、鸿胪、廷尉
长 史	诸史之长,职无不监		千石	

续表

官 名	职 掌	印 绶	俸 禄	备 注
掾 属				三十一人
司 空	掌水土事	同上	万石	统宗正、少府、司农
长 史	辅佐司空		千石	
掾 属				二十九人

(3) 将军

官 名	职 掌	印 绶	俸 禄	备 注
大 将 军	掌征伐背叛		比公	不常置
长 史			千石	
司 马	主兵,如太尉		千石	
从事中郎	职参谋议		六百石	二人
部校尉	大将军营五部,部校尉一人		比二千石	五人
军司马			比千石	有军假司马,为副贰
军 候	部下有曲,曲有军候		比六百石	
骠骑将军	掌征伐背叛		比公	不常置,掾属略同大将军
车骑将军	同上		比公	同上
卫 将 军	同上		比公	同上
度辽将军	卫南单于	银印青绶	二千石	
长 史			六百石	
司 马				

(4) 九卿

官 名	职 掌	印 绶	俸 禄	备 注
太 常	掌礼仪祭祀		中二千石	
丞	掌凡行礼及祭祀小事,总署曹事		比千石	
太史令	掌天时星历		六百石	有丞
博士祭酒	掌教弟子,备顾问		同上	博士十四人,比六百石

续表

官 名	职 掌	印 绶	俸 禄	备 注
太祝令	凡国祭祀,掌读祝及迎送神		同上	有丞
太宰令	凡国祭礼,掌陈馔具		同上	有丞
太子乐令	掌伎乐		同上	有丞
高庙令	守庙,掌案行扫除		同上	无丞
世祖庙令	同上		同上	无丞
光禄勋	掌宿卫宫殿门户等		中二千石	员吏四十四人
丞			比千石	
五官中郎将	主五官郎宿卫诸殿门事		比二千石	七署之一,武职
左中郎将	主左署郎		同上	同上
右中郎将	主右署郎		同上	同上
虎贲中郎将	主虎贲宿卫侍从		同上	同上
羽林中郎将	主羽林郎,掌宿卫侍从		同上	同上
羽林左监	主羽林左骑		六百石	同上
羽林右监	主羽林右骑		同上	同上
奉车都尉	掌御乘舆车		比二千石	文职之一
驸马都尉	掌副马		同上	同上
骑都尉	本监羽林骑		同上	同上
光禄大夫	掌顾问应付,奉诏出使		同上	同上
太中大夫			千石	同上
中散大夫			六百石	同上
谏议大夫			同上	同上
议郎			同上	同上
谒者仆射	谒者台率。天子出,奉引		比千石	同上
卫尉	掌宫门卫士、宫中徼循事		中二千石	
丞			比千石	
公车司马令	掌宫南阙门		六百石	有丞、尉各一人
南宫卫士令	掌南宫卫士		同上	有丞
北宫卫士令	掌北宫卫士		同上	有丞

续表

官 名	职 掌	印 绶	俸 禄	备 注
左都候	主剑戟士徼循宫及天子有所收考		六百石	有丞
右都候	同上		同上	有丞
南宫南屯司马	主平城门		比千石	七门之一
宫门苍龙司马	主东门		同上	同上
玄武司马	主玄武门		比千石	七门之一
北屯司马	主北门		同上	同上
北宫朱爵司马	主南掖门		同上	同上
东明司马	主东门		同上	同上
朔平司马	主北门		同上	同上
太仆	掌车马		中二千石	
丞			比千石	
考工令	主作兵器弓弩刀铠之属		六百石	亦主织绶诸杂工，有左右丞
车府令	主乘舆诸车		同上	有丞
未央厩令	主乘舆及厩中诸马		同上	
长乐厩丞				
廷尉	掌平狱，奏当所应		中二千石	
廷尉正			千石	
廷尉左监			同上	
廷尉左平	掌平决诏狱		六百石	
大鸿胪	掌诸侯及民族使者入朝礼仪		中二千石	
丞			比千石	
大行令	主诸郎		六百石	有丞
宗正	掌宗室名籍		中二千石	
丞			比千石	
公主家令			六百石	每主家令一人
大司农	掌诸钱谷金帛诸货币		中二千石	

续表

官　名	职　掌	印　绶	俸　禄	备　注
丞			比千石	
部　丞	主帑藏		六百石	
太仓令	主受郡国传漕谷		六百石	有丞
平准令	掌知物贾,主练染,作采色		六百石	
导官令	主舂御米,作乾糒		同上	
少　府	掌中服御诸物,衣服宝货珍膳之属		中二千石	
丞			比千石	
太医令	掌诸医		六百石	有药丞、方丞
太官令	掌御饮食		同上	有汤官丞、果丞等
守宫令	主御纸笔墨及封泥等		同上	有丞
上林苑令	主苑中禽兽,有居民皆主之			有丞、尉
侍中	掌侍左右,赞导众事,顾问应对		比二千石	
中常侍	宦者,掌侍左右及顾问应对给事		千石	后增秩比二千石
黄门侍郎	掌侍从左右,给事中		六百石	
小黄门	宦者,掌侍左右,受尚书事		同上	
黄门令	宦者,主省中诸宦者		同上	有丞
中黄门冗从仆射	宦者,居则宿卫,出则骑从		同上	
掖庭令	宦者,掌后宫贵人采女事		同上	
永巷令	宦者,典官婢侍使		同上	有丞,宦者
御府令	宦者,典官婢作中衣服事		同上	有丞,织室丞,宦者
祠祀令	宦者,典中诸小祠祀		同上	有丞,宦者
钩盾令	宦者,典诸近池苑囿游观之处		同上	
中藏府令	掌宫中币帛金银等		同上	有丞

续表

官　名	职　掌	印　绶	俸　禄	备　注
内者令	掌宫中布张诸衣物			有左右丞
尚方令	掌上手工作御刀剑诸好器物		同上	有丞
尚书令	掌选署及奏下尚书曹文书众事		千石	有仆射一人,尚书六人
符节令	符节台率,主符节事		六百石	有尚符玺郎中四人
御史中丞	为御史台率,居殿中,举不法		千石	有治书侍御史二人,侍御史十五人

附一：尚书台官制

官　名	职　掌	印　绶	俸　禄	备　注
尚书令	掌选署及奏下尚书文书众事		千石	令、仆和六尚书合称"八座"
尚书仆射	署尚书事,令不在,则奏下众事		六百石	
吏曹尚书	主公卿事（西汉名常侍曹）		同上	有六侍郎,初入台,称尚书郎
二千石曹尚书	主郡国二千石事		同上	同上
民曹尚书	主凡吏民上书事		六百石	同上
三公曹尚书	主断狱事		同上	同上
南主客曹尚书	主民族、外国事		同上	同上
北主客曹尚书	同上		同上	同上
尚书左丞	掌录文书期会,总典台中纲纪		四百石	
尚书右丞	假署印绶及纸笔墨诸财用库藏		同上	

附二：御史台官制

官　名	职　掌	印　绶	俸　禄	备　注
御史中丞	为御史台率,居殿中举不法		千石	
治书侍御史	掌法律,平谳疑是非		六百石	二人

续表

官　名	职　掌	印　绶	俸　禄	备　注
侍御史	掌察举非法，受公卿群吏奏事		同上	十五人
兰台令史	掌奏及印工文书		同上	

(5) 列卿

官　名	职　掌	印　绶	俸　禄	备　注
执金吾	掌宫外戒司非常水火之事		中二千石	
丞			比千石	
武库令	主兵器		六百石	有丞
将作大匠	掌修作宗庙宫室陵园		二千石	秦、西汉初称将作少府
丞			六百石	
左校令	掌左工徒		同上	有丞
右校令	掌右工徒		六百石	有丞
太子太傅	宫官，掌辅导太子，礼如师		中二千石	不领官属，不臣
太子率更令	主庶子、舍人更直		千石	职似光禄
太子家令	主仓谷饮食		千石	职似司农、少府
太子仓令	主仓谷		六百石	
太子食官令	主饮食		同上	
太子仆	主车马		千石	职如太仆
太子门大夫	职比郎将		六百石	
太子中庶子	职如侍中		同上	员五人
太子洗马	职如谒者		比六百石	员十六人
大长秋	宦者，掌奉宣中宫命		二千石	秦、西汉初名将行，为"皇后卿"
丞	宦者		六百石	
中宫仆	宦者，主驭		千石	
中宫谒者令	宦者，主报中章		六百石	有中宫谒者三人
中宫尚书	宦者，主中文书		同上	五人
中宫私府令	宦者，主中藏币帛诸物		同上	有丞，宦者

续表

官 名	职 掌	印 绶	俸 禄	备 注
中宫永巷令	宦者,主宫人		同上	有丞,宦者
中宫黄门冗从仆射	宦者,主中黄门冗从		同上	
中宫署令	宦者,主中宫诸署		同上	
中宫药长	宦者,主医药		四百石	

(6) 校尉、尹

官 名	职 掌	印 绶	俸 禄	备 注
城门校尉	掌雒阳城门十二所		比二千石	
司 马	主兵		千石	
城门候			六百石	凡十二门,每门候一人
北军中候	掌监五营		六百石	
屯骑校尉	掌宿卫兵		比二千石	司马一人,千石
越骑校尉	同上		同上	同上
步兵校尉	同上		同上	同上
长水校尉	同上,主乌桓骑		同上	司马、胡骑司马各一人,千石
射声校尉	掌宿卫兵		同上	司马一人,千石
司隶校尉	察举百官并领一州		同上	从事史十二人
都官从事	主察举百官犯法者		百石	
功曹从事	主州选署及众事		同上	
别驾从事	校尉行部,奉引,录从事		同上	
簿曹从事	主财谷簿书		同上	
兵曹从事	主兵事		同上	有军事则置
部郡国从事	主督促文书,察举非法		同上	所部七郡,每郡一人
河 南 尹	主京都,特奉朝请		二千石	
丞			六百石	

2) 地方

东汉的地方政区逐渐形成州、郡、县三级制,边郡另置护民族将校,基层有乡、亭、里。分别列表如下:

(1) 州(除司隶校尉部外,有十二州部)

官 名	职 掌	印绶	俸禄	备 注
刺 史	主一州,录囚徒,考殿最		六百石	
治中从事	主州选署及众事	百石		
别驾从事	刺史行部,奉引,录众事		同上	
簿曹从事	主财谷簿书		同上	
兵曹从事	主兵事		同上	有军事则置
部郡国从事	主督促文书,察举非法			

(2) 郡、国(诸侯王)

① 郡

官 名	职 掌	印绶	俸禄	备 注
太 守	掌治民,进贤劝功,决讼检奸		二千石	省郡都尉,并职太守
丞			六百石	边郡丞为长史
王国相	同太守		二千石	同太守
丞			六百石	
边郡都尉	稍分县治民,比郡		比二千石	
丞				
属国都尉	分县治民,比郡		同上	
丞				

② 国(诸侯王)

官 名	职 掌	印绶	俸禄	备 注
傅	主导王以善,礼如师		二千石	不臣
相	如太守		同上	
长 史	如郡丞			
中 尉	如郡都尉,主盗贼		比二千石	
郎中令	掌王大夫、郎中宿卫		千石	如光禄勋
仆	主车及奴		同上	如太仆
治 书	治书本尚书		比六百石	

续表

官 名	职 掌	印 绶	俸 禄	备 注
大 夫	掌奉王使至京都奉璧贺正月及使诸国		同上	本持节,后去节
谒 者	掌冠长冠		比四百石	本员十六人,后减
礼乐长	主乐人		同上	
卫士长	主卫士		同上	
医工长	主医药		同上	
永巷长	宦者,主宫中婢使		同上	
祠祀长	主祠祀		同上	
郎 中			二百石	

(3) 县、道、国、邑

官 名	职 掌	印 绶	俸 禄	备 注
县令(长)	掌治民		令千石	长四百或三百石
丞	署文书,典知仓狱		大县四百石	大县二人,小县一人
尉	主盗贼		同上	同上
侯国相	主治民,如令、长,不臣		如本县长	纳租于侯,以户数为限
丞	如县丞		同上	
尉	如县尉		同上	
家 丞	家臣,主侍候,使理家事			食邑千户以上置
庶 子				

(4) 护民族将校

官 名	职 掌	印 绶	俸 禄	备 注
使匈奴中郎将	主护南单于		比二千石	
从 事			比六百石	二人
护乌桓校尉	主乌桓等		比二千石	
从 事			比六百石	二人
护羌校尉	主西羌		比二千石	
从 事			比六百石	二人

(5) 乡、亭、里

官 名	职 掌	印 绶	俸 禄	备 注
有　秩	掌乡政,为役先后,为赋多少		百石	郡所署,户五千以上置;乡小,县置啬夫一人
三　老	掌教化,兴善行			
游　徼	掌徼循,禁司奸盗			
乡　佐	主民,收赋税			
亭　长	主求捕盗贼,承望都尉			
里　魁	掌一里百家			
什　长	主十家,以相检察,告监官			
伍　长	主五家,以相检察,告监官			

注:《后汉书·百官志》曰:

1."凡中二千石,丞比千石;真二千石,丞、长史六百石;比二千石,丞比六百石;令、相千石,丞、尉四百石;其六百石,丞、尉三百石;长、相四百石及三百石,丞、尉皆二百石;诸侯、公主家丞秩皆比百石,诸边障塞尉、诸陵校尉长,皆二百石,有常例者不署秩。"

2."凡县,主蛮夷曰道,公主所食汤沐曰国(当作邑,列侯曰国),县万户以上为令,不满为长,侯国为相。"

3."百官受奉例:大将军、三公奉,月三百五十斛;中二千石奉,月百八十斛;二千石奉,月百二十斛;比二千石奉,月百斛;千石奉,月八十斛;六百石奉,月七十斛;比六百石奉,月五十斛;四百石奉,月四十五斛;比四百石奉,月四十斛;三百石奉,月四十斛;比三百石奉,月三十七斛;二百石奉,月三十斛;比二百石奉,月二十七斛;一百石奉,月十六斛;斗食奉,月十一斛;佐史奉,月八斛。凡诸受奉,皆半钱半谷。"

4 隋 朝

本表据《隋书·百官志》所载隋炀帝时官制编成。

1) 中央

主要有三公和五省、三台、九寺、五监、十二卫、四府。另有东宫官、行台省等未录。

(1) 三公

官 府	官 名	职 掌	品 级	备 注
	太 尉	参议国之大事	正一品	隋前期并设三师、三公。大业三年废三师。三公皆摄行事，无其人则阙。
	司 徒	同上	同上	
	司 空	同上	同上	

(2) 五省

官 府	官 名	职 掌	品 级	备 注
尚书省	尚书令	事无不总	正二品	尚书、门下、内史省合称"三省"。尚书令、门下纳言（侍内）、内史令皆为宰相。
	左仆射	佐尚书令执事	从二品	
	右仆射	同上	同上	
	左 丞	分司管辖	正四品	
	右 丞	同上	同上	
	吏部尚书	掌选举、考课、勋爵等	正三品	吏、礼、民、兵、刑、工部合称"六部"。隋初六部各有侍郎六人，分司曹务，直宿禁省。大业三年并改为郎。另设侍郎各一人，贰尚书。
	礼部尚书	掌礼仪、祭祀、贡举等	正三品	
	民部尚书	掌户口、田土、贡赋、钱谷等	同上	隋初为度支尚书，开皇三年改焉。

续表

官　府	官　名	职　掌	品　级	备　注
	兵部尚书	掌车马甲仗、将士出征等	同上	
	刑部尚书	掌律令刑罚等	同上	隋初为都官尚书,开皇三年改焉。
	工部尚书	掌山泽、屯田、工匠、营建等	同上	
门下省	纳言(侍内)	掌出纳帝命	正三品	初名纳言,大业十二年,改称侍内
	黄门侍郎	佐贰令	正四品	二人。另有给事郎等
内史省	内史令	掌政令	正三品	二人
	侍　郎	佐贰令	正四品	二人。另有内史舍人、通事舍人等
秘书省	秘书监	掌经籍图书	从二品	《隋书·百官志》记监原为正三品,大业三年降为从二品。参较他省长官。疑为"从三品"之误。
	少　监	佐贰监	从四品	
	丞	同上	正五品	有著作郎、太史令等
殿内省	殿内监	掌诸供奉	正四品	隋初无此省,大业三年始设
	少　监	佐贰监	从四品	
	丞	同上	从五品	

(3) 三台

官　府	官　名	职　掌	品　级	备　注
御史台	御史大夫	掌监察百官,刑宪典章	正四品	
	治书侍御史	佐贰大夫	从五品	二人。大业三年升为正五品,五年复旧。另有侍御史、监察御史等
谒者台	谒者大夫	掌受诏劳问,出使慰抚,申奏冤枉	正四品	隋初无此台,大业三年始设
	司朝谒者	佐贰大夫	从五品	二人。另有通事谒者等

续表

官 府	官 名	职 掌	品 级	备 注
司隶台	司隶大夫	掌诸巡察	正四品	隋初无此台,大业三年始设
	别 驾	掌分察畿内	从五品	二人。一案东都,一案京师。
	刺 史	掌巡察畿外	正六品	十四人

(4) 九寺

官 府	官 名	职 掌	品 级	备 注
太常寺	太 常 卿	掌邦国礼乐、郊庙、社稷事	正三品	
	少 卿	佐贰卿	正四品	
	丞	掌判寺事	从五品	二人
光禄寺	光 禄 卿	掌邦国酒醴、膳羞等事	从三品	
	少 卿	佐贰卿	从四品	二人
	丞	掌判寺事	从五品	三人
卫尉寺	卫 尉 卿	掌邦国器械、文物事	从三品	
	少 卿	佐贰卿	从四品	二人
	丞	掌判寺事	从五品	二人
宗正寺	宗 正 卿	掌皇家九族六亲之属籍	从三品	
	少 卿	佐贰卿	从四品	二人
	丞	掌判寺事	从五品	二人
太仆寺	太 仆 卿	掌邦国厩牧、车舆之政令	从三品	
	少 卿	佐贰卿	从四品	二人
	丞	掌判寺事	从五品	三人
大理寺	大 理 卿	掌刑辟事	从三品	
	少 卿	佐贰卿	从四品	二人
	丞	掌判寺事	从五品	原二人,大业三年改为勾检官,增至六人,分判狱事

三 职官类

续表

官 府	官 名	职 掌	品 级	备 注
鸿胪寺	鸿胪卿	掌宾客及凶仪之事	从三品	
	少 卿	佐贰卿	从四品	二人
	丞	掌判寺事	从五品	二人
司农寺	司农卿	掌邦国仓储委积之事	从三品	
	少 卿	佐贰卿	从四品	二人
	丞	掌判寺事	从五品	五人
太府寺	太府卿	掌邦国财货	从三品	
	少 卿	佐贰卿	从四品	二人
	丞	掌判寺事	从五品	六人

(5) 五监

官 府	官 名	职 掌	品 级	备 注
国子监	国子祭酒	掌邦国儒学训导之政令	从三品	
	司 业	佐贰祭酒	从四品	
	丞	掌判监事	从六品	三人,另有主簿,录事
将作监	将作令	掌邦国营建、工匠之政令	正四品	将作监隋初设大监、副监。大业三年改为大匠、少匠。五年又改为大监、少监。十三年,改为令、少令。
	少 令	佐贰令	正五品	
	丞	掌判监事	从五品	二人
少府监	少府令	掌百工技巧之政令	从三品	大业三年始从太府寺分置,设监、少监,后改为令、少令。
	少 令	佐贰监	从四品	
	丞	掌判监事	从五品	二人

续表

官　府	官　名	职　掌	品　级	备　注
都水监	都 水 令	掌川泽津梁之政令	从三品	隋初设监、丞,大业三年监改为使者,五年又改为监,并加少监,后又改为令、少令。
	少　　令	佐贰令	从四品	
	丞	掌判寺事	从七品	
长秋监	长 秋 令	掌天子服御	正四品	隋初置内侍省,设内侍、内常侍。大业三年改为长秋监,设令、少令。
	少　　令	佐贰令	从五品	
	丞	掌判监事	正七品	二人

(6) 十二卫

官　府	官　名	职　掌	品　级	备　注
左、右翊卫	大 将 军	掌宫掖禁御,督摄仗卫	正三品	隋初为左、右卫,大业三年改焉,设大将军各一人。
	将　　军	同上	从三品	各二人
左、右武卫	大 将 军	掌领外军督卫	正三品	
	将　　军	同上	从三品	各二人
左、右候卫	大 将 军	掌御驾禁卫	正三品	隋初为左、右武候,大业三年改焉,设大将军各一人。
	将　　军	同上	从三品	各二人
左、右骁(骑)卫	大 将 军		正三品	隋初为左、右备身,大业三年改焉,设大将军各一人。
	将　　军		从三品	各二人
左、右屯卫	大 将 军		正三品	隋初为左、右将军,大业三年改焉,设大将军各一人。
	将　　军		从三品	

续表

官府	官名	职掌	品级	备注
左、右御卫	大将军		从三品	隋初无,大业三年加置。设大将军各一人。
	将军		从三品	各二人

(7) 四府

官府	官名	职掌	品级	备注
左、右备身府	备身郎将	掌侍卫左右	正四品	各一人。隋初为左、右领左、右府,大业三年改焉。
	直斋贰郎将		同上	各二人
左、右监门府	监门郎将	掌门禁守卫	正四品	各一人
	直阁贰郎将		正五品	各六人

2) 地方

隋初,地方政区为州、郡、县三级制。开皇三年,罢郡,以州统县。隋炀帝大业三年,又改州为郡,以郡统县,各设长官。另有镇、关、盐池、行宫、诸冶、五岳官员等未录。

(1) 郡

官府	官名	职掌	品级	备注
京兆郡	京兆尹	掌一郡政务	正三品	
	内史	佐贰尹		
	丞	同上	从四品	初设赞务,佐贰尹,后加置内史,赞务改为丞,在内史下。河南郡同。
河南郡	河南尹	掌一郡政务	正三品	
	内史	佐贰尹		
	丞	同上	从四品	
诸郡	太守	掌一郡政务	上郡从三品 中郡正四品 下郡从四品	

续表

官 府	官 名	职 掌	品 级	备 注
	通 守	佐贰太守		初设赞务,佐贰太守,后加置通守,赞务改为丞,在通守下。
	丞	同上	上郡正五品 中郡从五品 下郡正六品	

(2) 县

官 府	官 名	职 掌	品 级	备 注
京 县	县 令	掌一县政务	正五品	京县为大兴、长安、河南、洛阳四县。
	丞	佐贰令	从七品	另有户曹、法曹等。下同。
诸 县	县 令	掌一县政务	上县从六品 中县从七品 下县正八品	
	丞		上县从八品 中县正九品 下县从九品	

5 唐 朝

本表据《唐六典》载唐玄宗开元时官制编成。

1) 中央

主要有三师、三公和六省(含六部)、一台、九寺、五监、十六卫。另有内宫、宫官、太子内官和禁军、东宫、王府官等未录。

(1) 三师

官 府	官 名	职 掌	品 级	备 注
	太 师	训导之官,无所统职	正一品	三师无其人则缺。
	太 傅	同上	同上	
	太 保	同上	同上	

(2) 三公

官　府	官　名	职　掌	品级	备　注
	太　尉	论道之官,佐天子平邦国,无所不统	正一品	与三师不同,不常设,无实际执掌,常用以赠官。
	司　徒	同上	同上	
	司　空	同上	同上	

(3) 六省

官　府	官　名	职　掌	品级	备　注
尚书省	尚书令	掌总领百官,仪刑端揆	正二品	尚书省、门下省、中书省全称"三省"。唐太宗李世民曾任尚书令,故后世阙不复置。由尚书仆射总其事。初,三省长官皆为宰相。后,尚书省长官不复为宰相。又唐代常以他官加"同中书门下三品"或"同中书门下平章事"、"参知政事"等衔行宰相事。尚书省又先后改称中台、文昌台,神龙初复旧。
	尚书左、右仆射	掌总领六官,纪纲百揆,以贰令	从二品	各一人。唐初曰仆射,龙朔二年改曰左、右匡政,神龙元年复旧,开元初,改为左、右丞相(唐高宗、武后时,官署名,官名多有更改,下皆类此,不具列)。
	尚书左、右丞	掌管省事,纠举宪章	左丞正四品上、右丞正四品下	各一人。另有郎中、员外郎等。
	吏部尚书	掌天下官吏选授勋封考课之政令	正三品	吏、户、礼、兵、刑、工部合称"六部",各有侍郎一或二人,为尚书贰。各部下设四司,每司设郎中、员外郎。

续表

官 府	官 名	职 掌	品级	备 注
	户部尚书	掌天下田户、均输、钱谷之政令	正三品	
	礼部尚书	掌天下礼仪祠祭燕飨贡举之政令	正三品	
	兵部尚书	掌天下武卫官军选授、简练之政令	正三品	
	刑部尚书	掌天下刑法及徒隶句覆关禁之政令	正三品	
	工部尚书	掌天下百工屯田山泽之政令	正三品	
门下省	侍 中	掌出纳帝命,缉熙皇极,总典吏职,赞相礼仪	正三品	二人。初为纳言,武德四年改为侍中,其后名称屡更,开元五年复旧。
	门下黄门侍郎	掌贰侍中之职	正四品上	二人。唐初曰黄门侍郎,龙朔二年,改为东台侍郎,咸亨元年复旧,光宅元年,改为鸾台侍郎,神龙元年复旧。
	给 事 中	掌侍奉左右,分判省事	正五品上	四人
	左散骑常侍	掌侍奉规讽,备顾问应对	从三品下	二人,武德初,散骑常侍加官。贞观初,置散骑常侍二员,隶门下省。显庆二年,分左右,分隶中书、门下省。
	谏议大夫	掌侍从赞相,规谏讽喻	正五品上	四人
中书省	中 书 令	掌军国之政令	正三品	二人。中书省,武德初为内史省,三年改为中书省。
	中书侍郎	常贰令之职	正四品上	二人
	中书舍人	掌侍奉进奏,参议表章	正五品上	六人
	右散骑常侍	常侍奉规讽,备顾问应对	从三品	显庆二年置。二人。

续表

官府	官名	职掌	品级	备注
	集贤殿书院学士	掌修书而备顾问应对	五品以上	以官员兼,另有直学士,侍讲学士、修撰官等员。
秘书省	秘书监	掌邦国经籍图书之事	从三品	
	秘书少监	佐贰监	从四品上	二人
	秘书丞	掌判省事	从五品上	有秘书郎、著作郎、著作佐丞、太史令等员
殿中省	殿中监	掌乘舆服御之政令	从三品	
	殿中少监	佐贰监	从四品上	二人
	殿中丞	掌判监事	从五品上	二人
内侍省	内侍	掌在内侍奉,出入宫掖,宣传制令	从四品上	四人
	内常侍	佐贰常侍	正五品下	六人
	内给事	掌判省事	从五品下	八人

(4) 一台

官府	官名	职掌	品级	备注
御史台	御史大夫	掌邦国刑宪典章之政令	正三品	
	御史中丞	佐贰大夫	正四品下	二人
	侍御史	掌纠举百僚,推鞫狱讼	从六品下	四人
	殿中侍御史	掌殿廷供奉仪式	从七品下	六人
	监察御史	掌分察百僚巡按郡县,纠视刑狱,肃整朝仪	正八品上	十人

(5) 九寺

官府	官名	职掌	品级	备注
太常寺	太常卿	掌邦国礼乐郊庙社稷之事	正三品	太常、光禄、卫尉、宗正、太仆、大理、鸿胪、司农、太府寺合称"九寺"

续表

官　府	官　名	职　掌	品　级	备　注
	太常少卿	佐贰卿	正四品上	少卿武德中置一人，贞观中加置二人
	太 常 丞	掌判寺事	从五品上	二人
光禄寺	光 禄 卿	掌邦国酒醴膳羞之事	从三品	
	光禄少卿	佐贰卿	从四品上	初置一人，贞观中加至二人
	光 禄 丞	掌判寺事	从六品上	二人
卫尉寺	卫 尉 卿	掌邦国器械文物之政令	从三品	
	卫尉少卿	佐贰卿	从四品上	初置一人，贞观中加至二人
	卫 尉 丞	掌判寺事	从六品上	二人
宗正寺	宗 正 卿	掌皇室九族六亲之属籍	从三品	
	宗正少卿	佐贰卿	从四品上	二人
	宗 正 丞	掌判寺事	从六品上	
太仆寺	太 仆 卿	掌邦国厩牧车舆之政令	从三品	
	太仆少卿	佐贰卿	从四品上	二人
	太 仆 丞	掌判寺事	从六品上	四人
大理寺	大 理 卿	掌邦国折狱详刑之事	从三品	
	大理少卿	佐贰卿	从四品上	二人
	大 理 正	掌参议刑狱，详正科条之事	从五品下	二人
	大 理 丞	掌分判寺事	从六品上	六人
鸿胪寺	鸿 胪 卿	掌宾客及凶仪之事	从三品	
	鸿胪少卿	佐贰卿	从四品上	初置一人，贞观中加至二人
	鸿 胪 丞	掌判寺事	从六品上	二人

续表

官府	官名	职掌	品级	备注
司农寺	司农卿	掌邦国仓储委积之政令	从三品	
	司农少卿	佐贰卿	从四品上	二人
	司农丞	掌判寺事	从六品上	六人
太府寺	太府卿	掌邦国财货之政令	从三品	
	太府少卿	佐贰卿	从四品上	初置一人,贞观中加至二人
	太府丞	掌判寺事	从六品上	

(6) 五监

官府	官名	职掌	品级	备注
国子监	国子祭酒	掌邦国儒学训导之政令	从三品	国子、少府、军器、将作、都水监合称"五监"
	国子司业	同上	从四品下	初置一人,垂拱中加至二人
	国子丞	掌判监事	从六品下	
少府监	少府监	掌百工伎巧之政令	从三品	
	少府少监	佐贰监	从四品下	二人
	少府丞	掌判监事	从六品下	四人
军器监	军器监	掌缮造甲弩之属	正四品上	
	军器少监	佐贰监	正五品上	
	军器丞	掌判监事	正七品上	二人
将作监	将作大匠	掌邦国修建、土木工匠之政令	从三品	
	将作少匠	佐贰大匠	从四品下	二人
	将作丞	掌判监事	从六品下	四人

中国历史学习手册

续表

官府	官名	职掌	品级	备注
都水监	都水使者	掌川泽、津梁之政令	正五品上	二人。武德初,废都水监为署,隶将作。贞观中复为监。开元二十五年不隶将作监。
	都水丞	掌判监事	从七品下	二人

(7) 十六卫

官府	官名	职掌	品级	备注
左、右卫	左、右卫大将军	掌统领宫廷警卫之法令	正三品	各一人。另有元帅、都统、招讨使,掌征伐。兵罢则省,不常设。
	左、右卫将军	同上	从三品	各二人
左、右骁卫	左、右骁卫大将军	略同左、右卫	正三品	各一人
	左、右骁卫将军	同上	从三品	各二人。另有翊府中郎将,左、右郎将等员。
左、右武卫	左、右武卫大将军	略同左、右卫	正三品	各一人
	左、右武卫将军	同上	从三品	各二人。另有翊府中郎将,左、右郎将等员。
左、右威卫	左、右威卫大将军	略同左、右卫	正三品	各一人。唐初为左、右屯卫,龙朔二年改为今名,别置左、右屯卫。
	左、右威卫将军	同上	从三品	各二人。另有翊府中郎将,左、右郎将等员。
左、右领军卫	左、右领军卫大将军	略同左、右卫	正三品	各一人
	左、右领军卫将军	同上	从三品	各二人。另有翊府中郎将,左、右郎将等员。
左、右金吾卫	左、右金吾卫大将军	掌宫中及京城昼夜巡警之法	正三品	各一人
	左、右金吾卫将军	同上	从三品	各二人。另有左、右翊府中郎将,左、右郎将等员。

续表

官 府	官 名	职 掌	品 级	备 注
左、右监门卫	左、右监门卫大将军	掌诸门禁卫门籍之法	正三品	各一人
	左、右监门卫将军	同上	从三品	各二人。另有左、右监门卫中郎将。
左、右千牛卫	左、右千牛卫大将军	掌宫殿侍卫及供御之仪仗	正三品	各一人。初为左、右千牛府,神龙元年改为千牛卫。
	左、右千牛卫将军	同上	从三品	各一人。另有左、右千牛卫中郎将。
左、右羽林军卫	左、右羽林军卫大将军	掌统领北衙禁兵之法令	正三品	各一人。左、右羽林军卫在十六卫之外,专掌禁兵。
	左、右羽林军卫将军	同上	从三品	各二人
诸折冲府	折冲都尉	掌领五校之属,以备宿卫,以从师役,总其戎具资粮,差点教习之法	上府正四品上,中府从四品上,下府正五品下	各一人
	左、右果毅都尉	佐贰折冲都尉	上府从五品下,中府正六品上,下府从六品下	各一人。下有别将、长史、兵曹参军、录事等员

2) 地方

唐前期地方政区为州、县两级制。另外有中央直辖的三府和设于重要地区与边地的都督府、都护府以及诸镇、五岳四渎、关、津,各设长官。

(1) 三府

政区	官名	职掌	品级	备注
三府	府 牧		从二品	三府为京兆府、河南府、太原府。牧由亲王任,皆不知事,职务总归于尹。
	府 尹	掌判府事	从三品	各一人
	少 尹	佐贰尹	从四品下	各二人

(2) 都督府

政 区	官 名	职 掌	品 级	备 注
	都 督	掌判府事	大都督从二品 中都督正三品 下都督从三品	武德初,都督府为总管府,四年,改为都督府,贞观中始分上、中、下。
	别 驾	佐贰都督	中都督府正四品下 下都督府从四品下	大都督府无别驾
	长 史	同上	大都督府从三品 中都督府正五品人 下都督府从五品上	各一人
	司 马	同上	大都督府从四品下 中都督府正五品下 下都督府从五品下	二人 一人 一人

(3) 州

政 区	官 名	职 掌	品 级	备 注
州	刺 史	掌判州事	上州从三品 中州正四品上 下州正四品下	
	别 驾	佐贰刺史	上州从四品下 中州正五品下 下州从五品下	
	长 史	佐贰刺史	上州从五品上 中州正六品上	下州无长史
	司 马	同上	上州从五品下 中州正六品下 下州从六品上	

(4) 县

政 区	官 名	职 掌	品 级	备 注
京县	县 令	掌判县事	正五品上	京县为万年、长安、河南、洛阳、奉先、太原、晋阳县。
	京县丞	佐贰令	从七品上	二人
畿县	县 令	掌判县事	正六品上	
	畿县丞	佐贰令	正八品下	一人
诸县	县 令	掌判县事	上县从六品上	

三 职官类

续表

政区	官名	职掌	品级	备注
	县丞	佐贰令	中县正七品上 中下县从七品上 下县从七品下 上县中县从八品下 中下县正九品上 下县正九品下	 一人 一人 一人

(5) 都护府

政区	官名	职掌	品级	备注
大都护府	大都护	掌抚慰诸番,辑宁外寇,征伐叛逆之事	从二品	唐永徽中始置安南、安西大都护。景云二年又置单于都护,开元初置北庭都护。
	副大都护	同上	从三品	二人
	副都护	同上	正四品上	二人
	长史	佐贰都护、副都护	正五品上	
	司马	同上	正五品下	
上都护府	都护	同大都护	正三品	
	副都护	同上	从四品上	二人
	长史	佐贰都护、副都护	正五品上	一人
	司马	同上	正五品下	

(6) 镇、五岳四渎、关、津

政区	官名	职掌	品级	备注
镇	镇将	掌镇捍防守,总判镇事	上镇正六品下 中镇正七品上 下镇正七品下	镇之外,另有戍,设戍主、戍副,职掌与镇将略同。
	镇副	同上	上镇正七品下 中镇从七品上 下镇从七品下	
五岳四渎	令		正九品上	五岳四渎各设令一人。

续表

政区	官名	职掌	品级	备注
关	令	掌禁末游,伺奸匿。凡行人车马出入往来,必勘之	上关从八品下 中关正九品下 下关从九品下	各一人
	丞	掌通判关事	上关正九品下 中关从九品下	各一至二人。下关不设丞。
津	津吏	掌桥舡之事		四至八人

6 宋　朝

本表据《宋史·职官志》所载宋初官制编成。宋代元丰以后,官制屡变,本表不再注出。

1) 中央

中央的主要官府或官职有宰相、三省、枢密院、三司、御史台、诸院寺监、禁军等。另有环卫官、宫官、东宫官和皇城司,内中高班品院等未录。

(1) 宰相

官府	官名	职掌	品级	备注
	同中书门下平章事	佐天子,总百官,平庶政,事无不统	从一品	北宋前期官制是官(官阶)、职(职称)、差遣(实际职务)分离。三省六部等的官职只是标志官员等级的一种称号;官衔内带有"判、知、权、勾当、签书、提举"等字样者,是官员的实际职务。宰相不专由三省长官担任,而由丞、郎以上官员任之,无常员。"同中书门下平章事"为正宰相。
	参知政事	掌副宰相,毗大政,参庶务	正二品	

(2) 三省

官　府	官　名	职　掌	品级	备　注
门下省	侍　中	佐天子议大政,审中外出纳之事		不常除授。以左仆射兼门下侍郎行侍中职。
	侍　郎	掌贰侍中		一人
	左散骑常侍	掌规谏讽喻	正三品	一人
	左谏议大夫	同上	从四品	有给事中等
中书省	中书令	佐天子议大政,授所行命令而宣之		不授之。以右仆射兼中书侍郎行令职。
	侍　郎	掌贰令		一人
	右散骑常侍	掌规谏讽喻	正三品	一人
	右谏议大夫	同上	从四品	有中书舍人等
尚书省	尚书令	佐天子议大政,奉所出命令而行之		不授人
	左、右仆射	掌贰令		各一人
	左、右丞	掌通治省事,以贰令、仆射		各一人
	吏部判部事	掌文武官吏选试、拟注、资任、迁叙、荫补、考课之政令		宋初六部不设尚书、侍郎等,类以他官主判部务,称某部判部事。
	礼部判部事	掌国之礼乐、祭祀、朝会、宴飨、学校、贡举之政令		
	户部判部事	掌天下人口、土地、钱谷之政令		
	兵部判部事	掌兵卫、仪仗、卤簿、武举、民兵、厢军、土军、蕃军、四夷官封承袭之事		
	刑部判部事	掌刑法、狱讼、奏谳、赦宥、叙复之事		
	工部判部事	掌天下城郭、宫室、舟车、器械、符印、钱币、山泽、苑囿、河渠之政		

(3) 枢密院

官府	官名	职掌	品级	备注
枢密院	枢密使（知院事）	佐天子执兵政	使从一品 知院事正二品	枢密院与中书门下对持文武二柄，号为"二府"。宋初，官无定制，有使则置副，有知院则置同知院，资浅则用直学士签书院事。
	枢密副使（同知院事、签书院事）	掌贰使（知院事）	副使从一品，同知院事正二品，签书院事从二品	
	都承旨 副都承旨	掌承宣旨命，通领院务 同上	正六品 同上	

(4) 三司

官府	官名	职掌	品级	备注
三司	三司使	掌邦国财用之大计		三司为盐铁、度支、户部。三司使号称"计相"，位亚执政。
	副使	掌贰使		
	判官	掌判省事		另有盐铁、度支、户部使、副使等

(5) 御史台

官府	官名	职掌	品级	备注
御史台	御史大夫		从二品	御史大夫不除正员，只为加官。中丞实际上是台长。台下设三院：一曰台院，侍御史隶焉；二曰殿院，殿中侍御史隶焉；三曰察院，监察御史隶焉
	御史中丞	掌纠察官邪，肃正纲纪	从三品	
	侍御史	掌贰中丞	从六品	
	殿中侍御史	掌以仪法纠百官之失	正七品	二人
	监察御史	掌分察六曹及百司之事	从七品	六人

(6) 诸院、寺、监

官府	官名	职掌	品级	备注
宣徽院	宣徽南院使	掌点领内诸司及三班内侍之籍，郊祀、朝会、宴飨供帐之仪等事		
	宣徽北院使	同上		
翰林学士院	翰林学士承旨	掌制、诰、诏、令撰述之事	正三品	
	翰林学士	同上	同上	另有诸殿学士。
谏院	知院官	掌监察谏诤		六人。以正言、司谏等官充任。以他官领者，称知谏院。
太常寺	判寺事	掌礼乐、郊庙、社稷、坛壝、陵寝事		宋初，九寺不设卿、少卿等，惟置判寺事一至二人，主管寺事。下设丞或兼少卿事或主簿等。
宗正寺	判寺事	掌叙宗族属籍		
光禄寺	同上	掌祭祀、朝会、宴飨酒醴膳羞之事		
卫尉寺	同上	掌仪卫兵械、甲胄之政令		
太仆寺	同上	掌车辂、厩牧之令		
大理寺	判寺事	掌断天下奏狱		
鸿胪寺	判寺事	掌四夷朝贡、宴劳、给赐、送迎等事		
司农寺	判寺事	掌仓储委积之政令		
太府寺	判寺事	掌邦国财货之政令		
国子监	判监事	掌诸学之政令		二人
少府监	判监事	掌百工伎巧之政令		
将作监	判监事	掌宫室、城郭、桥梁、舟车营缮之事		
司天监	司天监	掌察天文祥异、钟鼓漏刻、写造历书等事		
	少监	掌贰监		另有丞等

（7）禁军

官　府	官　名	职　掌	品级	备　注
殿前司	殿前都指挥使	掌殿前诸班直及步骑诸指挥之名籍	从二品	
	副都指挥使	掌贰都指挥使	正四品	
	都虞侯	同上	从五品	另有诸军指挥使等
侍卫亲军	马军都指挥使	掌马军诸指挥之名籍	正五品	
	马军副都指挥使	掌贰都指挥使	同上	
	马军都虞侯	同上	从五品	另有诸军指挥使等
	步军都指挥使	掌步军诸指挥之名籍	正五品	
	步军副都指挥使		正五品	
	步军都虞侯		从五品	另有诸军指挥使等

2）地方

宋朝地方政区为路、府（州、军、监）、县三级制。另有朝廷设于各地的诸使和诸司、诸镇砦、诸军、诸庙官未录。

（1）路

政　区	官　名	职　掌	品级	备　注
	经略安抚使	掌一路兵民之事		其衙为"经略安抚司"，亦称"帅司"，多设于边地。
	转运使（都转运使）	掌经度一路财赋		其衙为"转运使司"，亦称"漕司"。
	提点刑狱公事	掌察一路刑狱		其衙为"提点刑狱司"，亦称"宪司"。

（2）府、州、军、监

政　区	官　名	职　掌	品级	备　注
府	府牧（尹）			宋代于要地，如东京、西京等地设府。府牧、尹、少尹不常置。知府事为实际长官。宋代府、州、军、监长官均由中央派朝官担任。

续表

政区	官名	职掌	品级	备注
府	少尹 知府事 通判 判官	掌一府之政 掌佐贰、察府长官 掌贰知府	从八品	一至二人 另有推官等
	都督	掌一府兵民之政		设于重要地区。都督如阙,则置知府事一人,通判一人。
	长史 左、右司马	同上 掌贰都督、司马		各一人
州	知州事 通判	掌总理州政 掌佐贰、监察州官	从五品 从八品	另有幕职官,佐理政务,如判官、推官等。军、监同。
军	知军事 通判	掌一军之政务 掌佐贰、监察军长官	从八品	军设于军事要冲。
监	知监事 通判	掌一监之政务 掌佐贰、监察监官	从八品	通判,开封府及州军、监小者不置。

(3) 县

政区	官名	职掌	品级	备注
赤县	县令(知县事) 主簿 尉	掌一县之政务 佐理县政 同上	正七品 从八品 从八品	赤县为京城内之县。宋代要县长官由朝官担任,称知县事。
畿县	县令(知县事) 主簿 尉	掌一县之政务 佐理县政 同上	正八品 正九品 正九品	畿县为京城附近之县。
诸县	县令(知县事) 主簿 尉	掌一县之政务 佐理县政 同上	从八品 从九品 从九品	县千户以上置令、簿、尉;四百户以上置令、尉,令知主簿事;四百户以下置簿、尉,主簿兼知县事。

7 元 朝

本表据《元史·百官志》所载元代官制编成。

1) 中央

主要有三公和中书省、枢密院、御史台、诸府寺院监。另有宫官、东宫官和掌工匠的诸总管府以及掌皇族事务的府、监等未录。

(1) 三公

官 府	官 名	职 掌	品 级	备 注
	太 师	以道燮阴阳,经邦国	正一品	元初,三公常缺,仅置太保一人。成宗、武宗以后,三公并建而无虚位矣。
	太 傅	同上	同上	
	太 保	同上	同上	

(2) 中书省

官 府	官 名	职 掌	品 级	备 注
中书省	中书令	掌典领百官,会决庶务	正一品	太宗以相臣为之。世祖以后,以皇太子为之。
	右、左丞相	掌佐天子,理万机	正一品	各一人。文宗以后,专任右相,左相或设或不设。元代以右为上。
	平章政事	掌贰丞相,掌机务	从一品	四人
	右、左丞	副宰相,裁成庶务	正二品	各一人
	参 政	副宰相,以参大政	从二品	二人
	参议中书省事	掌典左、右司文牍,为六曹之管辖	正四品	有左、右司郎中、员外郎各二人,分掌曹务
	吏部尚书	掌天下官吏选授之政令	正三品	三人。六部各有郎中、员外郎四至五人,分掌曹务。
	吏部侍郎	掌贰尚书	正四品	二人
	户部尚书	掌天下户口、田土、钱粮之政令	正三品	三人
	户部侍郎	掌贰尚书	正四品	二人
	礼部尚书	掌天下礼乐、祭祀、朝会、燕享、贡举之政令	正三品	三人

续表

官　府	官　名	职　掌	品　级	备　注
	礼部侍郎	掌贰尚书	正四品	二人
	兵部尚书	掌天下郡邑邮驿屯牧之政令	正三品	三人
	兵部侍郎	掌贰尚书	正四品	二人
	刑部尚书	掌天下刑名法律之政令	正三品	三人
	刑部侍郎	掌贰尚书	正四品	二人
	工部尚书	掌天下营造百工之政令	正三品	三人
	工部侍郎	掌贰尚书	正四品	二人

(3) 枢密院

官　府	官　名	职　掌	品　级	备　注
枢密院	枢密使（知院）	掌天下兵甲机密之务	从一品	六人
	同　知	掌贰知院	正二品	四人
	副　枢	同上	从二品	二人
	佥　院	同上	正三品	二人
	同　佥	同上	正四品	二人。元代枢密院下辖近三十个卫、府，掌宿卫、扈从、屯田、征伐等事，名目繁多，不具列。每遇一方有重大军事行动，还在其地设行枢密院，事已则罢。

(4) 御史台

官　府	官　名	职　掌	品　级	备　注
御史台	御史大夫	掌纠察百官善恶，政治得失	从一品	二人。御史台又称内台。另在扬州设江南行御史台，在陕西设陕西行御史台，称外台，设官品秩同内台。全国分为二十二个监察区（即二十二道），各设肃政廉访司，分隶内、外台。有廉访使、副使等，掌监察。

续表

官　府	官　名	职　掌	品级	备　注
	御史中丞	同上	正二品	二人
	侍御史	掌贰大夫、中丞	从二品	二人
	治书侍御史	同上	正三品	二人

(5) 诸府、寺、院、监

官　府	官　名	职　掌	品级	备　注
大宗正府	札鲁忽赤	掌大都、上都蒙古、色目人与汉人纠纷词讼等事	从一品	四十二人
	郎中	掌贰札鲁忽赤	从五品	二人
	员外郎	同上	从六品	二人
大司农寺	大司农	掌农桑、水利、学校、饥荒之事	从一品	四人
	大司农卿	掌贰大司农	正二品	二人
	少卿	同上	从二品	二人
	丞	同上	从三品	二人
翰林兼国史院	翰林承旨	掌制定诏令,编修国史,以备顾问	从一品	六人。另有蒙古翰林院,掌译写文字,设官品秩同此。
	翰林学士	同上	正二品	二人
	侍读学士	同上	从二品	二人
	侍讲学士	同上	从二品	二人。另有直学士等
集贤院	大学士	掌提调学校、征求隐逸、召集贤良等	从一品	五人,元代以国子监等隶集贤院。
	学士	同上	正二品	二人
	侍读学士	同上	从二品	二人
	侍讲学士	同上	从二品	二人。另有直学士等。
宣政院	院使	掌释教僧徒及治理吐蕃之事	从一品	十人
	同知	掌贰院使	正二品	二人
	副使	同上	从二品	二人
	佥院	同上	正三品	二人
	同佥	同上	正四品	三人

续表

官 府	官 名	职 掌	品 级	备 注
宣徽院	院　　使	掌供玉食	从一品	六人
	同　　知	掌贰院使	正二品	二人
	副　　使	同上	从二品	二人
	佥　　院	同上	正三品	二人
	同　　佥	同上	正四品	二人
太禧宗禋院	院　　使	掌神御殿祭祀仪制礼典	从一品	六人
	同　　知	掌贰院使	正二品	二人
	副　　使	同上	从二品	二人
	佥　　院	同上	正三品	二人
	同　　佥	同上	正四品	二人
太常礼仪院	院　　使	掌大礼乐、祭享宗庙社稷、封赠谥号等事	正二品	二人
	同　　知	掌贰院使	正三品	二人
	佥　　院	同上	从三品	二人
	同　　佥	同上	正四品	二人
典瑞院	院　　使	掌宝玺、金银符牌	正二品	四人
	同　　知	掌贰院使	从三品	二人
	佥　　院	同上	从三品	二人
	同　　佥	同上	正四品	二人
太史院	院　　使	掌天文、历数之事	正二品	五人
	同　　知	掌贰院使	正三品	二人
	佥　　院	同上	从三品	二人
	同　　佥	同上	正四品	二人
太医院	院　　使	掌医事、制奉御药物，领各属医职	正二品	十二人
	同　　知	掌贰院使	正三品	二人
	佥　　院	同上	从三品	二人
	同　　佥	同上	正四品	二人
奎章阁学士院	大学士	掌经史之书，考帝王之治	正二品	四人。本院官员多以他官兼领。
	侍书学士	同上	从二品	二人

续表

官 府	官 名	职 掌	品 级	备 注
	承制学士	同上	正三品	二人
	供奉学士	同上	正三品	二人
艺术监	太监检校书籍事	掌以国语翻译儒书及儒书之校雠	从三品	二人
	少监同检校书籍事	掌贰太监	从四品	二人
	监丞参检校书籍事	同上	从五品	二人
侍正府	侍　　正	掌内廷近侍之事	正二号	十四人
	同　　知	掌贰侍正	正三号	二人
	佥　　府	同上	从三品	二人
给事中	给事中兼修起居注	掌记录奏闻，修起居注	正四品	二人
	右、左侍仪奉御同修起居注	掌贰给事中		各一人
将作院	院　　使	掌储器物造作	正二品	七人
	同　　知	掌贰院使	正三品	二人
	同　　佥	同上	正四品	二人
通政院	院　　使	掌驿站使传	从二品	大都四人，上都一人
	同　　知	掌贰院使	正三品	大都二人，上都一人
	副　　使	同上	从三品	大都二人，上都一人
	佥　　院	同上	正四品	大都，上都一人
	同　　佥	同上	从四品	大都一人，上都不置
中政院	院　　使	掌中宫财赋、营造、供给并番卫之士，汤沐之邑。	正二品	七人
	同　　知	掌贰院使	正三品	二人
	佥　　院	同上	从三品	二人
	同　　佥	同上	正四品	二人
大都留守司	留　　守	掌守卫宫阙都城，营缮内府等事	正二品	五人

续表

官 府	官 名	职 掌	品 级	备 注
	同 知	掌贰留守	正三品	二人
	副留守	同上	正四品	二人
武备寺	寺 卿	掌缮治戎器,兼典受给	正三品	四人
	同 判	掌贰卿	从三品	六人
	少 卿	同上	从四品	四人。另有寺丞等。
太仆寺	寺 卿	掌阿塔思马匹及受给造作鞍辔之事	从二品	二人
	少 卿	掌贰卿	从四品	二人。另有寺丞等。
尚乘寺	寺 卿	掌上御辇等事	正三品	四人
	少 卿	掌贰卿	从四品	二人。另有丞等。
太府监	太 卿	掌领左、右藏等库钱帛出纳之数	正三品	六人
	太 监	同上	从三品	六人
	少 监	掌贰太卿、太监	从四品	五人。另有丞等。
度支监	监 卿	掌给马驼刍粟	正三品	三人
	太 监	同上	从三品	二人
	少 监	掌贰卿、太监	从四品	三人。另有丞等。
利用监	监 卿	掌出纳皮货衣物之事	正三品	八人
	太 监	同上	从三品	五人
	少 监	掌贰卿、太监	从四品	五人。另有丞等。
都水监	都 水 监	掌治河渠并堤防、水利、桥梁、闸堰之事	从三品	二人
	少 监	掌贰监	正五品	另有丞等
秘书监	秘 书 卿	掌历代图籍并阴阳禁书	正三品	四人
	太 监	同上	从三品	二人
	少 监	掌贰卿、太监	从四品	二人。另有丞等
司天监	提 点	掌凡历象之事	正四品	另有回回司天监,设官品秩同此
	司 天 监	同上	正四品	三人
	少 监	常贰提点、监	正五品	五人。另有丞等

2）地方

元代地方政区为行省、路、府、州、县、分道设置的宣慰司和设于边地的宣慰司、宣抚司、安抚司、招讨司、长官司、军等，各设长官。另有朝廷特设于各地的专门机构等未录。

(1) 行省

政区	官名	职掌	品级	备注
行省	丞相	掌地方军国重事及庶务，无所不统	从一品	元朝以大都附近的河北、山西、山东等地为"腹里"地区，由中书省直辖。其他地区设十一个行中书省，作为地方最高行政机构，下辖路、府、州、县。
	平章	佐理军政	从一品	二人
	右、左丞	同上	正二品	各一人
	参知政事	同上	从二品	一至二人。另有郎中、员外郎分掌曹务。并设儒学提举司，有提举等员，统地方学校、祭祀等事。有些省还设蒙古提举学校官、官医提举司等。

(2) 路

政区	官名	职掌	品级	备注
万户府	达鲁花赤	掌一府军民之务	上府正三品 中下府从三品	万户府下辖镇抚司、千户所、百户所
	万户	同上	同上	
	副万户	佐理军政	上府从三品 中府正四品 下府从四品	
总管府	达鲁花赤	掌一府军民之务	上府正三品 下府从三品	
	总管	同上	同上	另有同知等

(3) 府（散府）

政 区	官 名	职 掌	品 级	备 注
府（散府）	达鲁花赤	掌一府之政务	正四品	元代之府情况不一，有隶诸路、宣慰司、行省者，有直隶中书省者，有统州县者，有不统州县者
	知府（府尹）	同上	正四品	另有同知等

(4) 州

政 区	官 名	职 掌	品 级	备 注
州	达鲁花赤	掌一州之政务	上州从四品 中州正五品 下州从五品	
	州 尹 同 知	同上 佐理州政	同上 上州正六品 中州从六品 下州正七品	

(5) 县

政 区	官 名	职 掌	品 级	备 注
县	达鲁花赤	掌一县之政务	上县从六品 中县正七品 下县从七品	
	县 尹 丞	同上 佐理县政	同上	中、下县不置丞

(6) 宣慰司和边地诸司、军

政 区	官 名	职 掌	品 级	备 注
宣慰司	宣慰使	掌军民事	从二品	二至三人。宣慰司设于一些道和边地，以总郡县。行省有政令则布于下，郡县有请则为达于省。有边陲军旅之事，则兼都元帅府或元帅府。边地则设宣抚司、安抚司、招讨司等

续表

政 区	官 名	职 掌	品 级	备 注
	同 知	掌贰使	从三品	
	副 使	同上	正四品	
宣抚司	达鲁花赤	掌军民事	正三品	
	宣抚使	同上	同上	
	同 知	掌贰使		二人
	副 使	同上		二人
安抚司	达鲁花赤	掌军民事	正三品	
	安抚使	同上	同上	
	同 知	掌贰使		
	副 使	同上		
招讨司	达鲁花赤	掌军民事	正三品	
	招讨使	同上	同上	
诸 军				唯边远之地有之,各统属县,设官品秩一如下州
长官司				置于西南夷诸溪洞,设官品秩一如下州。长官参用民族头人为之。

8 明 朝

本表据《明史·职官志》编成。

1) 中央

主要有三公、三孤和宗人府、内阁、六部、都察院、诸司寺院科监、诸都督府、指挥使司官。另有宦官二十四衙门、教坊司、僧、道录司官、东宫官、女官以及南京百官(明代南京设官一如北京朝廷,唯规模稍小)等未录。

(1) 三公

官 府	官 名	职 掌	品 级	备 注
	太 师	掌佐天子经邦治国	正一品	三公无定员,无专授
	太 傅	同上	同上	
	太 保	同上	同上	

(2) 三孤

官 府	官 名	职 掌	品 级	备 注
	少 师	掌佐天子经邦治国	从一品	三孤无定员,无专授
	少 傅	同上	同上	
	少 保	同上	同上	

(3) 宗人府

官 府	官 名	职 掌	品 级	备 注
宗人府	宗 人 令	掌皇九族之事务	正一品	明初以亲王领宗人府,后以勋戚大臣摄府事,不备官
	左、右宗正	同上	同上	各一人
	左、右宗人	同上	同上	各一人

(4) 内阁

官 府	官 名	职 掌	品 级	备 注
内 阁	大 学 士	掌参预机务,承上启下,无所不领	正五品	明初设中书省,置丞相、平章政事、参知政事,后废。洪武十五年,始置大学士,以备顾问。成祖时,大学士始参预机务。仁宗以后,其位渐崇,成为实际上的宰相。世宗时,定四殿(中极殿、建极殿、文华殿、武英殿)、二阁(文渊阁、东阁)大学士之制。常侍天子殿阁之下,故称内阁。

(5) 六部

官 府	官 名	职 掌	品 级	备 注
吏 部	吏部尚书	掌天下官吏选授、封勋、考课之政令	正二品	明之六部自洪武时废中书省及丞相后,即直接对皇帝负责,不再隶于任何机构。
	左、右侍郎	掌贰尚书	正三品	各一人。下有郎中、员外郎。以下各部同。

续表

官府	官名	职掌	品级	备注
户部	户部尚书	掌天下户口、田赋之政令	正二品	明代六部之郎中、员外郎人数较前代有大增加。如户、刑部皆设十三司，各设郎中、员外郎皆一人。他部初仍四司，后也有增加。
	左、右侍郎	掌贰尚书	正三品	
礼部	礼部尚书	掌天下礼仪、祭祀、宴飨、贡举之政令	正二品	
	左、右侍郎	掌贰尚书	正三品	
兵部	兵部尚书	掌天下武卫官军选授、简练之政令	正二品	
	左、右侍郎	掌贰尚书	正三品	
刑部	刑部尚书	掌天下刑名及徒隶、勾覆、关禁之政令	正二品	
	左、右侍郎	掌贰尚书	正三品	
工部	工部尚书	掌天下百工、山泽之政令	正二品	
	左、右侍郎	掌贰尚书	正三品	

(6) 都察院

官府	官名	职掌	品级	备注
都察院	左、右都御史	掌纠劾百司、辩明冤枉，提督各道	正二品	明代在地方加都御史、副都御史、佥都御史衔者，有总督、提督、巡抚及经略、总理、赞理、巡视、抚治等员。这些官员皆因事特设，以重臣担任，是中央派出之大员，非地方官，如"总督宣大、山西等处军务兼理粮饷"等，名目繁多，此不具列。左、右都御史、副都御史、佥都御史皆各一人
	左、右副都御史	掌贰都御史	正三品	

续表

官 府	官 名	职 掌	品 级	备 注
	左、右佥都御史	同上	正四品	
	十三道监察御史	掌察纠内外百司之官邪	正七品	十三道为浙江、江西、河南、山东、福建、广东、广西、四川、贵州、陕西、湖广、山西、云南。监察御史共一百一十人

(7) 诸司、寺、院、科、监

官 府	官 名	职 掌	品 级	备 注
通政使司	通政使	掌受内外章奏封驳之事	正三品	
	左右通政		正四品	各一人
	誊黄右通政		正四品	各一人
	左、右参议		正五品	各一人
大理寺	寺 卿	掌刑狱审核之政令	正三品	大理寺下另设左、右二寺，分理京畿、十三布政司刑名之事
	左、右少卿	佐贰卿	正四品	各一人
	左、右寺丞	同上	正五品	各一人
翰林院	翰林学士	掌制诰、史册、文翰之事	正五品	一人
	侍读学士	同上	从五品	二人
	侍讲学士	同上	从五品	二人。中有侍读、侍讲等
国子监	祭 酒	掌国学诸生训导之政令	从四品	
	司 业	同上	正六品	下有监丞等
太常寺	寺 卿	掌祭祀礼乐之事	正三品	太常寺附提督四夷馆，常译书之事
	少 卿	掌贰卿	正四品	二人
	寺 丞	同上	正六品	二人
光禄寺	寺 卿	掌祭享、宴劳、酒醴、膳羞之事。	从三品	

续表

官府	官名	职掌	品级	备注
	少卿	掌贰卿	正五品	二人
	寺丞	同上	从六品	二人
太仆寺	寺卿	掌牧马之政令	从三品	
	少卿	一人佐寺事,一人督营马,一人督畿马	正四品	原为二人。正德十一年增设一人。
	寺丞	分理京卫、畿内及山东、河南六郡孳牧、寄牧马匹	正六品	四人
鸿胪寺	寺卿	掌朝会、宾客、吉凶仪礼之事	正四品	
	左、右少卿	掌贰卿	从五品	各一人
	左、右寺丞	同上	从六品	各一人
尚宝司	司卿	掌宝玺、符牌、印章	正五品	
	少卿	掌贰卿	从五品	
	司丞	同上	正六品	三人
六科	都给事中	掌侍从,规谏,补阙,拾遗,稽察六部百司之事	正七品	六科为吏、户、礼、兵、刑、工科。
	左、右给事中		从七品	各一人
	给事中		从七品	给事中,各科人数不一,前后期亦有增减,从二至十八不等。
中书科	中书舍人	掌书写诰敕、制诏、银册、铁券等事	从七品	二十人
	直文华殿东房中书舍人	掌奉旨书写书籍	同上	以下中书舍人皆无定员。
	直武英殿西房中书舍人	掌奉旨篆写册宝、图书、册页	同上	
	内阁诰敕房中书舍人	掌书办文官诰敕,翻译敕书并外国文书等	同上	
	制敕房中书舍人	掌书办制敕、诏书、诰命、册表、宝文、玉牒、机密文书等	同上	

续表

官府	官名	职掌	品级	备注
行人司	司正	掌捧节、奉使之事	正七品	一人
	左、右司		从七品	各一人
	副行人		正八品	三十七人
钦天监	监正	掌察天文、定历数、占候、推步之事	正五品	
	监副	同上	正六品	二人
太医院	院使	掌医疗之法	正五品	二人
	院判		正六品	各一人
上林苑监	左、右监正	掌苑囿、园池、牧畜、树种之事	正五品	监正、副后不常设,以监丞署职。
	左、右监副		正六品	各一人
	左、右监丞		正七品	各一人

(8) 诸都督府、指挥使司

官府	官名	职掌	品级	备注
五城兵马指挥司	指挥	掌巡捕盗贼,疏理街道沟渠及囚犯、火禁之事	正六品	各一人。五城为中、东、西、南、北城。
	副指挥		正七品	各四人
五军都督府	五府左、右都督	掌军旅之事,各领其都司、卫所	正一品	五府为中军、左军、右军、前军、后军都督府。都督左、右各一人。
	都督同知		从一品	
	都督佥事		正二品	都督佥事为恩功寄禄官,无定员。
京卫指挥使司	指挥使	掌禁卫	正三品	京卫有锦衣卫、旗手卫、金吾卫、羽林卫等多种名目,各设指挥使、同知、佥事等,品秩并同。
	指挥同知		从三品	二人
	指挥佥事		正四品	四人

2) 地方

明代地方政区为布政使司（省）、府、州、县四级制；另外，边境及少数民族地区置宣慰使、宣抚司、安抚司、招讨司、长官司等，各设长官。此外，还有设于各地的专门机构，如诸行太仆寺、诸苑马寺、诸都转运盐使司、诸盐课提举司、诸市舶提举司、诸茶马司、诸巡检司、诸税课司、诸驿、河泊所、铁冶所以及各地总兵、留守司等未录。

（1）直辖府

政区	官名	职掌	品级	备注
	府尹	掌京府之政令	正三品	顺天、应天二府为中央直辖府。顺天府下辖宛平、大兴二县，应天府下辖上元、江宁二县。
	府丞	佐贰府尹，兼领学校	正四品	一人
	治中	参理府事，佐尹、丞	正五品	
	通判	分理粮储、马政、军匠等事	正六品	通判，顺天府三人，应天府二人
	推官	理刑名，察属吏	从六品	

（2）布政使司

政区	官名	职掌	品级	备注
布政使司	左、右布政使	掌一省之政	从二品	各一人。明代初置行省，后改行省为承宣布政使司。全国除两京外，定为十三布政使司（相当于十三省），具体为浙江、江西、福建、北平、广西、四川、山东、广东、河南、陕西、湖广、山西、贵州布政使司，布政使为其长。
	左、右参政	掌分守各道及派管粮储、屯田、清军、驿传、水利、抚民等事，并分司协管京畿。	从三品	参政、参议因事添设，各省不等
	左、右参议	同上	从四品	无定员
提刑按察使司	提刑按察使	掌一省刑名按劾之事	正三品	明代于各省设提刑按察使司，按察使为之长

续表

政 区	官 名	职 掌	品 级	备 注
	副　使	掌分道巡察	正四品	无定员
	佥　事	同上	正五品	无定员
都指挥使司	都指挥使	掌一方之军政	正二品	全国十三省各设都指挥使司，另置辽东、大宁、万全三都司，共十六都司，以都指挥使为之长。都指挥使司、提刑按察使司、承宣布政使司合称"三司"，共为一省之统治机构。明代在全国各地设卫，卫下设所，统领军士。卫所统之于各省之都指挥使司
	都指挥同知		从二品	二人
	都指挥佥事		正三品	四人

（3）府

政 区	官 名	职 掌	品 级	备 注
府	知　府	掌一府之政	正四品	
	同　知	分掌清军、巡捕、管粮、治农、水利、屯田、牧马等事	正五品	无定员，无常职。
	通　判	同上	正六品	同上
	推　官	掌理刑名，赞计典	正七品	

（4）州

政 区	官 名	职 掌	品 级	备 注
州	知　州	掌一州之政	从五品	凡州有二：一曰属州，等于县，隶于府；一曰直隶州，等于府，隶于布政使司。二者品秩同
	同　知	佐理州政	从六品	同知、判官无定员
	判　官	同上	从七品	

(5) 县

政区	官名	职掌	品级	备注
县	知县	掌一县之政	正七品	
	县丞	分掌粮马、巡捕之事	正八品	
	主簿	同上	正九品	

9 清 朝

本表据《清通典·职官典》所载清乾隆五十年以前官制编成。

1) 中央

主要有宗人府、三公、三孤和内阁、军机处、六部、诸府院寺监及诸武官等。另有盛京百官、坛庙官、陵寝官、僧道录司官、宫官、王府官、朝廷特设的漕运官、河道官和上驷院、武备院、奉宸苑官员，以及宦官等未录。

(1) 宗人府

官府	官名	职掌	品级	备注
宗人府	宗人令	掌皇族属籍		宗人府长官皆由宗室、王公为之
	左、右宗正	掌贰令		各一人
	左、右宗人	同上		各一人。另有丞等

(2) 三公、三孤

官府	官名	职掌	品级	备注
(三公)	太师		正一品	三公、三孤无职掌，无员额，皆虚衔
	太傅		同上	
	太保		同上	
(三孤)	少师		从一品	
	少傅		同上	
	少保		同上	

(3) 内阁

官府	官名	职掌	品级	备注
内阁	殿阁大学士	掌赞理庶政	正一品	满、汉各二人
	协办大学士	掌贰殿阁大学士	同上	满、汉各一人
	学士兼礼部侍郎	掌敷奏	从二品	满六人，汉四人。另有侍读学士、侍读中书等

三 职官类

(4) 军机处

官 府	官 名	职 掌	品 级	备 注
军机处	军机大臣	掌军国大政,以赞机务		无定员,由满、汉大学士及尚书、侍郎奉特旨召入。自雍正十年三月,以内阁满、汉侍读、中书及各部郎中、员外郎、主事,简其贤能者奏充。
	军机章京	佐贰大臣,分掌满汉文字		

(5) 六部

官 府	官 名	职 掌	品 级	备 注
吏 部	吏部尚书	掌中外文职铨叙、勋阶、黜陟之政	从一品	满、汉各一人
	左 侍 郎	佐理铨衡,以贰尚书	正二品	同上
	右 侍 郎	同上	同上	同上
户 部	户部尚书	掌天下土田、户口、钱谷之致	从一品	同上
	左 侍 郎	审计国用,以贰尚书	正二品	同上
	右 侍 郎	同上;兼管钱法	同上	同上
礼 部	礼部尚书	掌吉、嘉、军、宾、凶之秩序,学校、贡举之法	从一品	同上
	左 侍 郎	掌祇若彝典,以贰尚书	正二品	同上
	右 侍 郎	同上	同上	同上
兵 部	兵部尚书	掌中外武职铨选,简覆军实	从一品	同上
	左 侍 郎	掌厘治戎政,以贰尚书	正二品	同上
	右 侍 郎	同上	同上	同上
刑 部	刑部尚书	掌折狱审刑,简核法律	从一品	同上
	左 侍 郎	掌迪播详刑,以贰尚书	正二品	同上
	右 侍 郎	同上	同上	同上
工 部	工部尚书	掌天下工虞器物	从一品	同上
	左 侍 郎	掌综事训工,以贰尚书	正二品	同上
	右 侍 郎	同上	同上	同上

(6) 诸院、府、寺、监

官　府	官　名	职　　掌	品　级	备　　注
翰林院	掌院学士	掌国史、图籍、制诰、文章之事	从二品	满、汉各一人
	侍读学士	掌撰著记载	从四品	满二人,汉三人
	侍讲学士	同上	同上	满二人,汉三人另有侍读、侍讲等
詹事府	詹　　事	掌经史文章之事	正三品	满、汉各一人
	少詹事	同上	正四品	满、汉各一人。另有左、右春坊庶子、中允等
理藩院	尚　　书	掌内外藩蒙古、回部及诸番部封授、朝觐、会盟、贡献、黜陟、征发之政令	从一品	尚书、侍郎均以满、蒙人补授
	左侍郎	掌贰尚书	正二品	
	右侍郎	同上	同上	
	额外侍郎	同上		以蒙古贝勒、贝子之贤能者任之
都察院	左都御史	掌察核官常,整饬纲纪	从一品	满、汉各一人。原有右都、副都御史,乾隆时省
	左副都御史	掌贰都御史	正三品	满、汉各二人
	六科掌印给事中	掌传达纶音,稽察六部百司之事	正五品	满、汉各一人。清初沿明制,六科自为一署。雍正时改隶都察院
	六科给事中	同上	正五品	满、汉各一人
	十五道掌印监察御史	掌分理诸省刑名,稽察朝廷百司	从五品	每道皆满、汉各一人
	十五道监察御史	同上	从五品	每道皆满、汉各一至二人
通政使司	通政使	掌受天下章奏,审其程式,校阅送阁	正三品	满、汉各一人
	副　　使	掌贰使	正四品	同上
	参　　议	同上	正五品	同上
大理寺	寺　　卿	掌平反重辟,以贰邦刑	正三品	同上
	少　　卿	掌贰卿	正四品	满、汉各一人。另有寺丞等。

续表

官 府	官 名	职 掌	品 级	备 注
太常寺	寺 卿	掌典守坛墠、庙社,以岁时序其祭祀,而诏其行礼之节	正三品	满、汉各一人
	少 卿	掌贰卿	正四品	满、汉各一人。另有寺丞等
光禄寺	寺 卿	掌大内膳羞及祭祀、朝会、宴飨酒醴之事	从三品	满、汉各一人
	少 卿	掌贰卿	正五品	同上
太仆寺	寺 卿	掌两翼牧马场之政令	从三品	同上
	少 卿	掌贰卿	正四品	满、汉各一人。另有左、右司员外郎等。
鸿胪寺	寺 卿	掌朝会宾客、祭祀、宴飨之仪	正四品	满、汉各一人
	少 卿	掌贰卿	从五品	满、汉各一人。另有鸣赞、序班等
国子监	祭 酒	掌成均之法,以教国子及俊选之士	从四品	满、汉各一人
	司 业	同上	正六品	满、蒙、汉各一人,另有监丞等
钦天监	监 正	掌测候推步之法	正五品	满一人,西洋一人
	监 副	掌贰正	正六品	满、汉各一人
	左、右副监	同上	同上	各一人,用西洋人
太医院	院 使	掌医之政令	正五品	汉一人
	左、右院副	掌贰院使	正六品	汉各一人
内务府	总管大臣	掌理内府之政令	正二品	无定员,以王公大臣兼摄。下有堂郎中、主事等。

(7) 诸武官

官 府	官 名	职 掌	品 级	备 注
领侍卫府	领侍卫内大臣	掌统领侍卫亲军	正一品	六人。清初遴选镶黄、正黄、正白三旗子弟,间用宗室子弟,命曰侍卫,统以勋戚,曰内大臣,旗各二人。

续表

官府	官名	职掌	品级	备注
	内大臣	掌贰领侍卫内大臣，翊卫扈从	从一品	六人，同上
	散秩大臣	同上	从二品	无定员。
銮仪卫	掌卫事大臣	掌供奉乘舆秩序卤簿	正一品	无定员，以满、蒙王公、大臣管理
	銮仪使	同上	正二品	三人。内二人以满、蒙官员兼授，一人以汉官员兼授。另有左、右、中、前、后五所，各设冠军使为之长。
骁骑营	八旗都统	分掌满、蒙、汉军二十四旗之政令	从一品	每旗一人，以满、蒙、汉人分别充任。
	副都统	同上	正二品	每旗二人
	参领	掌受事、付事以达佐领	正三品	满、汉军，旗各五人；蒙军，旗各二人
	副参领	同上	正四品	同上。另有佐领、协理事务参领等
前锋营	前锋统领	掌前锋之政令	正二品	左、右翼各一人。清代以八旗之镶黄、正白、镶白、正蓝为左翼，他旗为右翼，统领由王公、大臣兼领
	参领	掌督率前锋，警跸宿卫	正三品	
	侍卫	同上	正四品	参领、侍卫，左、右翼各八人
护军营	护军统领	掌护军之政令	正二品	旗各一人
	参领	掌董率护军	正三品	满军旗各十人，蒙军旗各四人
	副参领	同上	正四品	同上
步军营	提督九门步军巡捕五营统领	掌京城内外门禁，统帅八旗步军五营将弁	正二品	亲信大臣兼任
	左、右翼总兵		正二品	旗各一人
	八旗步军翼尉	掌董率守卫，巡警掌佐统领	正三品	旗各八人

三 职官类

续表

官府	官名	职掌	品级	备注
火器营	总统	掌教演火器之政令		六人。以王公或侍卫内大臣、都统、前锋统领、护军统领副都统兼任。
	左、右营翼长	掌董率营卒	正三品	各一人
	鸟枪护军参领	掌训练	同上	旗各四人
	鸟枪副护军参领	掌佐参领	正四品	旗各八人
健锐营	总统	掌健锐营之政令		无定员,以王大臣兼任
	左、右翼翼长	掌董率队伍	正三品	
	八旗前锋参领	掌督率前锋	正三品	各一人
	八旗副前锋参领	掌佐参领	正四品	各八人
虎枪营	总统			无定员,以公侯、领侍卫大臣兼任
	总领			上三旗各二人,自一品至五品内特简

2)地方

清代地方政区为省、府、州、县,各设长官。另有总督、巡抚、各省驻防将军、提督、各处驻扎大臣、回部各官、藩属各官、土司各官。此外,有各地巡检、驿丞、库仓税课、河泊各官、番部僧官等未录。

(1)省

政区	官名	职掌	品级	备注
总督辖区	总督	掌治军民,统辖文武,考核官吏,修饬封疆	正二品	有辖一省者,有辖数省者。全国共八人(另有漕运总督、河道总督)。清代,总督与巡抚皆为封疆大吏,合称"督抚"
抚院	巡抚	掌宣布德意,抚安齐民,修明政刑,兴革利弊,考群吏之治,会总督以诏废置	从二品	每省一人,实为一省之长。有由总督兼者。山东、山西、河南等不设总督省,巡抚之权如总督。世称"抚台"

续表

政区	官名	职掌	品级	备注
学院	提督学政	掌学校政令,岁、科两试		每省一人,以侍郎、京堂、翰、詹、科、道、部属等官进士出身人员内简用。各带原衔品级。世称"学台"
承宣布政使司(藩司)	布政使	掌一省之政事,钱谷之出纳	从二品	江苏省二人,余省一人
提刑按察使司(臬司)	按察使	掌一省刑名按劾之事	正三品	省各一人
道	道员	各掌分守、分巡,及河、粮、盐、茶,或兼水利、驿传,或兼关务、屯田;并佐藩司、臬司核官吏,课农桑,兴贤能,励风俗,简军实,固封守,以帅所属而廉察其政治	正四品	道皆因事、因地建置,不备设。有辖一省者,有辖三四府、州者。道员人数不一。世称"道台",另有专职道,如盐法道、粮储道等。

(2) 府

政区	官名	职掌	品级	备注
京府	顺天府尹	掌京畿治理	正三品	汉一人
	府丞	掌学校之政令,佐贰尹	正四品	汉一人。另有治中、通判等。
	奉天府尹	掌留都治化与其禁令	正三品	满一人
	府丞	掌学校考试,佐贰尹	正四品	汉一人
府	知府	掌一府之政,统辖属县	从四品	无定员
	同知	分掌督粮、盗捕、海防、江防、清军、理事、抚苗、水利等事	正五品	同上
	通判	分掌粮运、督捕、水利、理事诸务	正六品	同上

(3) 州

政 区	官 名	职 掌	品 级	备 注
直隶州	知 州	掌直隶州一州之政令	从四品	直隶州直属于省。知州地位同知府,惟不统县,无定员。
	州 同	掌如府之同知,以贰知州	正五品	无定员
	州 判	掌如府之通判,以贰知州	正六品	同上
州(散州)	知 州	掌一州之政治	从五品	散州,以县之地大而事繁者升而置之
	州 同	分掌一州粮马、巡捕等事	从六品	无定员
	州 判	同上	从七品	同上

(4) 县

政 区	官 名	职 掌	品 级	备 注
县	知 县	掌一县之政令	正七品	一人
	丞	分掌粮马、征税、户籍、巡捕之事,以佐县令	正八品	一人
	主 簿	同上	正九品	无定员

(5) 驻防将军、提督、驻扎大臣

政 区	官 名	职 掌	品 级	备 注
各省驻防将军	将 军	掌镇守险要,绥和军民,均齐政刑,修举武备	从一品	
	都 统	同上	从一品	
	专城副都统	同上	从二品	
	参赞大臣	掌佐画机宜		参赞、领队大臣,品秩俱从原官。另有总管、副总管、尉、参领等

续表

政 区	官 名	职 掌	品 级	备 注
	领队大臣	掌分统游牧屯田		
各地提督	提督军务总兵官	掌巩护疆陲,典领甲卒,节制镇、协、营、汛,课第殿最,以听于总督	从一品	
	镇守总兵官	掌一镇军政,统辖本标官兵,分防将弁,以听于提督	从二品	
	副　将	掌贰总督、提督、镇总	从二品	有督标、中军将军标、河标、漕标、提标等名目
	参　将	掌防汛军政,充各镇中军官	正三品	
	游　击	同上	从三品	
各处驻劄大臣	参赞大臣	掌一方之军政		多设于边地,名目颇多,如将军、都统、参赞大臣、办事大臣等,人员亦不一

(6) 回部、藩属、土司各官

政 区	官 名	职 掌	品 级	备 注
回 部	扎萨克	掌回部政令	三品	回部主要指今新疆和中亚细亚一带。其长官称扎萨克、伯克等,品级不一
藩 属	扎萨克	掌藩属政令	三品	藩属主要指今内、外蒙古、西藏等地,设官有扎萨克、台吉等(藏区由达赖、班禅统之)
土 司	宣慰使		从三品	土司各官有指挥使、宣慰使、长官、土知府、土知州、土通判、土游击等,各有品秩

（二）庙号、谥号、尊号、年号

中国古代的帝王除有姓名之外，往往还有庙号、谥号、尊号和年号。这些称号在史书中经常使用。

1) 庙号 庙号始于商朝，止于清朝，是帝王死后，在太庙立室奉祀时的名号。但在隋以前，并不是每一个帝王都有庙号，因为按照典制，只有文治武功和德行卓著者方可入庙奉祀。唐以后，每个皇帝都有庙号。一般开国的帝王称祖，后继者称宗，如宋朝赵匡胤称太祖，其后继者赵光义称太宗。也有个别朝代前几个皇帝皆称祖，如明朝朱元璋称太祖，其子朱棣称成祖；清朝福临（顺治）称世祖，玄烨（康熙）称圣祖。

2) 谥号 谥号亦始于商朝，止于清朝，是后人根据死者生前事迹评定的一种称号，有褒贬之意。所谓"谥者，行之迹"，"是以大行受大名，细行受细名。行出于己，名生于人"。谥号有帝王之谥，由礼官议上；有臣属之谥，由朝廷赐予。还有私谥，是门徒弟子或乡里、亲朋为其师友上的谥号。谥号有固定用字，如慈惠爱民曰文，克定祸乱曰武，主义行德曰元等，这是美谥；杀戮无辜曰厉，去礼远众曰炀，好祭鬼怪曰灵等，这是恶谥；还有表示同情的哀、愍、怀等。帝王之谥常用一字，而一般人之谥常用两字，如岳飞谥曰武穆，海瑞谥曰忠介。帝王将相之谥在西周时即已出现，秦时曾一度废除，汉代恢复，直至清末。私谥可能始于东汉，也有人认为春秋时期已有之。民国以后，私谥在一段时间内仍有人在使用。

3) 尊号 尊号是为皇帝加的全由尊崇褒美之词组成的特殊称号。或生前所上，或死后追加。追加者亦可视为谥号。尊号一般认为始于唐代。实际早在秦统一中国之初，李斯等人就曾为当时的秦王政上尊号曰"泰皇"。不过这时的尊号一词的含义与唐以后的不甚相同。尊号开始时，字数尚少，如唐高祖李渊的尊号为"神光大圣大光孝皇帝"。越到后来，尊号越长，如清乾隆皇帝全部称号为"高宗法天隆运、至诚先觉、体元立极、敷文奋武、钦明孝慈、神圣纯皇帝"，除了庙号"高宗"二字外，其尊号竟有二十余字之多。

4) 年号 年号是封建皇帝纪年的名号，由西汉武帝首创，他的第一个年号为"建元"。以后每个朝代的每一个新君即位，必须改变年号，叫做改元。明朝以前，皇帝每遇军国大事或重大祥瑞灾异，常常改元。如汉武帝在位五十四年,先后用了建元、元光、元朔、元狩、元鼎、元封、太初、天汉、太始、征和、后元十一个年号。唐高宗在位三十三年,先后用了永徽、显庆、龙朔、麟德、乾封、总章、咸亨、上元、仪凤、调露、永隆、开耀、永淳、弘道十四个年号。自明朝第一代皇帝朱元璋开始,包括明、清两代,每一个皇帝不论在位时间长短,只用一个年号,如明太祖只用洪武,清高宗只用乾隆。

在我国古代文献中,对前代帝王多不称姓名或尊号,都称庙号、谥号或年号。一般来说,对隋以前的皇帝多称谥号,如汉文帝、晋武帝、隋炀帝等。唐至元朝的皇帝多称庙号,如唐太宗、宋仁宗、元英宗等。明、清两朝的皇帝多称年号,如嘉靖皇帝、康熙皇帝等。在某些特定场合,也称其全部名号,即庙号、尊号、谥号的合称,如前述乾隆的名号。遇到这种全称,应注意区分其庙号、尊号和谥号。另外,在古籍中,对一些王侯将相和名人也常常不称其名,而称其谥号。如称岳飞作岳武穆,称海瑞作海忠介,等等。

有关庙号、谥号、尊号和年号的工具书,有清代沈炳震编《廿一史四谱》、清陆费墀编《历代帝王庙谥年讳谱》,清刘长华编《历代名臣谥法汇考》及各种"中国历史纪年表"等。

(三) 避 讳

避讳是中国封建社会中特有的一种制度或习惯,其主要特点是臣属或晚辈在言谈或文章中,不论谈到古事还是今事,都要避免直呼君主和尊长的名字;就是与君主和尊长的名字同音的字也要避免使用。如必须用这些字时,要采取改动本字的方式表示。无论古事还是今事,都要改动。避讳之制由来已久,大约起源于西周时期,此后历代有所发展,至清代最为严重。在清初的"文字狱"中,"犯讳"一项是其中的重要案件。因此,在历代的文献中有许多避讳之事,这些避讳之事为文献制造了一定的混乱,也为研究文献和历史的人增添了不少的困难。初学中国古代、近代历史的人,为了克服这些困难,应当对有关避讳的知识有所了解。今扼要介绍如下:

1 避讳的方法

避讳的方法主要有三种,即改字法、缺笔法和空字法。

1) 改字法 改字法是用同义或同音字以代本字。以用同义字为最多。此法在秦汉时期已经使用,后代继续沿用。例如《史记·秦始皇本纪》记载,秦时,改"正月"称"端月"。这是因为秦始皇名政,与正月之"正"同音,因而避讳。汉武帝名彻,汉朝为了避讳,将二十级爵的最高级"彻侯"改称"通侯"。

2) 缺笔法 缺笔法是用本字而省缺笔画。此法大约始于唐初,宋代以后颇为盛行。如唐太宗名李世民,唐《于志宁碑》为避讳,书"世"作"卋";孔子名丘,为封建统治者奉为圣人。清雍正以后,规定书孔子之名作"丘"。

3) 空字法 空字法是将本字空而不写,或画以"囗",或书以"某"字,或直书以"讳"字。如汉景帝名刘启,在立他为太子时,有司因避讳而曰:"子某最长,纯厚慈仁,请建以为太子。"(《史记·孝文本纪》)唐高祖李渊祖父名虎,唐追尊为唐景帝,庙号太祖。唐人撰《隋书》,为避讳,书隋将韩擒虎作"韩擒",空"虎"字。同书为避李世民讳,书王世充作"王充",空"世"字。后人有不解避讳之意者,在传抄和翻刻时,误为"韩擒""王充"。

2 公 讳

对于帝王或圣贤之名,众所共讳,称为公讳。公讳所涉及的范围很广,主要有如下几种:

1) 改姓 为避皇帝之讳而改姓。如东汉明帝名庄,班固撰《汉书》,称"庄子"为"严子"。师古注:"严子,庄周也。"称西汉的学者"庄忌"及其子"庄助"为"严忌"和"严助"。又如宋朝著名的宰相文彦博,祖上本姓敬,在后晋时,因避晋高祖石敬瑭讳,改姓"文"。至后汉,复姓"敬"。入宋,因避宋太祖赵匡胤之祖父赵敬(赵匡胤称帝后,追尊为翼祖)讳,又改姓"文"。

2) 改名 为避讳,有直接改原名的,亦有只称字、号的。如西汉末年的孔莽,为避王莽之讳,改名孔均。《汉书·蒯通传》:"蒯通本与武帝同讳。"师古注:"本名为彻,其后史家追书为通。"南齐人薛道渊为避齐高帝萧道成之讳,改名薛渊。《南史·谢裕传》:"裕字景仁……名与宋武帝(刘裕)讳同,故以字行。"

3) 改官名 改官名包括了改爵名。此类事在西汉时已出现,上述汉改"彻侯"为"通侯"之事,即为改爵例。改官例如隋文帝杨坚父名忠,隋时,将与"忠"同音官名一一改动,如"侍中"改"纳言","中书"改"内史"等。唐朝为避李世民讳,将中央六部之一的"民部"改称"户部"。又为避高宗李治讳,将"治书侍御史"改称"御史中丞"。

4) 改地名 西汉时,为避汉文帝刘恒讳,改恒山郡为常山郡。三国时,吴黄龙三年(234),由拳县野稻自生,统治者认为是嘉禾,因改县名禾兴。孙权之孙皓即位,避其父和讳,又改禾兴名"嘉兴"。今之江苏省南京市在西晋时名建业,后改名建邺,建兴元年(313),因避愍帝司马邺讳,改名"建康"。

5) 改年号 前朝的年号与本朝君主犯讳,亦要避讳。如宋仁宗名祯,宋人撰《新唐书》,将唐太宗年号"贞观"写作"真观"或"正观"。

6) 改干支 中国在汉代即已用干支纪年,纪月纪时的时间更早。干支名称有固定的字。唐高祖李渊父名昞,唐追尊为元皇帝,庙号世祖。唐人修《晋书》《梁书》《北齐书》《北周书》等"八史"时,凡"丙"字,都书作"景",如"丙辰"作"景辰","丙子"作"景子"等。

避讳涉及的范围除了上述几个方面之外,还有很多。如为避讳而改变物品名称的事例就有不少。

3 家　讳

对于父、祖之名避讳的,称为家讳。此种习俗主要盛行于文人和官僚士大夫之中。如司马迁父名谈,他在撰写《史记》时,凡遇"谈"字都改用"同"字。东晋著名书法家王羲之父名正,他为避父讳,书"正月"作"初月"或"一月"。南朝宋人范晔父名泰,他撰《后汉书》,改"郭泰"作"郭太",或只称其字"林宗"。唐代著名诗人杜甫父名闲,他的诗中无"闲"字。宋代王安石父名益,他所撰《字说》中无"益"字。

唐朝还规定,如官名犯父、祖名讳,应提出申请调任他官。如父、祖名常,不得任"太常"之类。

4 其他避讳

除了一般公讳、家讳之外,还有一些其他类型的避讳。有为权贵避讳的。如唐代武则天父名武士彟,彟与华的音相近,因避讳,改华州为太州。其他朝代亦有为外戚避讳的。

避讳本来是臣属或晚辈对君主或尊长表示尊敬而为;可是也有因对某人、某事厌恶而避用有关字的。如唐对安禄山的叛乱十分痛恨,曾改安定郡(今甘肃泾川北)为保定郡。明末,李自成领导农民大起义,明朝的一些姓李的官僚们为了表示耻于与李自成同姓,因改姓为"理"。

5 有关避讳的著作

避讳在古代不仅是一种制度或习惯,后来还成为一门学问,很早就有人开始对避讳问题进行研究。如宋元之际的周密撰《齐东野语》,其四即为《避讳》篇。可是对这一问题进行较系统全面的研究,还是近几十年的事。陈垣先生所著《史讳举例》一书是这一方面的代表性著作。

《史讳举例》八卷,科学出版社1958年出版,以史为主。第一卷讲避讳所用之方法,第二卷讲避讳之种类,第三卷讲为避讳改史实,第四卷讲因避讳而生讹异,第五卷讲避讳学应注意之事项,第六卷讲不讲避讳学之贻误,第七卷讲避讳学之利用,第八卷讲历朝讳例。史料翔实,内容具体,为研究避讳学和中国古代史的重要参考书。此外,还有清刻本陆费墀编《帝王庙谥年讳谱》一卷,刘长华编《历代名臣谥法汇考》15卷。

避讳一事在中国历史上存在了两千余年,给史学研究制造了不少麻烦。但此问题的存在,亦有可利用的一面,就是对各特定历史时期出现的避讳事例进行研究,有助于考证文献著作年代和版本源流,还可弄清一些历史事实。

(四)中国古代职官工具书六种

1)历代官制兵制科举制表释 徐州师范学院历史系臧云甫等合编,1980年印。全书分为总述、表解、释词三大部分。第一部分"总述",上起先秦,下至民国。第二部分"表解",上起秦代,下至清代,各代都有表解。另有补充性附表30余幅。第三部分"释词",自上古至清代,比较详备。

2)中国历代官制简表 卫文选编,山西人民出版社1987年出版。本书所述,自商代起,止于清代,以剖析中央和地方的政权结构和官僚制度为主,略古详今。每一朝代,大致分为两部分。先为"表解",后为"说明"。自秦汉以后,每个朝代根据官僚机构的繁简,所用表解都较多。后附十表,为爵位、官秩、俸禄等表。

3)简明古代职官辞典 孙永都、孟昭星合编,书目文献出版社1987年出版。本辞典上起远古,下至清末,收词1455条。后附《历代官职简表》《西汉官制简表》等。

4)历代方镇年表 吴廷燮编,大连辽海书社1935年出版,共24册。

5）北宋经抚年表、南宋制抚年表　吴廷燮编，中华书局 1984 年出版，共四册。

6）清代职官年表　钱实甫编，中华书局 1980 年出版，共 4 册。

（五）中国历代人名工具书二十四种

1）中国人名大辞典　臧励龢等编。商务印书馆 1921 年出版。1949 年后，多次再版。该书载录自上古至清末四万多人的姓名、字号、时代、籍贯及简单生平。其中包括了很多少数民族人物。所有人物皆按姓氏笔划编排。同姓名者，则汇集于一条之下，依时代排列。书后附有"四角号码人名索引"，还有《姓氏考略》和《异名表》。《姓氏考略》主要是考证姓氏起源、分布地区等。《异名表》是为从人物的字号、谥号查找人物而编。因为本书收录范围较广，叙述简要，使用方便，所以被认为是目前查找古代人物的主要的、较好的专门辞典。但是由于成书较早，以后未加修订，观点陈旧；而且缺少人物的生卒年代和传记的出处，有些内容失实。使用时应予注意。

2）中国历代名人辞典　南京大学历史系编，江西人民出版社 1987 年出版。本辞典所收词目上起远古，下至民国时期，共有 4120 余条，计 3700 余人。

3）中国历史人物辞典　吴海林、李延沛编，黑龙江人民出版社 1984 年出版。本辞典分正、续两编。正编起自商代，止于清末，兼收少量民国人物，共收录人名 5800 余条。续编为近、现代。

4）中国佛学人名辞典　比丘明复编，台北明文书局 1974 年出版。本辞典所收人名为 5326 个，以本国人士为主，兼采对我国的佛学影响较大的外国人。时间上起秦汉，止于当代。所用年号从所在之朝代，必要时注以公元。

5）道教大辞典　李叔还编，台北巨流图书公司 1979 年出版。收入 900 余人，纂集道教各类事物辞目共 5600 余条。

6）释氏疑年录　陈垣编，1939 年出版。中华书局 1964 年重印出版。

7）二十四史纪传人名索引　张忱石、吴树平编，中华书局 1980 年出版。该书系根据中华书局出版的标点本二十四史编成，四角号码检索。人名下注明史书的册数、卷数、页数，使用比较方便。不过该索引只录正史中有传的人物，不列传的人物未收。

8)《史记》等各正史单行本"人名索引" 中华书局组织编辑。已出版的有《史记人名索引》《汉书人名索引》《后汉书人名索引》《三国志人名索引》《晋书人名索引》《南朝五史人名索引》(上、下册)、《北朝四史人名索引》(上、下册)、《隋书人名索引》《新旧五代史人名索引》《辽史人名索引》《金史人名索引》《元史人名索引》《明史人名索引》(上、下册)等。这些索引是根据标点本二十四史编制的,包括有传和无传的本朝人物在内,用四角号码检索,人名之下,注明卷数、页码。别名、字、号、封号、谥号、绰号等附注于后,查阅方便。

9) 二十五史人名索引 二十五史刊行委员会编,开明书店1935年刊印。中华书局1956年再版。该书汇集了自《史记》至《明史》等二十五部正史中全部列传及附传的人名,以四角号码编成索引,人名下注明见于某史某卷和开明版二十五史总页数及栏数。是从正史中查找人物本传的极方便的工具书。但由于该索引提供的页码是以开明版二十五史为对象,所以用于其他版本的正史,就很不方便。

10) 历代人物年里碑传综表 姜亮夫编,商务印书馆1937年出版。该书原名《历代名人年里碑传总表》,1949年后中华书局再版时,改用今名。该书根据前人著作和大量碑传材料,记载了春秋末期至1919年以前的人物12000余名。所有人物均按其生年顺序排列,记载生卒年代和故里。末附人名笔划索引。"备考"栏内还注明了人物传记的出处,可供进一步查阅原始资料。

11) 中国历代年谱总录 杨殿珣编,书目文献出版社1980年出版。该书收录中国历代年谱3015种,反映谱主1829人,附录参考书或文章277条,书末附谱主姓名、别名索引,极富参考价值。

12) 中国历代名人年谱总目(增订版) 王德毅编,台北新文丰出版公司1999年出版。全书共编录1715人。其中除年谱、年表、纪表、年略外,其属编年之传记、回忆录、学谱、著作编年等,亦酌收录。对某考证名人生卒年月的文字亦酌收录。

13) 历代名人生卒年表 梁廷灿编,商务印书馆1933年出版。该书在张惟骧编的《疑年录汇编》的基础上,加以增补,共收4000余人。以各人的生年为先后,列为姓名、字或号、籍贯、生卒年、岁数等栏;生卒年都有中国年号纪年及公元纪年。书前有四角号码索引和笔画索引。书后有历代帝王、闺秀、高僧三种生卒年表,因高僧人数较多,故编有专门索引,帝王、闺秀则无。

14）唐五代人物传记资料综合索引　傅璇琮编，中华书局 1982 年出版。

15）四十七种宋代传记综合引得　燕京大学引得编纂处编，中华书局 1959 年影印。

16）辽金元传记三十种综合引得　燕京大学引得编纂处编，中华书局 1959 年影印。

17）三十三种清代传记综合引得　燕京大学引得编纂处编，中华书局 1959 年影印。

18）清代碑传文通检　陈乃乾编，中华书局 1959 年出版。

19）宋元学案人名索引　邓元鼎、王默君合编，上海商务印书馆 1936 年出版。

20）四朝学案人名索引　张明仁编，（宋元明清）四朝学案第四册附。

21）室名别号索引　陈乃乾编，中华书局 1957 年出版。

21）古今人物别名索引　陈德芸编，岭南大学 1937 年出版，台北艺文印书馆 1965 年重印。上海书店影印。

23）古今同姓名大辞典　彭作桢编，北平好望书店 1936 年出版，上海书店 1983 年再版。本书上起远古，下至民国，约收 403 姓，1600 人名，56700 人。外编尚未计在内。

24）中国文学家大辞典（上、下册）　杨家骆主编，谭嘉定编，台北世界书局 1974 年出版。本辞典所录，以中国文学家为主，上起李耳，下迄近代，共录文学家 6800 余人，依照各人生年或在世年代之先后编排。

四　地理类

（一）中国历代政区沿革

　　我国古代,自从国家形成以后,中央政府为了便于统治,就把整个国土划分为若干政区,并采取某种组织形式,对这些政区进行统治和管理,这就产生了各级地方政权机构。历代的政区和其政权机构并不是一成不变的,随着社会经济的发展(工农业生产、城市、交通道路等等)和地理的变化(河湖水系的变迁等),各地政区的范围也不断扩大、缩小、分离、合并,政权机构及其职能也因时而异,尤其是在改朝换代之后,这种变动往往更大。但总的看来,各代政区对前代的旧制是既有沿用、继承,同时也不能不作某些适合于需要的改革,这在历史上就称为政区沿革。历代政区沿革,是历史的一个重要组成部分,它既和历代社会经济的发展及地理形势的变化有关,更和历代政治的变化有关。

　　早在公元前21世纪,我国北方就出现了奴隶制国家夏朝。公元前16世纪,商灭夏,建立了商朝。夏、商两个王朝留下的资料太少,对那时全国的政区划分不甚了解。

　　公元前1046年,周武王灭商,统一了中国。周朝为了巩固其地位,对全部国土采取了"封邦建国"的统治方式,除了"宗周"(指今西安地区)和"成周"(指今洛阳地区)外,把全国分封给了同姓子弟、异姓功臣和一些方国、部落的首领为诸侯。据说分封之初,共有八百多国。如:周武王胞弟周公姬旦之子伯禽封于鲁国(今山东曲阜),武王另一胞弟康叔封于卫国(今河南淇县)等等。诸侯虽奉周王为天子,但周王并不直接管辖各国的内政,各国的政、军、财权都归各国君主自行统理。春秋时期,周室衰微,诸侯强大,各自为政,不尊王室,周王徒拥虚名,并不能号令天下。

春秋时期,一些国内出现了县的设置,《左传》《史记》记载,最早在其兼并的土地上设县的是楚、秦两大国,后来他国也逐渐设县。当时设县的地方出于三种情况:一是在兼并来的新领土上设县,一是把若干小邑合并为县,一是在灭掉其贵族后即于其地设县。凡县皆由国君派官直接统治。

在县制出现后不久,又出现了郡制,郡也归国君直辖。早期的郡多设在各国的边境地带,如秦、楚、晋、齐等国,在其边疆上多设有郡,例如秦灭义渠、朐衍诸戎,即于其地置北地郡(今甘肃庆阳,宁夏固原、银川)。当时的郡、县之间并无隶属关系,虽然《逸周书·作雒解》记载:"县有四郡。"《左传》哀公二年记载:"克敌者,上大夫受县,下大夫受郡。"但并非表示其有上下级别,而是说"郡远而县近,县富而郡荒",郡不及县。战国中期以后,赵有云中、雁门、代郡,燕有上谷、渔阳、右北平、辽西、辽东等郡,魏有西河、上郡,秦有陇西、北地郡等。这时郡已统县,形成郡县制度。

从历史看,东周时期随着各国经济的发展,兼并斗争激烈,各国君主为了集权,都在不断削弱贵族统治方式,大力推行郡县制度,因之,政区在迅速变化。

在周代,除了上述政治区外,还有一种按山、川、物产等自然条件划分的地理区,称为"州"(并非后来的行政州)。《尚书·禹贡》记载,禹治水后,分天下为九州,即冀(泛指今河北省)、兖(今鲁北)、青(今鲁东)、徐(今鲁南、苏北)、扬(今江苏)、荆(今湖南、湖北)、豫(泛指今河南)、梁(今川、鄂)、雍(今陕、甘)九州。

《周礼·职方》也记天下之地分为九州,即扬(泛指今江、浙)、荆(今湖南、湖北)、豫(今河南)、青、兖(今山东)、雍(今陕、甘)、幽、冀(今河北)、并(今山西)九州。两种记载略有差异,《周礼》较《禹贡》多幽、并二州,少徐、梁二州。九州之记,既反映了当时人的全国地理知识,也反映了当时人们的全国地理区划方案。两文于每州条下都记其名山、大川、物产、居民以及少数民族的分布。《禹贡》记有当时之水运网,《职方》则记有各州的农作物与家畜。尽管如此,九州乃是当时的地理区而非行政区,当然更没有关于九州的行政机构。

公元前221年,秦统一中国,当时在政治制度问题上进行过一番讨论。一种意见主张在边远地方封诸子为王,立国以镇守;另一种意见主张废除封建,实行郡县制。秦始皇采纳了后一种意见,分天下为三十六郡,后又增至四十郡。郡的长官称"守",主管行政,"尉"主管军事,"监"是监察官员。

郡下设县,长官称"令"。

郡的设置,既打破了战国时七国的旧界,也不拘于九州之说,它是按照当时的地理形势和已形成的经济中心,以及各地经济联系等条件划定的政区,因而可以说它是我国历史上最早的、较为合乎地理的行政区划。由于秦朝把全国划分为郡、县两级地区,派官统治,从而才实现了中央集权制,真正达到了全国的统一。秦的四十郡,是后来汉代郡、国划分的基础,对后来历代政区的划分也有重大的影响。就此而论,秦人在我国历史上的贡献是不可忽视的。

秦政权为时甚短,在完成了郡、县制后十多年就灭亡了。公元前202年刘邦建立西汉,他认为秦之速亡在于一姓孤立,于是在国土统治政策上采取了郡县与封国并行制,封子弟为九国,即燕、代、齐、赵、梁、楚、吴、淮南、淮阳等,以及异姓长沙王国。其余各地则循秦制,仍为郡县。郡长官称"守",后改称太守,县万户以上的长官称"令",万户以下的称"长"。

其后,郡县陆续增加,诸侯王国则不断被削减,至西汉末,全国共分为郡、国一百零三,下辖县、邑千三百一十四,道三十二,侯国二百四十一。按《汉书·百官公卿表》的说明,县的一般面积为百里,"邑"是供奉皇后、公主的地区,有少数民族居住的地区称"道",侯国则是贵族、功臣封侯者的领地(不同于王国)。除此而外,对于边疆少数民族来归者,都安置在适宜地方,并特设"属国",以属国都尉治理之,如天水郡勇士县(今甘肃榆中县东北)、安定郡三水县(今宁夏同心县东)、上郡龟兹县(今陕西榆林市)皆设有"属国"。

汉朝在郡、县两级政区之上又设有州制。武帝为了分片监察各郡、国,参仿前代的九州之说,分全国为十三州(或称部)。每州由中央派遣刺史一员,按期巡察该州内各郡,检举不法,抑制豪强。十三州为冀、兖、青、徐、扬、荆、豫、凉、益、幽、并、朔方、交趾,亦称十三刺史部。国都附近的七郡则另设司隶校尉以监察之。西汉时期,刺史并无驻地,州也不是一级政区。到了东汉后期,刺史官名改为州牧,有了固定驻地,其职权则由巡察各州升为执掌全州大权,于是州就成了县、郡之上的一级政权,州牧即为一州之长。

两汉的政区制度是逐步完整起来的。东汉时,分为州(或刺史部)、郡(王国)、县(邑、道、侯国)三级政区,其长官分别为州牧、郡守(王国相)和县令(长、相)。两汉的地方行政制度,比秦朝周密而完备,其对后世的影响也较秦为大。

汉对西域(今新疆)采取了另一种不同于郡县制的政策。西域当时有36个绿洲小国,后增至50多国,武帝时,西域各国臣服于汉。汉朝承认西域各国原有政权,并不派官直接干预其内政,只派西域都护驻在乌垒(今新疆轮台县东北小野云沟),以保护并监督西域诸国,兼调解其内部纠纷。这种允许属国自治的政策创自汉代,其对后世的影响也是很大的。

魏、晋、南北朝时期,全国政区变动频仍,但其制度则基本沿袭汉代,这里不作介绍。

公元7世纪20年代,唐朝初年即着手调整南北朝以来混乱的行政区划。首先确立了州(也曾称郡)、县两级行政区制,废除了汉、晋分封诸国的制度。各州、县皆按其地理形势、面积、人口、物产等条件划分等级,州分辅、雄、望、紧、上、中、下七等;县分赤、畿、望、紧、上、中、下七等。开元、天宝之际,郡(州、府)三百二十八,县一千五百七十三(《新唐书·地理志》),郡、县总数比两汉盛时有所增多。

在州(郡)、县两级政区之上,贞观初年又按山川地理形势划分全国为十道,即关内、河南、河东、河北、山南、陇右、淮南、江南、剑南、岭南十道。当时十道只是地理区,并非政区。到了开元年间,由于南方经济发展,地方富庶,又分山南道为山南东、西两道,江南道也分为东、西两道,并增划出京畿、都畿、黔中三道,共为十五道。每道置采访使(采访处置史、观察处置使),检察道内的非法,如汉刺史之制,其采访使各有固定驻地。这样,在开元之后,"道"就成了州、县之上的一级大行政区,唐的政区由原来的州、县两级进而成为道、州、县三级。

开元年间,为了提升若干州的地位,又设有府制,以雍州(京师)为京兆府,洛州(东都)为河南府,并州(北都)为太原府。后来把陪都以及皇帝驻过的州城也都定为府,计共十个府,各府乃州之中的地位较高者,并非另一级政区。

唐朝对边疆各民族地区,仿汉代都护之制,设置过几处"都护府",以管理该地区的边防、军事、民政事务,但也不直接干预各族内政。其重要且延续较长的有:安东都护府,统理辽东边务,曾驻平壤,后迁辽东城(今辽宁辽阳);安北都护府,统理阴山以北边务,驻地曾在大同镇(今内蒙古额济纳旗东南哈拉和图)、中受降城(今内蒙古包头附近)等地;单于都护府,统理阴山东北方边务,多驻古云中城(今内蒙古托克托);安西都护府,统理天山以南边务,驻西州(今新疆吐鲁番高昌故城)及龟兹(今库车);北庭都护府,统理天山以北边务,驻庭州(今新疆吉木萨尔);安南都护府,统理交州等地边务,驻交州城(今越南河内)。这比起汉代只设一个西域都护(或长史)又有新的发展。

早在景云年间(710—711),在幽州(今北京地区)及凉州(今甘肃武威地区)就设了节度使,以总管几个州的军、政事务,其级别相当于当时各道的采访使。到了天宝年间,边境各地的节度使已增至九员,各辖数州之地。安史乱后,节度之设愈多,他们各据数州,控制管内政、军、财权,专横跋扈,世称藩镇。节度使之割据,并非唐代行政区划的基本制度,这里不作介绍。

总的看来,州、郡、县或道、州、县三级乃是汉、唐的基本政区制度,对边疆民族地区,许其自治而设立都护以监督其军、政大事,也是汉、唐两代都采用的政策。

宋朝建国以后,在政区和地方政权方面,仿用了唐代的政区制,改革了唐代的政权制,可谓是有沿有革。在政区方面采取了三级制,即划全国为若干道,后改为"路",路下一级为州、府、军、监,再下一级为县。宋鉴于唐末、五代藩镇割据之弊,建国不久,首先收回了节度使的兵权,继则在各道设置高级官员,称"转运使",主管收集道内各州财赋,并通过水陆转送中央,这样就把各地方的财赋及其大权收归了中央,进一步解除了藩镇之患。转运使的职权后来不断扩大,财权之外兼掌盗贼、刑讼、按察、边防等权,各道大权悉归其握,于是改道为路,路乃成为最高级的地方政区,按元丰年间(1078—1085)统计,全国有二十四路。

路之下为府、州、军、监。州之有重要城市者设府,如东京开封府、西京河南府(今洛阳)、南京应天府(今河南商丘)、北京大名府(今河北大名)等等。军在五代时期是军区,宋朝沿用其称,但与州平级,下辖数县。监是有矿冶的地区,也兼管县,与州平级。元丰年间,全国有府、州、军、监二百九十七,县一千二百三十五。北宋盛时的版图也远逊汉、唐,今拒马河一线以北属辽,今陕北、甘、宁则属西夏。因为国土面积小,所以县数也少于汉、唐。

与宋朝同时,北方尚有辽、西夏、金等国,三国各有其政区及制度,因其制并未通行于全中国,这里暂不介绍。

元统一中国后,划分全国为十二个大政区,山东、山西及河北之地谓之"腹里",直属中央。其他各地分为十一个"行中书省",为岭北、辽阳、河南、陕西、四川、甘肃、云南、江浙、江西、湖广、征东等行中书省,是为第一级政区。行省作为政区名称,起源较早,南北朝时期,在地方上就有过"行台省"的设置,意思是中央机构台、省的分设,各有辖区,实际上已是州、县之上的一级政区。但其为时不久,且未成为定制。到了金代,已有陕西、河北、河东等行省的设置,但仍不是全国一致的政区制度。到了元朝才成为定制,成为最高一级的地方政区。因为元代中央机构有中书省,所以大政区名也称行中书省,简称为省。

元朝的政区是四级制,行省下有路、州(府)、县三级。以腹里为例,它下属路二十九,路属州九十一,州属县三百四十六。按《元史·地理志》记载,至元二十七年,全国有行中书省十一,路一百八十五,州三百五十九,县一千一百二十七,军四,安抚司十五。军、安抚司等是设在边疆少数民族地区的行政机构。

明朝对元的行省制作了改革、调整。改行省之名为"承宣布政使司"。除京师(今北京地区)及南京(今南京地区)称直隶外,全国其他各地划分为十三个"承宣布政使司",计有山东、山西、陕西、四川、云南、贵州、广西、广东、福建、浙江、江西、湖广、河南等。布政使司只理民政不管军务。布政使司之下再划分为府、州,相当于元代的路,府、州之下即为县,所以明朝的政区是三级制。

清朝又改布政使司为省,全国省数增至十八,即直隶(今河北省)、江苏、安徽、山西、山东、河南、陕西、甘肃、浙江、江西、湖南、湖北、四川、福建、广东、广西、云南、贵州。

同治年间,改台湾及新疆为省。光绪初年,又将奉天、吉林、黑龙江改为省。迄于清末,全国共有二十三省。省之下分为府、州,府、州之下为县。所以清朝的政区基本上也是三级制。

对于边疆各民族地区,采用了不同于内地的政治区划及统理机构,其政策是:"修其教不易其俗,齐其政不易其宜。"(《左传·定公四年》:"皆启以商政,疆以周索。")对于内、外蒙古及青海蒙古族地区,根据八旗制度的组织原则,在蒙古原有社会制度的基础上建立起盟旗制,进行了划地分封。旗相当于内地的县;盟为旗的会盟组织,合数旗为盟,相当于内地的府、州。当时在内蒙古有六盟、四十九旗,青海有二十九旗。在西藏则设"钦差驻藏办事大臣",以监督全藏的重大政务(军队、司法、外交、财权、达赖、班禅的继位等项)。

（二）中国历代国都简表

说明：
1. 本表以列历代国都为主，兼及分裂割据时期主要国家的都城。
2. 国都列出本名、今地和建都时间。
3. 国都多名者，用本名，注出重要他名。
4. 多次迁都者，按时序列出主要都城，时间短暂或不重要者不列。
5. 重要陪都一并列出，注明为陪都。

朝代		国都	陪都	今地	建都时间	备注
夏		安邑 阳翟		山西夏县西北 河南禹县		
商		北亳 南亳 西亳 殷	 朝歌	河南商丘北 河南商丘东南 河南偃师西 河南安阳小屯 河南淇县	汤 同上 同上 盘庚 纣王	汤都 同上 同上
西周		丰 镐	 雒邑	陕西长安西 同上 河南洛阳	文王 武王 成王	武王后仍为都城 分王城、成周二城
东周	王室		雒邑	河南洛阳	公元前 770 年	分王城、成周二城
	春秋十四诸侯	鲁 齐 晋 秦 楚 宋 卫 陈 蔡 曹 郑 燕 吴 越	曲阜 临淄 绛 雍 郢 商丘 沫邑 陈 上蔡 陶 新郑 蓟 吴 会稽	山东曲阜 山东临淄 山西翼城东 陕西凤翔东南 湖北江陵纪南城 河南商丘南 山东淇县 山东淮阳 山东上蔡 山东定陶 河南新郑 北京城西南 江苏苏州 浙江绍兴	西周初 同上 同上 前 677 年 春秋前期 西周 同上 同上 同上 同上 春秋初 春秋 西周 夏	 公元前 585 年迁新田邑 先都犬丘、平阳

续表

朝代		国都	陪都	今地	建都时间	备注
东周	战国七雄 齐	临淄		山东临淄	西周	
	楚	郢		湖北江陵纪南城	春秋	前278年徙陈，前241年又徙寿春
	燕	蓟		北京城西南	同上	
	赵	邯郸		河北邯郸	战国中期	
	韩	郑		河南新郑	同上	
	魏	大梁		河南开封	战国中期	
	秦	咸阳		陕西咸阳东北	前350年自栎阳迁于此	前383年自雍徙都栎阳
秦		咸阳		同上	同上	
西汉		长安		陕西西安北	前200年刘邦建	
东汉		雒阳		河南洛阳东	前25年刘秀建	
三国	魏	洛阳		同上	公元220年曹丕建	汉献帝建安时都许
	蜀	成都		四川成都	221年刘备建	
	吴	建业		江苏南京	222年孙权建	
两晋	西晋	洛阳		河南洛阳东	265年司马炎建	
	东晋	建康		江苏南京	317年司马睿建	
十六国（增冉魏、西燕、代）	成（汉）	成都		四川成都	賨人李雄于304年建	
	前赵	长安		陕西西安西北	匈奴人刘曜于318年建	
	后赵	襄国		河北邢台	羯人石勒于319年建	石虎迁邺
	魏	邺		临漳西南	汉人冉闵于350年建	
	前秦	长安		陕西西安西北	氐人苻健于351年建	
	后秦	长安		同上	羌人姚苌于384年建	
	西秦	苑川		甘肃榆中大营川	鲜卑人乞伏国仁于385年建	
	前燕	邺		河北临漳西南	鲜卑慕容氏于357年迁此	初都龙城（今辽宁朝阳），后迁蓟
	后燕	中山		河北定县	鲜卑慕容垂于384年建	
	南燕	广固		山东益都西北	鲜卑慕容德于398年建	
	北燕	龙城		辽宁朝阳	汉人冯跋于409年建	
	西燕	长子		山西长子西南	鲜卑慕容冲于385年建	
	前凉	姑臧		甘肃武威	汉人张轨于314年建	
	后凉	同上		同上	氐人吕光于385年建	
	南凉	乐都		青海乐都	鲜卑秃发乌孤于397年建	初都西平
	北凉	张掖		甘肃张掖西北	汉人段业于397年建	
	西凉	酒泉		甘肃酒泉	汉人李暠于400年建	初都敦煌
	夏	统万城		陕西靖边北白城子	匈奴赫连勃勃于407年建	
	代	盛乐		内蒙古和林格尔北	鲜卑拓跋猗卢于313年建	

续表

朝代		国都	陪都	今 地	建都时间	备 注
南朝	宋	建康		江苏南京	420年承晋	
	齐	同上		同上	479年承宋	
	梁	同上		同上	502年承齐	
	陈	同上		同上	557年承梁	
北朝	北魏	盛乐		内蒙古和林格尔北	386年建	
		平城		山西大同	398年迁此	
		洛阳		河南洛阳	494年迁此	
	东魏	邺		河南安阳北	534年建	
	北齐	邺		同上	550年承东魏	
	西魏	长安		陕西西安	534年建	
	北周	长安		同上	556年承西魏	
隋		大兴		同上	581年承北周	称西都或西京
			洛阳	河南洛阳	炀帝建	称东都或东京
唐		长安		陕西西安	618年承隋	称西都或西京
			洛阳	河南洛阳	承隋	称东都或东京
			太原	山西太原西南		称北都或北京
五代	梁	开封		河南开封	朱温于907年建	
	唐	洛阳		河南洛阳	李存勖于923年建	
	晋	开封		河南开封	石敬瑭于936年建	
	汉	同上		同上	刘知远于947年建	
	周	同上		同上	郭威于951年建	
十国	吴	广陵		江苏扬州	杨行密于892年建	江都府
	南唐	金陵		江苏南京	徐知诰于937年建	称西都,江宁府
			扬州	江苏扬州	承吴	称东都,江都府
	吴越	杭州		浙江杭州	钱镠于907年建	西府
	楚	长沙		湖南长沙	马殷于907年建	
	闽	长乐		福建福州	王延钧于933年建	长乐府
	南汉	兴王府		广东广州	刘䶮于917年建	番禺、广州
	前蜀	成都		四川成都	王建于907年建	
	后蜀	成都		同上	孟知祥于934年建	
	南平	江陵		湖北江陵	高季兴于924年建	南平亦称荆南
	北汉	太原		山西太原	刘旻于951年建	
两宋	北宋	开封		河南开封	960年承后周	东京,俗称汴京
			应天府	河南商丘		
			大名府	河北大名		
			河南府	河南洛阳		
	南宋	临安		浙江杭州	1129年宋高宗赵构建	杭州

续表

朝　代	国都	陪都	今　地	建都时间	备　注
辽（契丹）	临潢		内蒙古巴林左旗东南	耶律阿保机于918年建	上京
		大定府	宁城西南	1007年建	中京
		辽阳府	辽宁辽阳	938年建	东京
		析津府	北京城西南	936年建	南京
		大同府	山西大同	1044年建	西京
金	中都		北京城西南	完颜亮于1153年迁此	大兴府
		会宁府	黑龙江阿城东南	完颜阿骨打于1115年建	上京
		大定府	内蒙古宁城西南	1122年建	北京
		大同府	山西大同	1122年建	西京
		开封府	河南开封	1214年建	南京
		辽阳府	辽宁辽阳	1621年建	东京
西夏	兴庆府		宁夏银川	元昊于1038建	
元	大都		北京城	1267年建	蒙古语汗八里
		开平	内蒙古正蓝旗东	1256年建	1263年加号上都
明	京师		北京城	1420年明成祖建	顺天府、北京
		南京	江苏南京	1368年朱元璋建	应天府
清	京师		北京城	1644年迁此	北京、顺天府
		盛京	辽宁沈阳	1625年建	1634年称盛京

（三）中国历代边疆民族政权都城简表

朝代	民族或政权名称	都　城	今　地	建都时间	备　注
西汉	匈奴	单于庭	蒙古国乌兰巴托	西汉前期	
	乌孙	赤谷	吉尔吉斯斯坦伊什提克	西汉前期	西汉一代均都于此
	滇	滇	云南晋宁	战国时	
东汉	鲜卑	弹汗山	内蒙古兴和县东北	檀石槐建	东汉桓帝时
南北朝	吐谷浑	伏俟城	青海省共和县西北黑马镇东北	公元540年建	
隋	东突厥	突厥牙帐	蒙古国乌兰巴托西南哈尔和林		
	西突厥	西突厥王庭	新疆拜城北		

续表

朝代	民族或政权名称	都　城	今　地	建都时间	备　注
唐	高昌	高昌城	新疆吐鲁番东哈拉和卓堡西南	5世纪	
	回纥	回纥牙帐	蒙古国哈尔和林	6世纪	
	吐蕃	逻些城	西藏拉萨	7世纪	
	薛延陀	郁督军山	蒙古国杭爱山	7世纪	
	渤海	龙泉府	黑龙江宁安西南东京城	8世纪	初都忽汗城
	南诏	太和城	云南大理县南太和村西	公元738年	8世纪末,徙都阳苴咩城
宋	大理	大理	云南大理县南太和村西	10世纪前朝	
	喀喇汗王朝	八剌沙衮（西）、可失哈儿（东）	吉尔吉斯斯坦、托克马克东南、喀什市	北宋初建	分东西两支,两个首府
	西辽	虎思翰耳朵（八剌沙衮）		1133年建	

（四）中国历史地图绘制简史

历史是一门时间性很强的学问,也是一门空间性很强的学问。任何史事都是在一定的时间和空间产生、发展、结束的。因此,要学习、研究历史,必须有明确的时间和空间概念。树立空间概念的最方便的办法是利用历史地图。今将中国编制历史地图的历史情况做简要介绍。

我国古代编制地图的历史由来已久。夏朝是我国古代的第一个王朝。《书·禹贡》记载,禹分天下为九州,即冀、兖、青、徐、扬、荆、豫、梁、雍。《禹贡》大约是战国时期写成的,可是这样一个地理概念可能由来已久了。夏朝时期,商部落也在发展,已有其地理概念。如《诗·商颂·长发》曰:"相土烈烈、海外有截。"而《玄鸟》曰:"邦畿千里,维民所止,肇域彼四海。"这是反映商后期的疆域概念。《山海经》一书内容的产生时间,可能比《禹贡》更早,成书时间大约亦在战国时期。书中比较系统全面地记载了远古历史、地理、民族、道里、物产等情况。但以上文献均未记载有关地图的情况。只有《尚书·洛诰》中有明确的关于地图的记载。谓周公东征胜利后,为了控制东方,欲营建东都洛邑,"伻来以图及献卜"。就是遣使以所绘地图及所卜吉兆来告成王。这幅地图是地区图或城市规划图。又《周礼·地官·大司徒》曰:"大司徒之职,掌建邦之土地之图,与其人民之数,以佐王安扰邦国。以天下土地之图,周知九州之地域广轮之数,辨其山、林、川、泽、丘、陵、坟、衍、原、隰之名物……"郑玄注曰:"土地之图若今司空郡国舆地图。"春秋、战国时期,列国多有地图。秦统一中国以后,绘有全国地图。刘邦灭秦,萧何入咸阳,尽收这些地图藏于后来长安的石渠阁。当时行军作战,都用地图。如西汉末年农民大起义时,刘秀在河北夺得一些地盘,在广阿(今河北隆尧)城楼上"披舆地图,指示(邓)禹曰:天下郡国如是,今始乃得其一"。这当是全国地图。西晋裴秀绘制的《地形方丈图》也是全国地图,以一寸为百里的比例绘成,比较科学实用。

隋朝以前,印刷术没有发明,地图绘在木板、绢或纸上,不利于久存。因之没有留传下来。可是20世纪80年代,在敦煌放马滩发现了绘在木板上的秦地图,又70年代在长沙马王堆三号汉墓的发掘中,发现了两幅属于西汉初年绘制的帛书地图,即《地形图》和《驻军图》,所绘范围为长沙国南部,为今湖南、广东、广西三省区相连的很大地区。此一发现为我们了解当时的地图情况提供了实物资料。保留至今的比较完整的最古的地图是伪齐阜昌七年(1137)刻于石碑上的《禹迹图》和《华夷图》。图中提到宋太祖的"建隆""乾德"和仁宗的"宝元"等年号,称契丹为大辽,但没有提到女真为金。据此可知,此图绘制时间当在宝元(1038—1040)以后和女真建国号称金(1115)之前。此碑今存陕西西安碑林中。稍后于此的传世地图是南宋理宗淳祐七年(1247)刻的《地理图》。一般认为是黄裳于淳熙十六七年间(1189—1190)制作的。还有一幅《平江图》,是苏州城区的平面图。这图刻于石碑上,今存于苏州城内孔庙中。明、清时期绘制的地图更精细一些,保留下来的也较多。明罗洪先的《广舆图》,陈组绶的《皇明职方地图》,都有刻本保存下来。清《康熙内府舆图》是根据实地测量的大量资料绘制的,是我国绘制全国性地图的一大进步。此外,清朝还有《乾隆内府舆图》《大清一统舆图》等。古代的地图都是当代地图,但对我们今天来说,又都是历史地图。如保存下来,对于研究该朝代的历史是很有价值的。

中国古代的学者也注意编绘历史地图。西晋裴秀《禹贡地域图》就是一部疆域沿革历史地图集,以二寸为千里,共有18幅。这是文献明确记载的较早的绘制历史地图之事。北宋税安礼绘制《历代地理指掌图》,自帝喾至宋,绘图44幅。原本已佚,今有明刻本留传。清朝末年,杨守敬等编绘的《历代舆地图》是一部比较系统、全面的历史地图,首图为《历代舆地沿革险要图》,以后即为自春秋至明朝历代政区和山、川形势,共44组,分为34册。以《大清一统舆图》为底,古、今对照,朱、墨套印。此图比过去的历史地图详细精确,号称"杨图"。对研究古代历史很有帮助。民国时期,我国的一些学者如顾颉刚先生等曾试图用科学的方法编绘中国古代地图。虽有一些成果,但限于条件,进展不很大。当时的不少大学和科研单位,使用日本学者箭内亘编、和田清补的《东洋读史地图》。此图比其他外国学者编的同类地图有许多长处。始于春秋,止于现代,有图七十余幅。但这是一份以中国为主的亚洲历史地图集,内容较简单,有错误,其观点亦有很多问题。大量而科学地研究编绘中国历史地图是在1949年之后。

在1950年代,我国已出版了几种中国古代历史地图。其中影响最大的是顾颉刚、章巽编,谭其骧校的《中国历史地图集》(古代史部分),自原始社会到清朝,共有正图31幅,附图16幅,其中包括了各朝代的政区划分、人民起义、重要战争、交通路线、四邻形势等等,套色印制,对于学习中国古代史很有帮助。东北师范大学历史系绘制的《中国历史地图》第一、二分册也是很重要的教学用历史地图,自原始社会至清朝(鸦片战争前)共有90余幅,包括历代疆域、农民起义、部族战争、产业分布、人口分布及对外关系等墨印。以辽宁大学历史系为主组成的编辑组编绘的《中国古代历史地图册》于1980年由辽宁人民出版社分上、下两册套印出版。上册起自原始社会,迄于南北朝,连同篇首的中华人民共和国全图,共55幅。下册起自隋唐,迄于清代鸦片战争前夕,共52幅。每一图幅之后有"说明"约2000字。

近几年来,国内又有若干种历史地图出版。其中最权威的巨著是谭其骧主编的《中国历史地图集》,自原始社会到清朝,分为8册,包含20个图组、304个图幅(插图未计在内),549页,共收地名约7万个,为套色印制,古今对照。内容以历代疆域、政区划分为主,还记有民族分布、山川、湖泊、岛屿等。郭沫若主编的《中国史稿》中原拟使用的历史地图以专集形式出版,名《中国史稿地图集》,分上、下两册。上册自原始社会至南北朝,有正图63,附图10;下册自隋唐至清代中期,有正图87,附图29。均套色印制,古今对照。张传玺与杨济安合编的《中国古代史教学参考地图集》是为配合高等学校中国古代史的教学编撰的,自原始社会至清朝(鸦片战争前),

共有正图 64 幅，附图 9 幅，墨印。后附《古今地名对照表》，收古地名近 6000 个，今地名截止到 1984 年底。以上两种地图集的图类均以历代疆域和政区为主，并兼有经济、政治形势、农民战争、民族分布和中外交通等图，适宜于教学之用。

（五）中国历史地图集十种

这里介绍的 10 种中国历史地图集都是近数十年来由中国学者编绘的，其中的大部分是近年在教学和科学研究中经常使用的。

1）中国历史地图集（古代史部分） 顾颉刚、章巽编，谭其骧校。1955 年地图出版社出版。共有正图 31 幅，附图 16 幅，从原始社会开始，止于鸦片战争前，图多为综合性质，包括疆域、政区、城市、形势、经济、交通、民族分布和农民战争等。后有"附注"，为对各图的说明和图集"地名索引"。

2）中国历史地图集 谭其骧主编。中华地图学社于 1975 年起陆续出版，共精装八册。1982 年由地图出版社出修订版。第一册为原始社会、商、西周、春秋、战国时期，第二册为秦、西汉、东汉时期，第三册为三国、西晋时期，第四册为东晋、十六国、南北朝时期，第五册为隋、唐、五代十国时期，第六册为宋、辽、金时期，第七册为元、明时期，第八册为清时期。每代图幅以某年或一时期断限，分别绘疆域、政区、重要政治、军事、经济、交通地名及山川、湖泊、沿海岛屿等。古今对照，多色套印。今政区以 1976 年底建制为准。后附本册"地名索引"。这套地图为当前比较完善的以政区为主的中国古代历史地图。

3）中国史稿地图集（上、下册） 郭沫若主编，地图出版社 1979、1990 年出版。上册共有大小图 74 幅，自原始社会至南北朝，下册共有大小图 117 幅，自隋至清朝中期。内容包括了旧石器和新石器时代的古文化遗址分布及历代疆域、政区、城市、民族分布、农民战争、中外交通等图。古今对照，多色套印。今政区以 1976 年底建制为准。后附"汉字简体繁体对照表"和"中国社会历史分期表"。有精装和平装两种。

4）中国近代史稿地图集 张海鹏编著，地图出版社 1984 年出版。图集时间起自 1840 年中英鸦片战争前夕，止于 1919 年五四运动前夕。全国政区分为清末和民国初年两大阶段。清末段与谭其骧主编的《中国历史地图集》第八册的后期建制相接。民初段的政区，依照中华民国内务部职方司1918年编制的《全国行政区划表》和有关资料编绘。共有大小图幅80余张,举凡这一时期的政治、军事、经济、文化方面的重要问题,大都在地图上得到表示。加上各图所附的文字说明,可使读者在知识和爱国主义教育方面都获助益。

5) **中国古代历史地图册** 本图册编辑组编绘。辽宁人民出版社1980年出版。本图册按照中国古代史发展顺序编排,有原始社会遗址和部落分布图、历代形势图、经济图、人民起义图、战争图、交通图、都城图等。分上下两册。上册起于原始社会,迄于南北朝,有图54幅。下册起于隋唐,迄于清朝鸦片战争前夕,有图52幅。图为古今对照,多色套印。今地名以1974年建制为准。每一图幅之后附有2000余字的说明。

6) **中国古代历史地图集** 南充师范学院历史系编绘。四川人民出版社1981年出版。本图集上起原始社会,下至清朝鸦片战争前夕,计有正图38幅,附图27幅,彩色套印。后附"地名索引""古今地名对照表"以备查。

7) **中国历史地图(上、下册)** 程光裕、徐圣谟主编,张其昀监修,台北中国文化大学出版部1980年出版。上册"疆域篇",共有图59幅;下册有"都市篇""产业篇""水利交通篇""社会篇""美术文物篇""战役篇",共有图198幅。上、下册总计有图257幅,其时期,上起史前,下至民国,于台湾尤详。

8) **中国历史疆域古今对照图说** 樊开印编著,徐铭信监修,台北徐氏基金会1979年出版。

9) **中国历代疆域战争合图** 欧阳缨编,武昌亚新地学社1927年出版。

10) **北京历史地图集** 侯仁之主编,北京出版社1988年出版。本图集有序图四幅,为共和国政区图及北京市地势、政区、城区图等。历史地图76幅。其中正图53幅,为原始社会文化遗址图,商、西周图,自春秋到民国的政区图,自金朝到清朝的都城(京师)图,明、清两朝的皇城和紫禁城图,还有行宫、苑囿、皇陵区图,民国初年和后期的城区、郊区分布图等。附图23幅。地名古今对照,多色套印,每幅图之后都附有较详细的文字说明。后附"地名索引",便于检索。

（六）中国政区沿革地理史料五种

关于中国历代政区沿革地理的史料，可从以下几类古代书籍中查找。这些书籍分布在正史类、总地志类、典志类、地方志类中。

1 正 史

我国的一套二十六史（见本手册二、目录类·基本文献·纪传体文献二十六种）里。从《汉书·地理志》到《清史稿·地理志》，多数都有记述政区地理的专志。各史的地理专志，大都先叙一代政区地理的由来和概况，而后再按当时的政区分区叙述。每区一般都记到县一级，各县之下也有记到乡、镇的。各史书里的"地理志"，有的题为"郡国志"或"地形志"，乃是关于历代政区地理沿革的基本史料。

二十六史中虽大多载有地理专志，但也有几种史书里并无此篇；即使有专志的，其内容也难免有矛盾、疏漏之处，所以后人特别是清代学者，对各代的地理志作了不少补缺、纠误的整理工作。这类书可以补正史之缺，纠正史之误，是在利用正史的同时，不可不参考、不利用的。兹顺次介绍其重要且常见者如下：

关于《汉书·地理志》《后汉书·郡国志》，清代学者作了不少补注性质的工作，其内容较丰富的如吴卓信的《汉书地理志补注》，惠栋的《后汉书补注》等都是。许多注释性的工作成果，后来都被王先谦收进了他所编撰的《汉书补注》和《后汉书集解》中，因而在利用两汉书的地理专志时，最好参考王先谦的上述两书。（均有中华书局印本）

《三国志》无地理专著，清人洪亮吉撰《三国疆域志》（收在《洪北江全集》中）以补之。另有谢钟英撰《补三国疆域志补注》。关于晋代的，有毕沅的《晋书地理志新补正》，洪亮吉的《东晋疆域志》。关于十六国时期的，有洪亮吉的《十六国疆域志》。关于南北朝时期的，有洪齮孙的《补梁疆域志》，民国人臧励龢的《补陈疆域志》，温曰鉴的《魏书地形志校录》（收在《适园丛书》中）。今人王仲荦所撰《北周地理志》（中华书局出版）内容充实而可信。关于隋代的，有杨守敬的《隋书地理志考证》。关于五代的，有练恕的《五代地理考》。关于元代的，有张郁文的《元史地理通释》。上举各书除注明版本者外，都收在开明书店编印的《二十五史补编》内。

2 总地志

东汉以来,编撰全国总地志之业渐盛。如东汉应劭撰有《十三州记》,晋人皇甫谧撰有《郡国志》,北魏阚骃撰《十三州志》,南朝陆澄撰《地理书》等等都是。可惜这些书后来都散佚,现在能见到的只是其残篇断简。唐代以后所纂总志,大多保存下来了。唐代元和八年,李吉甫撰成《元和郡县图志》(中华书局 1983 年点校排印),其书虽无总叙,但在各道、州、县的记叙中,都首先详记了各地自上古迄于唐代的历代沿革,因而就不仅大大有助于了解唐代以前各地的沿革,而且有助于搞清唐代建立以后各地的沿革,可以说《元和志》是研究沿革地理的重要古籍。北宋时期编了两部总志,一是太平兴国年间成书的《太平寰宇记》,一是元丰年间成书的《元丰九域志》。《寰宇记》的体例基本同于《元和志》,不过是把政区沿革延长到了北宋;但其中的幽州等卷可补《元和志》之缺。《九域志》已有中华书局点校排印本,该书内容简要,不记沿革,但因为它对各路、州、军、县的境界,及城镇的相对位置,作了详明的记载,所以有助于对政区、城镇变迁的研究。元朝的总地志系由官撰,命名为《大元一统志》,全书 1300 卷、600 册,内容相当丰富。原书大约在明末即已散佚,现在中华书局排印的是赵万里的辑本。明朝政府也编纂了《大明一统志》,但流传至今的不多,而且内容也有疏漏。清朝康熙年间,顾祖禹撰成《读史方舆纪要》。此书不仅是成书最早的全国兵要沿革地理巨著,而且对政区沿革的记述也较完整,又能弥补《明一统志》之不足,正《明一统志》之误,因而是普遍被利用的一部书。清朝曾先后三次修一统志,商务印书馆影印的是《嘉庆重修一统志》。这部书对全国政区沿革的记叙最为系统而清楚,所记山川、古迹、要隘等处地理也都更为可信,是研究政区沿革地理的重要文献。

3 典 志

本手册"二、目录类·基本历史文献"中已经介绍了"十通",这是一套连续而较完整的记载历代典章制度之书。"十通"各书里都有政区地理专篇,如《通典》之"州郡",《文献通考》之"舆地考"等等。以《通典》的"州郡"为例,它在篇首先作序目,极概括地记述了从上古直到唐朝的历代疆域变迁和政区沿革。这种贯通性的叙述,是史书地理志里所没有的。在分郡记述中,于每州每县之首,也都叙述其自古以来的沿革,其体例及内容都开《元和志》的先河。可见"十通"所载地理部分,也是研究政区沿革所必须参考的。

4　地方志

地方志所记范围只限于某一地方。其对当地的政区沿革记载自较他书为详,时期愈近则所记也愈可靠,因而在全国政区沿革的研究中,为搞清某一地方的问题,就需要参看地方志的记载。我国现存的地方志极为丰富,其目录及收藏处所,俱在《中国地方志联合目录》(中国科学院北京天文台主编,中华书局出版)中,检索方便,不再介绍。

在利用上举各类文献时,都须与历史地图对照,某些地名则须查阅地名辞典。对此,请利用本手册的相应部分。

上列各项都属古文献,都属史料。至于现代人在这个领域内的研究成果,可以到各种论文索引中去找,如《中国历史地理学论著索引》(1900—1980)(书目文献出版社 1986 年版,杜瑜、朱玲玲编)等。对此,也见本手册相应部分。今人在这方面的专著,有顾颉刚、史念海的《中国疆域沿革史》,台湾版有石璋如等合编的《中国历史地理》。

5　近现代政区沿革表

《中国近现代政区沿革表(1820—2004)(修订本)》,张在普编著,福建省地图出版社 1987 年出版,2006 年修订第 2 版。本书以表的形式,编叙晚清以来全国县级以上(含县级)的政区沿革,旨在连贯而简明易检。由于《嘉庆重修一统志》及表所叙历代地理沿革止于清嘉庆二十五年(1820),为与之衔接,本书上限延伸至 1820 年。本书分总表(省级),分表(府、县级),并著录全国 4000 多个县级建制的驻所;附表(日占下的台湾和东北各省)。并附有"辅记"栏,叙各建制的兴废,级别的升降,名称的更改,隶属关系及驻所的变动。检索方便。

(七)中国历代地名工具书六种

这里所选,除专门的地名工具书之外,还有综合性辞典,如《辞海》《辞源》的修订本。此类书籍部头较大,所收中国古代地名较多,两书亦很普及,容易找到。近年各省所出现代"地名录"一律不收。

1) 中国历史地名辞典　魏嵩山主编。江西教育出版社 1986 年出版。本书收录我国历史地名约 21000 条,包括县级以上的政区,重要山川、岛屿、城镇、堡塞、关津、驿站、道路、桥梁、工程建筑、宫观园囿、寺庙陵墓等等，广泛收录。今地名一般以 1980 年的为准。全书词目按首字笔画编排，书前有"笔画查字表"，便于检索。本书所选词目及词目介绍，都注意了近年来的教学和科学研究需要，亦吸收了近年的科研成果。

2）中国古今地名大辞典 臧励龢等编，上海商务印书馆 1931 年出版，1963 年、1982 年重印。本书收录地名 4 万余条，凡古今政区、都邑、村镇、山川、湖泊、关隘、名胜、古迹等，均在汇集之列。每一地名注出时代、方位、沿革、别名等。全书按地名首字笔画编排，前有"检字表"，后有"四角号码索引"及"名称异名表"。便于检阅，是一部较好的地名工具书。但此书已编成数十年，在此期间，政区、地名都有较大变化，因此在古今对照方面，已有很大出入。

3）中国地名大辞典 刘钧仁编，北平研究院 1930 年出版。本书收录地名 2 万余条，以政区、城镇为主，述其方位、道里沿革。但不收山川湖泽，是其缺点。

4）中国历史文化名城词典 中央文化部文物局、中国城市规划设计研究院主编，上海辞书出版社 1985 年出版。本书是根据国务院公布的第一批 24 个历史文化名城的情况编写的。每个城市一般包括史地概况、古迹园林、风物特产、城市建设四个部分，共收词目约 3100 条，附地图、照片 210 余幅。

5）中外地名大辞典 段木干主编，台中人文出版社 1981 年出版。全书 8000 余页，900 余万字，分九大册。上起远古，下至当代。所收地名，详其沿革，著其形要，审慎记述，力求方位精确。本书依笔画多少、部首先后编排。

6）西域地名 冯承钧编，中华书局 1955 年出版。

五　学术类

（一）中国古代史分期问题

中国古代史分期问题，主要是中国历史上奴隶社会和封建社会的分期问题，这是中国古代史教学与科研中的一个重要课题。这个问题的妥善解决，对于揭示中国古代历史发展的规律，对各朝断代史和专史的研究，都有极大的帮助。1949年以来，史学界对这个问题进行了长期深入研究和探讨。但是，各派之间的分歧至今仍然存在。就是持同一观点的学者，意见也不尽相同。今将几种主要的观点介绍如下。

1　西周封建论

主张中国封建社会开始于西周的有范文澜、翦伯赞、吕振羽、徐中舒等先生。

范文澜先生在《关于中国历史上的一些问题》中，系统地阐述了自己的观点。范老认为判断"一个社会的性质是由当时处于主导地位的生产关系即基本的所有制来决定的"。封建制度的基础是封建的土地所有制，西周时期封建的土地所有制已普遍存在。

周天子是生产资料和生产劳动者的最高所有者。周天子在王畿内有大块公田，作为收入的主要部分。又在王畿内分封许多卿大夫采邑。在王畿外分封许多诸侯国。这些受封的大小领主，不仅要尊敬周天子的权力，而且要贡献服役。对于不纳贡的领主，天子有权处罚。诸侯在封国内，同周天子一样，分封卿大夫采邑；卿大夫在采邑内立"侧室"和"贰宗"。天子、诸侯、采邑主都通过分封建立起自己的权力，形成整套的统治体系。周初的大封建，从所有制的意义来说，就是从天子、诸侯到采邑主，大小土地所有者向农奴（主要的）和自由民身份的农民（次要的）征收地租，他们之间存在着封建的生产关系。

范老根据《诗经·周颂·臣工》"命我众人，庤乃钱镈，奄观铚艾"的记载，说明西周的生产者已经有了自己的劳动工具，这正是封建经济和奴隶经济最根本的区别。另外，还根据《小雅·大田》"雨我公田，遂及我私"等记载，分析农夫们还有了实际上属于他们的土地，他们有自己的经济，并且牢固地束缚在土地上。他们一部分时间要在地主的土地（公田）上，以力役地租的形式，向土地所有者贡献其无偿劳动。另一部分时间在自己所使用的土地（私田）上从事生产。

公田、私田和分封，构成了西周的封建土地所有制度。建立在此经济基础上的最重要的上层建筑是宗法制度。

范老认为，生产工具制作的变化，在奴隶制向封建制的转化上，不一定是起决定性作用的。封建制度的产生，首先应从剥削形式的变更上，也就是从阶级斗争的效果上着眼。尽管西周还存在着奴隶从事生产的现象。但是，这只是个别情况，不能由此得出西周不是封建社会的结论。

主张西周封建论的史学家们，虽然他们的结论是一致的，但是，在某些具体问题的解释上又有所不同。有的学者认为，周灭殷后，把殷的五服逐步化为分封制，形成封建君臣等级制的从属关系，这就形成了封建领主制社会。在这一制度下土地不能买卖，剥削形态是劳役地租。这一制度，延续到唐末五代，因此到宋代以后才转变成为完全的封建社会。

有的学者认为，"民"是西周、春秋时的主要农业劳动者。他们虽不属于统治阶级，但绝不是奴隶。他们常与奴隶分别记载，有自己支配的劳动时间，有私有经济。他们的迁徙虽受到一些限制，但是其中的优秀者可以当官。可见西周、春秋时的这种"民"，实际上是封建农民。

他们还认为，西周的井田制虽然来源于农村公社，但它却不是土地公有或国有，而是归各级领主贵族所有。

对于西周封建说，不少学者提出了异议。如郭沫若先生认为西周仍是奴隶社会。比如，周人灭殷后，将殷遗民或原属于殷人的种族奴隶"殷民六族""殷民七族"和"怀姓九宗"，大批地转化为周人的种族奴隶。又如周代的农夫"众人""庶人"事实上是一种耕种奴隶。他们可以被主人任意地买卖或者屠杀。《臣工》"命我众人，庤乃钱镈"的记载，是国王对田官们讲的。"乃"字是指田官们。意思是说"叫农夫们调整好田官们所管理的耕具"，而无法理解成农民有了自己的工具。《大田》是田官们做的诗。其中"雨我公田,遂及我私"中的"我"字,是田官们自指,而不是指农民。从诗中只能看出作诗的这位田官有了私田,看不出农民有了私田。因此,断定"周初农夫有了一点土地和劳动工具","在公田上劳动的人,主要是农奴而不是奴隶"等说法,都是值得考虑的。

2 战国封建论

主张中国封建社会开始于战国的主要有郭沫若、白寿彝等先生。

郭沫若先生在《奴隶制时代》中全面阐述了这一观点。郭老认为,春秋时期是旧奴隶主与新兴封建主两大势力递嬗的时代。战国是中国封建社会的开端。至于奴隶制的崩溃,应该从奴隶社会主要土地所有制形式井田制的废弛中去寻找。

(1) 井田是公家的俸田,它是土地国有制的骨干。春秋时期,由于铁器用于耕种,大大提高了农业生产力,使私田数逐渐超过了公田。因此破坏了旧生产关系,促进了井田制的崩溃,从而导致了奴隶制的灭亡。

(2) 公田要向公家缴一定的赋税,而私田最初却不收税,是真正的私有财产。在这一发展过程,诸侯百官逐渐富有,出现了下层逐级超过上层的局面。公家为了增加收入,终于打破了公田和私田的区别,一律收税。鲁国在宣公十五年(前594)"初税亩",表明鲁国正式宣布废除井田制,承认公田私有权的合法性,从此土地私有制被确定,地主制正式确立。

(3) 这种情况反映在统治阶级内部,春秋末年出现以"公室"为代表的奴隶主和以新兴贵族为代表的封建主之间的矛盾和斗争。这种矛盾和斗争,从春秋中叶开始,一直到战国初期,前后经历了二百多年。因为后者善于争取人民,得到人民的支持,最后终于使变革取得胜利。周威烈王二十三年(前403)韩、赵、魏三家分晋。周安王十六年(前386)田氏代齐,以及在国内外形势的压力下,楚、秦、燕三国先后改革,各国封建地主代替奴隶主贵族成为统治阶级。"力于农稼"的庶人通过不断的斗争,到春秋末年已经从最下贱的奴隶地位解放出来,成为半自由人。如果立了军功,可以上升为士。这标志着中国封建社会的开端。这一变革的实质并不是改朝换代的单纯政治革命,而是使社会质变的社会革命。

(4) 春秋中叶以后,随着土地私有制的建立,国家政权逐渐移到地主手里。"工商业也逐渐离开了官家的豢养,而成为私人经营了",由于工商业的解放,导致了货币制度的发展,在社会上出现了靠金钱从事剥削的高利贷者。

(5)在意识形态领域中,春秋末年以后,诸子百家的兴起,"无论在思想上、信仰上、政治观点上、文体表现上,都呈现出了一个极大的变革"。

有些学者除同意上述观点外,并又提出了一些补充意见。(1)以井田制为基础的奴隶主贵族土地国有制,逐步为小农经济为基础的封建土地所有制所代替。(2)封建生产关系在春秋时期发展很快。到战国时期,各国先后实行变法,因此,应把这一时期做为封建制度在全国确立的时期。特别是商鞅的两次变法,表明当时的封建制取代奴隶制,是通过自上而下的政治革命形式而完成的。

3 秦汉封建论

最早提出秦汉封建说的是侯外庐先生。他在《论中国封建制的形式及其法典化》等文章中,详细阐述了这一观点。

侯先生认为,个别诸侯国家或个别区域的封建因素的成长,必须和全国范围内封建关系的法典化过程严格区别开来。因为就前者而言,它是在没有法典化以前的某些现象,甚至多数是尚难实现的理想。由后者而言,它是通过统治阶级的一系列法律手续固定起来的形式。侯先生认为,把封建化过程,划在战国末以至秦汉之际,这并不是说秦统一六国以前没有封建因素,更不是说秦把封建制完成了。早在商鞅变法时,所谓"废井田,开阡陌",在奴隶制发展的情况下,就有了封建因素的萌芽。至秦始皇二十六年,"所谓并一海内,统一皆为郡县,中国古代社会的经济构成正被封建制社会的经济构成所代替。经过汉初的一系列法制形式,如叔孙通制礼,萧何立法,张苍章程等。到了汉武帝的'法度'封建构成才典型地完成,即封建生产方式,在古旧诸制度依然存在的情况下,作为主导倾向而统驭了社会的全性质"。侯先生并从以下几个方面进行了论证。

(1)农业和家庭手工业的统一,是中国封建生产方式的广阔基础。在中国古代社会母体中,自然经济的因素渊源颇古,从商鞅变法中可以窥见其萌芽形态。而在秦汉之际的文献中,则可以看到明显的典型的表述。至于法典化,在汉代"食货"定义中可以得到确证。这一情况,反映在地租剥削上,出现了"租调"。所谓"租"课粟米,"调"输布帛。租调制的法律化起源于秦汉,并在汉代取得了更固定的形式。反过来进一步把农业和手工业的结合巩固起来。这一制度成为后代"租"和"调"、"租、庸、调"的法律张本。

（2）汉代土地所有制的支配形式是土地国有制,皇帝是最高的土地所有者。早在秦始皇时,已有"六合之内,皇帝之土"的规定。在土地国有的形态下,掌握有土地占有权的豪强地主,是从六国世族转化来的。封建诸侯与豪强地主只有土地占有权,他们为榨取租赋,非常重视对人口的控制。汉王朝为了保证土地国有形态,对诸侯豪族土地占有逾制进行限制、处罚。"专地盗土"和"六条问事"的科条,成为汉武帝时法律的主要项目。

（3）汉代的直接生产者主要是作为编户齐民的小农。他们在名义上是自由民,实际上却是农奴,他们是汉代各种课役的对象。秦时土断人户、缘人居土的郡县制的推广,意味着小农经济逐渐形成。而秦汉社会的领民户口制的确立,更意味着农民对领主的封建隶属。汉代的"户律",即为此种封建隶属的更进一步法典化。

（4）秦汉时期,由于专制主义中央集权的建立,反映在意识形态领域,要求维护"定于一尊"的神学正宗思想出现了。如五德三统的神权说,图谶纬候的宗教说,都为"王霸道杂之"的绝对王权作了精神统治的武器。

持这一观点的学者在某些问题的看法又颇有出入。大致又有以下三种看法。

封建社会开始于秦统一说。持这一观点的学者认为秦王朝的统一,"使黔首自实田",标志着土地私有制取代了井田制;废封建,行郡县,标志着郡县制取代了分封制;焚书坑儒,标志着法家思想取代儒家思想。由于以上三者,表明秦统一后,中国进入封建社会。

封建社会始于西汉说。持这一观点的学者认为秦统一后令"黔首自实田",使私有制扩大到全国;而秦末农民大起义的胜利果实又为地主阶级所篡夺。于是封建制度开始在全国确立。汉初废除秦苛法,采取无为而治,减免赋税,扶植地主阶级,打击奴隶主,以及"罢黜百家,独尊儒术"等,使封建的上层建筑,更适于封建统治制度。

封建社会始于东汉说。持这一观点的学者认为,商鞅变法固然加速了土地私有化过程,但同时也加速了自由民分化和奴隶制的发展。西汉末年的绿林、赤眉起义,摧毁了奴隶制;东汉刘秀所下的一系列改善奴隶身份地位的命令,使封建制度逐渐确立。而封建的生产关系,经秦末、西汉的长时期发展,也逐渐取得了优势。从而社会性质也随之发生了改变。

4　魏晋封建论

主张魏晋封建论的主要有尚钺、王仲荦、何兹全等先生。

尚钺先生认为,主要的生产关系必须适合生产力的性质,一切历史现象必须和当时社会的经济结构结合起来研究。在古代决定经济性质的,主要是生产工具。上层建筑的影响和作用不是决定性的。

西周到春秋初期,生产工具的原始性决定了当时基本生产关系是以家长制公社为基础的早期奴隶制关系,看不到现代意义的封建所有制形成和奴隶制解体的痕迹。

当时家长制公社成员——自由民农民,对大家长——国君或大夫的贡献与服役,并不能判断为现代意义的劳役地租,或实物地租。因为当时土地还不是私有的,从而自由民农民对国君或大夫的依附关系,也不是对奴隶主的依附关系。

西汉末年奴隶农民大起义,解放了大批官私奴婢和刑徒,沉重打击了奴隶制。东汉初,刘秀多次下令释放奴婢或禁止虐杀奴婢,这表明从法律地位上说,东汉以后的奴婢已逐渐农奴化了。东汉末,在镇压黄巾起义的过程中,各地军阀势力迅速发展。曹操在北方大兴屯垦,屯田客或屯田兵用官牛者,收获物官收十之六,用私牛的与官府平分。这就给屯田客一定的独立经济。但是他们却被束缚在土地上,变成了农奴。而屯田官有的变成了新地主。西晋的占田制,在法律上保证官僚地主占有土地、佃客的特权。西晋占田课田制,实际上是劳役地租剥削。

王仲荦先生在《关于中国奴隶社会的瓦解及封建关系的形成问题》一文中,则从农奴阶级的产生,考察了封建制度的形成的过程。王先生认为从夏朝一直到汉都是奴隶社会。东汉以后,奴隶的生产方式终于被封建的生产方式所代替。国有奴隶制残存,也通过隶农制——屯田制向封建剥削形式过渡,到魏晋已进入封建社会。

战国以前,农村公社和未获得发展的原始奴隶制同时并存,公社经济还占据很重要的地位,奴隶劳动还不是整个经济的基础。随着东汉帝国的崩溃,农村公社瓦解,较发展的奴隶制开始占了统治地位。西汉自武帝开始,一直到东汉帝国最后崩溃为止,流民问题达到了空前严重的程度,它使奴隶制生产方式面临严重的危机,这些被剥夺了生产资料和生活资料的农民被抛出生产之后,不是沦为债务奴隶,便是沦为依附农民。这就形成一种新的生产关系。奴隶制的危机，反映在统治阶级内部，东汉时在中央形成了"党锢之祸"，它意味着新兴封建地主阶级联络小生产者对奴隶主阶级的一种对抗。在州郡，刺史太守擅兵的割据条件逐渐成熟，意味着封建生产方式发展的合乎规律的经济过程。黄巾大起义彻底摧毁了东汉奴隶制帝国，引起了封建关系的急剧发展。使在奴隶制度内产生出来的封建结构更加巩固地取得了领导地位。旧的奴隶与奴隶主的生产关系，不得不让位于新的依附农民与封建主的生产关系，封建生产关系开始占了统治地位。一种剥削制度代替了另一种剥削制度。

中国封建社会初期的封建土地所有者，有的出身于帝国中央集权机关中的官僚，有的是由商人阶级转化来的。封建社会的基本阶级，是封建土地所有者世家豪族和受他们剥削的依附农民部曲、佃客。封建主用封建地租的形式占有依附农民"部曲""佃客"的全部剩余劳动，甚至还包含部分必要劳动。世家大族、豪族地主利用超经济强制来完成封建剥削。"部曲""佃客"虽然有自己的经济，但被牢固地束缚在土地上，无权支配自己的劳动。

中国古代社会从魏晋之际进入封建社会。但是，封建经济制度的优越性，到南北朝才显露出来。

持这一观点的同志认为，战国秦汉时的主要劳动者，一是奴隶，二是小农。其中奴隶劳动在整个社会中占支配地位。据有人统计，当时官私奴婢约有五百万。

魏晋以后，社会发生了重大变革：（1）城市工商业遭到了重大破坏，社会经济向自然经济逆转；（2）劳动生产者自由民、奴隶，转化为"部曲"和"客"，劳动者的身份是在向依附农民的方向发展；（3）当时劳动力的争夺，已经超越了土地；（4）"部曲"和"客"不能随便离开主人和土地。

这一切表明当时社会已由奴隶社会转化为封建社会。

中国古代史分期问题的讨论，近年来仍在进行。其中有些学者对中国有无奴隶社会的问题进行了探讨，并提出中国无奴隶社会的观点。

他们认为，中国古代社会性质与土地制度有直接关系。确定一个社会的性质应根据土地制度下的土地分配形式、耕种者的身份地位、生产关系。夏、商、周三代的土地制度是井田制和爰田制。他们根据井田制"方里而井，井九百亩；其中为公田，八家皆私百亩，同养公田。公事毕，然后敢治私事"等资料,认为井田制或爰田制下耕作的劳动者,每人都可以得到一份属于自己占有的土地,收获物归个人享用。但是,他们要无偿地为统治者耕种公田,这实际上是一种劳役地租剥削形态。由此得出井田制、爰田制与奴隶制没有必然的联系。井田制、爰田制产生的社会应是封建社会的结论,否定了夏、商、周三代是奴隶社会。

另外,有的学者从早周社会性质问题的研究中,说明周族在灭商以前,正经历着由原始社会向封建社会的转变。而在早周的原始社会与封建社会之间,不能人为地添加进一段奴隶制。

还有一些学者认为,应该根据主要生产者的身份来论证社会性质。并根据近年来一些研究成果说明。关于商代主要生产者"众人"身份的讨论,多数人倾向于"众人"是商代的族众,而不是奴隶。商代俘虏及人祭、人殉问题,则是两种不同性质的事物。被殉者当中可能有少数奴隶,然仅系家内奴隶。至于人祭只反映氏族社会末期杀牲供祭祖先的野蛮风俗。那大量被用作供祭祖先的人牲,多是尚未被投入生产领域的俘虏,与奴隶不能等同看待。从而否定了50年代初期人们普遍采用的以人祭、人殉作为商代奴隶社会的见证。关于周代主要生产者"民"或"庶民"身份的讨论,尽管尚未取得一致意见,但有的学者认为"要把'民'或'庶民'说成是古典奴隶制下的奴隶是有困难的"。关于秦汉主要劳动者身份问题,汉代虽然有奴隶劳动,但是,有关奴隶劳动的统计数字并不能证明汉代是奴隶社会。所以,他们认为以上研究成果从不同的角度论证了中国无奴隶社会的性质,从而解决了各家分期学说的根本缺陷和难以解决的问题。

以上我们只是简要地介绍了分期问题研究中几种主要观点。在这个问题的讨论中涉及的问题很多,有的是理论问题,有的是对具体历史资料的理解不同。就是持同一观点的学者,在许多具体问题的解释上意见也不一致。这就是古史分期问题至今一直未能取得比较一致看法的主要原因。

(二)中国古代土地制度问题

中国古代的土地所有制是当时的社会生产关系的基础,当时的阶级关系、剥削关系、赋税制度以及上层建筑等各个方面的问题,几乎都与这一问题有关。因此,中国的史学界自1954年以来,就对这一问题进行了热烈的讨论,共发表重要论文数百篇,并出有不少专集和专著。这个问题是我国史学界最关心的重要学术问题之一。在讨论的过程中,有些问题逐渐取得一致意见;也有些问题的分歧较大。今将比较重要的意见及其分歧简要介绍如下:

1 关于中国封建时代的土地所有制形式

所谓"封建土地所有制形式问题",争论的焦点集中在是"土地国有制"还是"土地私有制"问题上。

1) 先秦的土地所有制形式 关于先秦土地所有制形式问题的讨论,主要集中在商和西周时期及战国时期的秦国。

对商代的土地所有制有两种意见。多数史学家认为,商代是奴隶制度下的土地国有制。同属这一意见者又有差别。如徐喜辰认为,商代的全部土地都属于国家,土地的最高所有权集中在国王手中。但杨械(yù)则认为,商代的土地仍为公有制形态,是氏族共同体所有。

李亚农等人的看法与以上所说的看法不同,他们认为,货币是跟土地私有权同时出现的。商代既然已有了金属货币,那么土地的买卖和抵押等关系应当出现,所以土地私有应当存在。

对于西周的土地所有制,由于《诗经》中的"溥(pǔ 普)天之下,莫非王土;率土之滨,莫非王臣"之说,史学界一般都认为西周实行土地国有制,而且认为周天子是土地的最高所有者。但具体看法也有不同。如范文澜认为,经过"授土授民"之后,虽然土地、臣民在名义上仍是王土、王臣的一部分,但实际上受土受民的人有权割让或交换归于他们的土地,这等于私有。

大多数人不同意西周时期即已存在土地私有制的说法。他们认为,当时的受封者对于所受土地只有使用权;土地的最高所有权属于周王,土地不能买卖。

林甘泉根据近年来新发现的考古资料指出,在周共王时代,即西周中期,土地国有制已经遭到破坏,土地私有的历史过程已经开始。

不少人认为,秦国商鞅变法"开阡陌封疆"是变土地国有制为土地私有制。朱绍侯更进一步提出商鞅变法所建立的土地制度叫"辕田"或"名田",两者都废除了井田制下的土地定期分配和还受制,建立了土地私有制。但是,高敏认为,商鞅变法只是改奴隶制土地国有为封建国有制。

2) 秦汉至明清时期的土地所有制形式 秦汉至明清时期的土地所有制形式问题是有关中国古代土地制度问题讨论的重点和中心。

一部分人认为,占支配地位的是土地国有制,我们称之为"土地国有制论"者。如侯外庐认为,皇族土地所有制,也就是土地国有制是占支配地位的,它贯串于秦汉以来的全部封建史。这种土地所有制经历了两个发展阶段。第一个阶段是从秦汉到唐代的天宝末年,以"军事的政治的统治形式"为主,以劳役地租为主要的剥削形态;后一个阶段是从唐代安史之乱到清初,以"经济的所有形式"为主,以实物地租为主要的剥削形态。在这两个阶段,皇族土地所有制的本质始终未变,只是经营方式有所改变。除了皇族土地所有制之外,还有与之共存的许多领主占有制和一定的私有制。

同为土地国有制论者,他们之间在不少问题上也有分歧。例如李埏(yán)就不同意把土地国有制称之为封建皇族土地所有制。他认为,皇族以至君王并不等同于国家,君王也具有私有主的性质;而国有土地还不是皇帝的个人私产。在秦汉以后,除了土地国有制和大土地占有制以外,还有大土地所有制、小农土地所有制和残余的村社所有制。

另一部分人认为,在不同的时期曾先后存在过土地国有制和地主土地所有制。在前期是土地国有制占主导地位,后期是地主土地所有制占支配地位。如贺昌群认为:"秦汉至隋唐是份地土地占有制,宋以后是地主土地占有制,如果再严格划分,均田制崩坏以前为份地土地占有制。两税法成立以后,逐渐发展为地主土地占有制。"

大多数人持"封建土地私有制论"观点,这些人认为,在这段历史中,占支配地位的是地主土地所有制。如胡如雷认为,由于地主是农民剩余生产物的最主要的占有者,所以地主土地所有制是占支配地位的。张传玺也认为,从战国到清朝的两千年间,一直"是以土地私有制为基本土地所有制形式"。

2 关于历代土地制度

1) 西周 比较集中讨论的是如下两个问题:

(1) 井田制问题。关于井田制的争论,主要集中在究竟有无井田制,井田制开始于何时,井田制是不是当时唯一的田制,井田制与农村公社的关系等问题上。

一种意见是肯定井田制的存在。如王玉哲认为,西周耕地划分为公田和私田的制度就是传统的井田制度。郭沫若也肯定井田制的存在,但他不同意孟子对井田制的解释。他认为,孟子所谓的"八家共井"以及公田、私田之分,只是一种乌托邦的理想化。西周实行井田制实际上是两层用意,一是作为诸侯百官的俸禄等级单位,二是作为课验直接耕作者勤惰的单位。

另一种意见是否定井田制的存在。如范文澜认为,西周领主们的土地疆界纵横交错,但并没有一井九百亩的区划,与邑密切相关的井也不是孟子所说的井,井田制是不存在的。胡寄窗亦认为,井田制是我国古代空想中对后世影响最为深远而其内涵又最为混乱的一个概念。井田制是仅能存在于头脑中的事物。

对于井田制产生的时间,也有不同见解。如唐兰认为,西周前期井田尚未出现。井田制的推行可能是在西周末年的周厉王时期。徐喜辰则认为,商代已用井田方式来从事农业生产。金景芳认为,井田制开始于夏初,以后经过夏商两代以至西周,达到充分发展的阶段。到春秋、战国逐步灭亡。

一些人认为,井田制在其兴盛时期,曾一度是唯一的和普遍实行的土地制度。另一些人对此提出了不同意见。如杨向奎认为,西周存在着两种不同的土地制度,一种是以十夫为单位的乡、遂的土地区划;另一种是以九夫为单位的井田制。徐中舒认为,井田只施行于古代中国的东方低地,而不是普遍实行的田制。王玉哲认为,西周有着井田和非井田两种制度。对周氏族成员实行非井田制,对被征服部族则实行井田制。赵光贤则认为,西周时期同时并存着井田制、授田制和贵族占有制三种田制。

(2) 农村公社问题。多数学者认为,中国古代存在过农村公社。如徐中舒认为,古代中国普遍存在着家族公社和农村公社。杨向奎也认为,西周时期,尤其是在东方的齐国,曾普遍地存在着公社的组织。但郭沫若和范文澜等都否认中国古代曾有过农村公社。

对于井田制是否就是农村公社问题也有不同意见。李埏认为,井田制就是农村公社。金景芳认为,井田制即马克思、恩格斯所论述的农村公社或马尔克在中国的具体表现形式。马开梁反对以商、周的井田制或邑、室、里、社、书社等和农村公社混为一谈,他认为,农村公社只存在于原始社会末期。到夏代,村社成员已沦为奴隶。

2) 春秋、战国 关于春秋和战国时期的土地制度的争论,主要集中在"作爰田"和"制辕田"两件事上。

高亨认为,晋国"作爰田"和商鞅"制辕田"的内容基本上是一样的,是实行封建的实物地租制度。因要农民拿出财物换取公田,故名"爰田"。常悟也认为,晋国"作爰田"和商鞅"制辕田"一样,意味着井田制的崩溃。但金景芳认为,把"作爰田"或"制辕田"作为井田制破坏的证据是不对的,井田制被破坏的关键是开阡陌。

徐中舒认为,晋国"作爰田"是把土地赏给村公社的成员,扩大他们的耕地,使之"自爰其田"。王仲荦认为,爰田有两种,一种是较原始的"换土易居"的方法;另一种是"自爰其处"的方法。晋国"作爰田"已不是土地定期分配制度,而是休耕制度。

3) 秦 张传玺认为,战国时期,以土地私有制为基础的土地买卖关系已经发生,而且相当发展。至始皇三十一年,"使黔首自实田",是秦王朝从法律上确立了封建土地私有制。而李永田对此提出了异议。他认为,这里的"实"字是"充实"之意,是秦王朝驱民归农的一项措施;与土地制度并无关系。

4) 西晋 对西晋的"占田制"是否曾普遍实行的问题,史学界有不同的看法。多数人认为,"占田制"是规定人们对土地占有的限额,"课田制"是规定国家对农户的土地税征收的限额。如余逊认为,"占田制"曾普遍实行,由于"占田制"的实行,统治阶级内部的矛盾消弭了,租税收入增加了。但有些史学工作者持相反的看法。如张维华认为,占田法仅是一个拟定而未实行的计划。

不少人认为,"占田制"在其实行期间是主要的土地占有形态。但也有人对此持不同看法。如苑士兴认为,"当时的主要土地占有形态仍是继续秦汉以来的土地私有制度"。王仲荦认为,"占田制"只是世家大族封建土地所有制的补充形态,"得受这种土地所有制的制约"。

对于"占田制"争论最多的是授田数量及与此有关的赋税形式、数额等问题。

张维华认为,人民按口占田,按丁纳税。丁男占田七十亩,课田五十亩,丁女占田三十亩,课田二十亩;一夫一妇共占田百亩,课田七十亩。他认为课田的剥削形式是实物地租,每亩地租量为八升。

吕振羽认为,人民按口授田,丁男一人得占七十亩,课五十亩,共一百二十亩;丁女一人得占三十亩,课田二十亩,共五十亩。占田之收获物归耕者,课田之收获物全归政府,实为力役地租,此外另有户调。

另一个有争议的问题是"占田制"与"课田制"是不是结合在一起的制

度。多数人认为二者是结合在一起的。但王天奖认为,课田与占田是性质上完全不同的两种制度。课田制是一种田赋制度,而不是土地制度。不论人民有多少土地,一律以五十亩、二十亩的标准缴纳田赋。占田制即限田制度,它既不是与课田制密不可分地结合在一起的,也不是与之同时出现的,而是先有课田,后有占田。占田制既是对占垦土地的最高限额,又带有人民从政府手中取得荒地的内容。

5) **北魏至隋唐** 关于北魏至隋唐的均田制的讨论很热烈,提出的问题也很多。

关于北魏均田制产生的条件,一般都认为,均田制产生的外部条件是鲜卑拓跋部土地公有的旧俗;对其内在条件是什么,却有不同看法。如徐德嶙认为,"是由于中国北方在变乱期间农村公社土地村有制的扩大"。王仲荦则认为,是当时土广人稀的实际情况和西晋占田制的影响。而岑仲勉不同意这种看法。他认为,均田制与占田制有本质的不同。

许多学者认为,均田制具有农村公社性质。如徐德嶙认为,均田制是"由农村公社土地村有制演变而来,还保存有农村公社中的某些旧有的制度和性质"。唐长孺也认为,均田制具有公社特征。李亚农甚至认为,均田制和"农村公社时期的土地制度没有什么区别"。但是金宝祥的看法与此相反。他认为,"历史上只要有了一定发展的分工,商品生产,商品交换,那么必将导致公社所有制的瓦解,大土地所有制的产生。根本不可能再度产生占主要形态的以村社所有制为内容的国家所有制,有的只能是以小土地所有制为内容的,以地主所有制为前提的国家所有制"。

对于均田制下农民使用的土地的性质也有不同看法。如苑士兴认为,均田制下的土地所有权属于国家,农民对于"所分得的土地并无所有权,而是长期使用和占有"。而唐耕耦认为,由于实行均田制时,社会上早已存在的私有土地也都被包括在均田范围之内,所以均田制下的土地既有国有土地,也有私有土地。

对于均田制下的农民,一般认为是自耕农民或基本上是自耕农民。但侯绍庄认为,他们是国家佃农。

不少人认为,均田制在其实行期间一般是居于主导的、支配的地位。而王仲荦认为,北朝的均田制只是世家大族地主土地所有制的补充。潘镛认为,唐初的土地制度是国有制和私有制并存;但占支配地位的不是土地国有的均田制,而是地主土地私有制。

一般认为,北魏的均田制是普遍实行了的。但傅筑夫对此提出了不同看法。他认为:"北魏政府对于它大事宣扬的均田制度并没有以全力推行,至少是没有全面展开,所以在很大程度上,它只是一个没有或未能实施的纸上谈兵而已。"

关于隋唐均田制的来源,一般都认为是源于北朝的均田制,尤其是北齐的均田制。但傅筑夫认为,唐的均田制是"把北魏的均田制和晋代的占田制揉合在一起"。

一般认为,唐代的均田制是普遍实行了的。至于彻底程度,还有不同看法。但学术界多数人认为,均田制对土地占有做了某些限制,延缓了土地兼并的速度。傅筑夫则认为,唐代的均田制实际上未能实行,只是"一种有名无实的空文",对于豪强的兼并土地,没有什么阻止作用。

(三)中国古代农民战争问题

中国古代的农民起义和农民战争贯穿于中国漫长的封建社会的始终,其规模之大,持续的时间之久,是世界历史上所罕见的。它对于中国古代历史发展产生过重大影响。几十年来,史学界对于这一问题进行了长时间的讨论,提出了不少有价值的论证和观点。但是,在许多重大问题上也存在着很大分歧,今将讨论的情况及其分歧意见简要介绍如下:

1 关于农民战争的性质

中国封建社会的农民起义和农民战争是否具有反封建制度和地主阶级的性质,这是农民战争史的讨论中存在重大分歧的问题之一。

一种意见认为,中国农民战争自始至终只反对个别王朝,个别皇帝,个别官吏和个别地主,不反对整个封建制度和地主阶级。因为作为个体小生产者、小私有者的农民,他们由于历史和阶级的局限,无法理解自己阶级利益的一致性,无法认识他们遭受剥削压迫的根源所在,他们不能以推翻地主阶级和封建制度的思想来指导自己的行动。农民希望有好的官吏、好的皇帝和好的政府,使地主阶级减轻一些剥削压迫,使他们能够活下去。

近年来,有的学者提出,农民战争不仅未曾反对过封建制度和地主阶级,而且在封建制度还未到报废之时的时候,不管农民当时的想法如何,客观规律证明农民战争只能起封建制度修理工的作用。

另一种意见认为,封建社会初期的农民战争不具有反封建的性质。因为封建社会在上行阶段,封建的生产关系还是进步的。如果说这时的农民起义具有反封建的性质,实际上就是否定了这时农民战争的革命性质。只有到封建社会末期,封建制度日趋没落,这时的农民战争才具有反封建的性质。农民起义提出的"均贫富""均田"等口号,是农民战争具有反封建性质的重要标志。

还有一种意见认为,封建社会的农民起义始终都具有反对封建制度和反对地主阶级的性质。因为封建社会的基本矛盾是农民与地主两大对立阶级的矛盾。二者之间的这种对抗性矛盾,决定了农民战争必然具有反对封建制度和地主阶级的性质。陈胜、吴广起义提出"亡秦"的口号,就是推翻地主阶级统治。反对"秦法",就是反对封建制度。封建土地问题是阶级矛盾的症结所在,解决土地问题不能不反映在农民战争的意向和要求上。两宋农民战争所要求的"等贵贱,均贫富",就是否认地主阶级的"法",就是反对以土地私有制为基础的等级制度和财产制度。明末农民战争的纲领性口号"均田免粮",就是从根本上否定封建地主土地私有制度。还有的学者虽然承认农民战争自始至终都具有反封建性质,但对农民战争是否要改变封建制度的基础——封建土地所有制(即封建地主土地所有制)问题,提出了异议。他们认为,尽管农民在阶级斗争的实践中提出了土地的要求,但并不等于他们在理论上自觉地认识到作为封建制度的地主土地所有制的问题,从而要求废除它。因此,不能把农民战争过程中农民个别地、自发地夺取土地,以及起义军支持农民夺回被地主强占的土地的现象,夸大成农民阶级要求改变封建地主土地所有制。农民要求和夺取的,只能限于物质生产资料自身——土地,却根本不可能自觉地反对封建土地所有关系。

2 关于农民起义军的思想武器

一种观点认为,农民阶级的阶级局限性,再加上他们长期受到封建地主阶级传统思想的影响,导致他们不可能有自己的思想(主义)。所以,在农民战争中,农民起义领袖多是以封建思想理论作为自己行动的指南。以封建的理论、封建纲纪,反抗封建统治。农民是无法摆脱封建迷信、宿命论、天命观等思想的。农民阶级的思想还是封建主义的。

另一种意见认为,地主阶级有封建主义思想,农民阶级当然也有自己的思想,就是反封建的民主思想。这种反封建的民主思想,反映在政治上和封建等级制相对立,主张贵贱平等;反映在经济上和封建财产制度相对立,主张贫富平均。还有的学者提出,农民阶级在战争中有自己的"纲纪""思想理论"和朴素的政治理想,而且与地主阶级的意识形态相对立,农民有自己阶级的哲学思想、宗教、道德、文艺等等。多数同志认为,平均主义和平等思想是中国农民战争的思想武器。在封建社会中、后期的农民战争中,农民阶级这种革命要求和农民领袖的思想倾向特别明显。宋朝王小波、李顺起义,提出"吾疾贫富不均,今为汝均之"的"均贫富"主张,南宋钟相、杨么起义,提出"法分贵贱贫富,非善法也。我行法,当等贵贱,均贫富"。明末李自成起义,提出"贵贱均田""均田免粮"的口号,中心是一个"平均"。另外,从农民领袖的称号中,也反映了这一思想。明末农民起义中有"铲平王""济贫王""改世王"等称号。

农民的平均主义究竟包括哪些内容呢?

一种意见认为,农民的平均主义思想只限于经济上平均财富。一是要求均分封建国家和部分地主的财富,即"割富济贫"。二是在一定程度上实行"公有""公产"。

另一种意见认为,农民的平均主义不仅是经济上平均,同时包含政治上平等。

关于平均主义的性质,一种意见认为,平均主义是小农经济的产物,是打上农民阶级烙印的封建思想,它并不与封建纪纲、理论对立,而只是封建纪纲、理论的补充。另一种意见认为,平均主义思想是农民的进步思想,它既有革命性,又有空想性,与封建纪纲、理论是对立的。

关于平均主义在历史上所起的作用,亦有很大的分歧。一种意见充分肯定平均主义在农民战争中的积极作用。认为它是农民反抗封建剥削压迫的强大思想武器。它提高了农民的革命积极性,迅速壮大了起义队伍,起了号召、动员人民的作用。在起义初期,它使农民领袖保持艰苦朴素的阶级本色和比较民主的作风,促进了革命队伍的团结,增强了战斗力。它冲击了封建统治,为生产力的发展开辟了道路。其消极方面,则是不能彻底战胜封建主义,建立新的生产关系。但这是次要的。

另一种意见认为,在农民战争的准备和初期阶段,平均主义对封建统治秩序有"破"的作用;当革命高潮时,平均主义用于人民内部,解决社会生产时,它比封建主义危害更甚。平均主义在农民战争中,开始是兴奋剂,后来是腐蚀剂,平均主义导致了黄巢、李自成和太平天国起义的失败。

3 关于农民政权的性质

农民起义能不能建立自己的政权？他们所建立的政权是什么性质的？这是这个问题讨论的关键所在。

一种意见认为，在封建制度下，农民不可能建立自己的政权。因为政治是经济的集中表现，政权的性质是由当时的社会经济基础决定的。农民是小生产、小私有者阶级，他们的经济仍属于封建经济的范畴。这个阶级所代表的生产关系不能作为一种新的经济基础，从而建立起与封建制度相对立的农民政权。农民战争中出现的政权，只能是封建性的。起义军建立的机构、组织不是政权，而是临时为军事服务的组织形式和斗争形式。

多数学者认为，历史上的农民起义是能够建立农民群众专政的短暂政权。尽管由于阶级和时代的局限，这些政权在组织形式以及设官、颁爵等方面，模仿了地主阶级的一些东西。但是，在本质上是与之截然不同的。它是与封建地主政权相敌对的。这种农民政权是短暂的，其结局不是直接失败，就是被混进自己队伍中的地主、贵族分子所篡夺，逐渐离开了原来阶级的轨道，而转入地主阶级的轨道，最终走向失败。还有的学者认为，判断一个政权的阶级性质，最根本的要看它施行的政策，是保护哪个阶级的利益。历史上规模较大的农民战争，所建立的政权，是保护农民和其他劳动者利益，打击地主阶级的。在农民政权统治区，从政治、经济、阶级关系、所有制形式方面都是根本不同于封建王朝的政权。

4 关于农民的皇权主义思想

一种意见认为，农民是皇权主义者，这是封建时代，各国历史上所表现出来的普遍现象。

另一种意见认为，中国农民战争并没有皇权主义，这与俄国农民战争是不同的。中国封建社会的农民战争，不仅反对地主、贵族、贪官污吏，还反对皇帝和封建的中央政权。

还有一种意见认为，中国农民战争中有皇权主义思想。它的表现形式有三：第一，只反贪官，不反皇帝；第二，假托皇室后裔，拥立或伪造一个"正统"皇帝，与当权皇帝相对抗；第三，农民革命领袖自己称王、称帝。农民的皇权主义思想，是封建专制制度的产物。它的积极方面是，农民在反对地主阶级的统治中，经常用皇权主义作为一面旗帜，自己称王称帝，作为组织和号召群众斗争的精神武器。其消极一面,是皇权主义思想经常使农民对封建帝王存有这样那样的幻想,容易被敌人利用。

还有的学者,把皇权主义分成为农民的皇权主义思想和地主阶级的皇权主义思想。认为前者经过农民的改造,具有了反封建的革命性质。它和地主阶级的皇权主义思想有本质的区别

关于农民阶级能否改造皇权主义的问题,有的同志提出否定意见。他们认为皇权主义思想是特定的封建社会经济基础和封建伦理观念的产物,是封建生产关系的上层建筑的组成部分。除非先摧毁它产生和赖以存在的社会经济基础,否则就不存在什么改造的问题。

5 关于农民战争的历史作用

怎样估价农民战争的历史作用?这是农民战争史讨论中分歧最大的问题之一。争论的关键在于中国农民战争是推动、还是阻碍了历史的发展。

一种意见认为,农民起义和农民战争在促进封建生产关系的变化、破坏封建制度方面起着决定作用。封建社会初期,农民以他们的起义阻止了奴隶化。魏晋以后,农民斗争的总趋势是反对农奴化,把个体经济从封建农奴关系中解脱出来,结果导致了唐宋以后封建租佃关系的发展。唐、宋以后,农民起义和农民战争起了瓦解封建租佃关系,为资本主义的产生清除了障碍。

另一种意见认为,在大规模农民战争爆发前夕,往往土地高度集中,地主势力恶性膨胀,封建政府赋敛无度,各种矛盾日趋激化。经过农民战争的沉重打击,迫使新王朝的统治者不得不在政治上、经济上对改变了的现实采取比较实际的态度,制定有利于社会经济发展的政策。农民战争起了调整生产力与生产关系的矛盾、上层建筑与经济基础的矛盾的作用,促进了社会的发展。还有的同志承认,农民战争本身所起的积极作用,否认地主阶级有"让步政策"。他们从阶级斗争不可调和的理论出发,认为地主阶级在农民起义失败后,只能对农民"反攻倒算",给农民重新套上封建枷锁。这就是所谓"反攻倒算"论。

近年来,有少数同志对农民战争的作用持否定态度。一种意见认为,农民战争不是社会发展的真正动力。生产力的发展需要和平安定的社会环境,中国历史上战争太多,破坏过甚,农民战争虽然有解放生产力的一

面,但它对社会生产力的破坏是严重的。认为中国封建社会长期延续,未能发展成为资本主义社会,与阶级斗争尖锐、农民战争频繁,有一定的关系。另一种意见认为,农民战争对社会的人力、物力造成了严重破坏,每一次大的农民起义,都严重打断了封建化进程,断送了封建化所取得的成果,并使社会重新退回到封建化的起点上去。在客观上,农民战争的消极作用,远远大于积极作用。因此,农民战争在一定程度上,阻碍了历史发展和进步。

(四)汉民族形成问题

我国学术界对汉民族形成问题的讨论是从 1954 年范文澜发表《试论中国自秦汉时成为统一国家的原因》(《历史研究》1954 年第 3 期)开始的。范老在这篇文章中,依据斯大林给民族下的定义,分析了秦汉时期汉族的情况,认为当时汉族已经初步形成为民族。关于民族的定义,斯大林是这样说的:"民族是历史上形成的一个有共同语言、有共同地域、共同经济生活以及有表现于共同文化上的共同心理状态的稳定的人们共同体。"(《马克思主义与民族问题》,《斯大林全集》第二卷)范老说,《礼记·中庸》所说的"书同文",就是"共同的语言";"行同伦",就是"表现在共同文化上的共同心理状态";"车同轨","可以了解为相当于'共同经济生活','经济的联系性'这个特征"。"共同的地域"则是长城以内的广大疆域。他引用战国以来的许多史料,说明国内交通已相当发达,商品流通在经济生活中已占有重要的地位,形成了国内的大小市场,"其中西汉以长安、东汉以洛阳为中心大市场的中心"。由于中国封建社会与欧洲不同,土地可以自由买卖,农民、小工商者与地主的地位时有升降,大地主与大工商者往往合为一体,致使"封建性质的工商业得以在全国范围内流通,起着联系作用",成为自秦汉起形成统一国家的基础。根据这些,他提出,"汉族自秦汉以下,既不是国家分裂时期的部族,也不是资本主义时期的资产阶级民族,而是在独特的社会条件下形成的独特的民族"。

这篇文章发表后,在史学界引起了广泛的反响,并进行了长时间的争论。不少人同意范老的意见,另一些人则反对这一意见。

持反对意见者主要是认为,中国虽然自秦汉以来已出现了中央集权的统一国家,但汉族并未形成民族,因为在资本主义以前的社会中,作为民族共同经济生活的基础的民族市场还未形成。他们批评范文澜把民族当做一般的历史范畴,而忽略一定的生产方式这一民族产生的基础。认为范老用"车同轨","书同文","行同伦"来说明"共同的经济生活","共同的语言"和"共同的文化"等民族特征是不恰当的比附。

今将争论的问题及其分歧情况简要介绍如下:

1 关于"共同语言"

持反对意见者认为,秦汉时期方言仍占优势,当时还没有统一的语言,而只有统一的书面语;也有人认为当时已形成部族统一语,但并非民族共同语。曾文经和官显都认为,不同的语言不能由一个阶级或某些统治者来加以统一;秦统一文字并不等于统一了语言。魏明经认为,"书同文"不能完全说是共同的语言,因为少数人的同文并不等于全体人民的共同语言。持赞同意见的章冠英也认为,"书同文"不足以说明民族共同语言的形成;但他认为,共同语言是在共同的经济生活形成之前就已逐渐地创造出来的;汉族在秦汉以前已逐步形成共同语言。他还指出,方言的存在不足以证明民族的共同语言尚未形成。王雷也认为,一方面由于"华夏文化是全国各地区文化的源流",各地区"从语言到文字都有相近或相同的特点,另一方面也由于统一国家内部共同的经济生活和文化生活促进了文字的划一过程。'书同文'基本实现了语言共同化";但方言的消除要在相当长的时期内才能完成,即使现在,世界上许多资产阶级民族也还程度不同地存在着方言。(《民族定义及汉民族的形成》,《中国社会科学》1982年第5期)

2 关于"共同地域"

曾文经认为,秦汉以后,"共同地域"是在逐渐创造中。官显认为,秦汉以后,汉族的"共同地域"不是民族的,而是部族的。杨则俊认为,秦汉之际江南一带尚未开发,因而"共同地域"还不存在;只是到明代以后,汉族居住的地域才基本固定下来。

章冠英则认为,共同地域和领土完整是两个不同的概念,二者不能混淆。一个地域内杂有一些不同血统的人,一个民族中的一些人在不与本族隔绝的情况下移到别族居地,一个国家的一部分尚未开发,都不能作为共同地域不存在的依据。

3　关于"共同经济生活"

持反对意见者认为,在秦汉及其以后的封建社会中,由于自然经济占绝对优势,劳动分工和商品交换的发展很薄弱,全国统一市场没有形成,交通不发达,各地域的人们是不会有共同的经济生活的。如官显就认为,范老夸大了古代商业资本的作用。他说,封建主义生产的目的是以享受和应付战争的需要为主,而不是以生产商品为主。由于当时商品生产不发达,商业资本还不能提出扩大和统一全国市场的要求,只是在各个基本上不相联系的区域内,通过本区域各个地方市场,来为封建主服务。(《评"独特的民族"论》,《汉民族形成问题讨论集》,以下简称《讨论集》)曾文经认为,长安、洛阳等城市,首先是作为政治中心而存在的,其商业兴盛大都是由于封建皇朝的需要和经营,其盛衰是随政治而转移的。至于交通发达,只有大量使用火车、轮船等近代交通工具后,才有真正的可能。(《论汉民族的形成》,《讨论集》)魏明经认为,只有资本主义在封建社会母胎内产生之后,才能使部族共同体内部开始发生剧烈的经济变化,逐渐转变为民族。民族随资本主义产生而产生,随资本主义的发展和资产阶级的胜利而真正形成。

以上诸人均认为汉民族是在外国资本主义侵入后,自然经济基础受到破坏,全国统一市场出现的条件下才形成的。而杨则俊和张正明则认为,中国在16世纪后期,商品货币关系进一步发展,资本主义萌芽和民族市场出现,这时即进入部族和民族的新陈代谢时期。

持赞同意见者也申述了他们的观点。如章冠英就认为,由于秦汉以后封建社会具有庄园经济的消灭、中央集权国家的存在、各地商品的交流等欧洲中古没有的特征,所以当时是有条件形成民族市场、经济中心、文化中心的。中央集权国家的出现正是共同经济生活的反映。地主经济下的商品经济虽然没有在社会经济中占统治地位,但这并不足以影响共同的经济生活的形成。即使是资本主义商品经济,在初期也没有在社会经济中占统治地位。至于交通的发达则应理解为往来的频繁。往来频繁了,各地的联系自然就密切起来。王雷也认为,"民族形成是不能以资本主义产生与否来决定的,封建制生产关系下同样具有形成民族的必需条件"。"秦中央政权对土地的占有权和使用权极广泛的分散和对全国土地所有权最高度的集中",是汉民族形成的条件之一。(《民族定义及汉民族的形成》,《中国社会科学》1982年第5期)

4 关于"共同心理状态"

杨则俊和张正明认为,汉民族的共同文化不是在秦汉时期而是在明中叶以后出现的。另一些人不否认秦汉以来汉民族的共同心理状态是存在着和逐渐发展着的,但他们认为,范老所举的祖宗崇拜和孝道却不尽恰当。因为这些不是全民所有的,而是一定阶级社会中一定阶级的产物,是宗法封建制的思想表现。

王雷则认为汉族文化是以儒学为核心的,汉民族心理也是与之相适应的。

不少人对范老的汉民族在"独特的社会条件"下形成为"独特的民族"的结论提出了不同意见。如曾文经认为,如果说汉族在秦汉时已形成"独特的民族",那么它是和哪一种社会制度的命运联结在一起的呢?谁是这种民族的领导力量呢?杨则俊认为,范老片面地强调了汉族在经济生活中的特殊性,实质上却是取消了汉族形成为民族的特殊性问题。

关于汉民族的领导力量,范老没有从阶级方面提出意见,而是强调了"使分裂的国家成为统一国家的经济联系"。具体地说,主要是"汉族有高速度的经济发展和文化发展"。章冠英认为农民是汉民族的主导力量,汉民族的命运是和地主封建制度联系在一起的。

关于中国有无"资产阶级民族"问题,有人同意范老的看法,认为中国始终没有形成过资产阶级民族。但大部分人却不同意他的看法。如章冠英认为,随着资本主义在中国出现和资本主义的共同经济生活的形成,汉族即进入资产阶级民族阶段。不能以中国资本主义的微弱来否定近代汉民族是资产阶级民族。

有些人还认为范老在探讨汉民族形成问题时,对外国资本主义的侵入和近代中国社会经济的巨大变化没有给予足够的重视,因而把半殖民地半封建社会和封建社会等同起来了。

(五)中国资本主义萌芽问题

中国封建社会中资本主义萌芽问题,长期以来是史学界探索我国封建社会发展规律的重要问题之一。1936 年,吕振羽先生在《简明中国通史》中,较早地提出了中国资本主义萌芽的问题。1939 年毛主席在《中国革命与中国共产党》一文中明确指出:"中国封建社会内的商品经济的发展,已经孕育着资本主义萌芽。如果没有外国资本主义的影响,中国也将缓慢地发展到资本主义社会。"20 世纪 40 年代,侯外庐先生在《中国近代思想学说史》一书中,提出明清之际思想意识形态领域出现的"异端"和"启蒙"思想,其基础即资本主义生产的萌芽。1955 年在关于《红楼梦》时代背景的讨论中,也涉及资本主义萌芽问题。从此以后,史学界对这一问题进行了多方面的探索,陆续发表了许多的论文,并先后编辑出版了《中国资本主义萌芽问题讨论集》(中国人民大学历史教研室编,分上、下两册)、《中国资本主义萌芽问题讨论集》(续编)、《明清资本主义萌芽研究论文集》《中国资本主义萌芽问题论文集》(后三种皆由南京大学历史系编辑)。这些论文集收集了国内许多学者多年研究的成果,标志着中国资本主义萌芽问题的研究在逐步深入。其中大部分学者都承认中国封建社会内部,早在鸦片战争前,已经出现了资本主义生产方式的萌芽。但对萌芽出现的时间、标志、程度、作用以及资本主义萌芽发展缓慢的原因等问题,仍然存在着不同的意见。今将讨论的情况及其分歧简要介绍如下:

1 关于资本主义萌芽出现的标志

在研究资本主义萌芽问题时,究竟以什么做为资本主义萌芽出现的标志?有的学者主张,以雇佣劳动的出现为标志;有的学者主张,以小商品生产和手工工场的个别出现为标志。吴承明先生认为,资本主义萌芽指的是一种生产关系,而不是一厂一店。它指的是一种社会关系,而不能孤立地看待。这种生产关系,是封建社会晚期,社会经济发展到一定历史条件下产生的。考察资本主义萌芽时,必须把考察的对象放到一定的历史条件之中,不能相信孤证。真正的资本主义萌芽,总是具有多发性。资本主义萌芽作为封建社会内部一种新的生产关系,它具有强大的生命力,最终要导向新的生产方式。因此,真正的资本主义萌芽,具有延续性和导向性。16世纪以前,尽管有个别事例,但不能成为一种新的生产关系的起点。

2 关于资本主义萌芽的时间

关于资本主义萌芽出现的时间,亦存在较大的分歧。主要有以下几种观点:

1)战国资本主义萌芽说 傅筑夫先生认为资本主义萌芽产生于战国。

傅先生认为资本主义萌芽仅仅是资本主义生产方式的历史前提,不是资本主义生产方式本身。它并不是资本主义生产方式依以建立的必然保证。他在《中国古代经济概论》一书中,全面阐述了自己的观点。傅先生认为中国古代的社会经济结构在春秋末年到战国时期发生了天翻地覆的大变化。这种变化不仅改变了社会经济结构形态——由领主制经济变为地主制经济,由计口授田的井田制变成以自由买卖为主的私有制度,并且还改变了人们的思想意识。而过去那种等级森严、上下有序的封建制度到这时发生了本质的变化。造成巨大变革的直接因素,乃是商品经济和货币经济冲击的结果。当时营利(或求富)思想是资本主义思想的一种表现形式,是资本主义经济因素在意识形态上的反映。而"营利思想的高涨和流行,实际上就是资本主义思想占了统治地位。或者说资本主义思想成了社会的支配思想"。他并以白圭为例。认为白圭是"典型的资本家"。白圭成功地利用市场上的供求关系从中牟取暴利。

2) 唐代资本主义萌芽说 孔经纬先生认为资本主义萌芽产生于唐朝。他引用了《太平广记》中,唐天宝年间,刘清真在安徽寿县开的一个茶叶作坊,与徒弟二十人进行生产为例,认为唐朝可能已经有资本主义单纯性质的大作坊存在。唐中叶以后,个别地方似乎已出现了商业资本与家庭手工业相结合的最初资本主义萌芽形式。到北宋,资本主义萌芽又有了进一步发展。他列举了《东京梦华录》《春渚纪闻》的某些材料加以说明。他又根据《马可波罗行记》《都城纪胜》和《梦粱录》关于南宋临安的记载,认为到南宋资本主义萌芽继续增长,它"是和当时市民等级经济势力的逐渐抬头相适应。因为也只有从这些自由的居民或市民中间才能发育出最初的资产阶级分子"。

3) 宋代资本主义萌芽说 柯昌基先生认为资本主义萌芽产生于宋代。柯先生认为宋代已进入封建制度开始瓦解的时期,即资本主义准备时期的开始。不过居统治地位的仍然是封建生产关系。但是,在个别地区、个别行业中确有最早的资本主义雇佣关系的萌芽。它一开始就或多或少地和旧生产方式发生抵触。农民的人身依附关系在落后地区较严重;至于商品货币关系有一定发展的地区则比较自由,他们可以自由地到外地营生和受雇,这和经济作物区的形成,使农民劳动的社会性加强,与市场联系密切有关系。国际贸易的开拓,使对外贸易成为国家财政的基础,这大大促进了资本主义的原始积累,也直接刺激了资本支配劳动这一事实的发生。宋代火药、罗盘和印刷术三大科学成就的出现,是社会生产力突飞猛进、资本主义雇佣关系出现最鲜明的标志。

4) 明代资本主义萌芽说 多数学者认为明代已出现了资本主义萌芽。至于萌芽的具体时间,吴晗先生依据徐一夔所著《始丰稿·织工对》的记载,认为明朝初年就产生了资本主义萌芽。吴晗先生认为《始丰稿》记载的杭州路仁和县手工纺织工场的情况:作坊内资本家雇佣着十几个工人进行生产,计日授值,"这种新的剥削制度的出现,正表示着社会内部新的阶级孕育。除封建地主对农民的剥削以外,又产生了大作坊资本家对手工业工人的剥削关系"。但是郑天挺和彭泽益先生对《织工对》这条材料进行了考证,认为这是元朝末年的作品,它记述的是元末丝织业织工的情况,不能反映明初棉纺织业的情况。

另一些学者认为,在15至16世纪这段时间内,在某些城市经济特别发达的地区,在一些有悠久历史传统的手工业部门,已经出现了资本主义生产关系的最初萌芽。明中叶以后出现的流民问题,具有资本主义原始积累的性质,应被视为中国资本主义生产关系萌芽的正式开端。随着商品经济发展,江南逐渐形成了一些手工业专业城市和市镇。如:苏、杭的丝织业,松江的棉纺织业,芜湖的浆染业,宜兴的制陶业,无锡的砖瓦业,江西景德镇的陶瓷业,佛山的冶铁业,铅山的造纸业等。通过商品生产,小商品生产者逐渐发生了分化。《醒世恒言》中描写的施复夫妻二人,从妻络夫织的小户,逐渐发展到有三四十张绸机的作坊。这段描写生动地反映了小商品生产者的分化和资本主义生产关系的萌芽。一些人在致富;另一些人则纷纷破产,只有靠出卖劳动力为生。这就出现了"机户出资,机工出力"的资本主义雇佣关系。在棉纺织业中,出现了以棉花收买布匹和让小生产者为其加工而计件付酬的包买主。江西景德镇的陶瓷业,在嘉靖、万历年间,民窑中使用大批雇工的手工工场的出现,标志着陶瓷业的资本主义萌芽。与此相应,在商业贸易方面,国内市场已经形成。另外,在意识形态领域也发生了一些新变化。持这种观点的学者虽然认为明代后期出现了资本主义生产方式的萌芽。但是,这一时期资本主义萌芽还受到封建制度的严重束缚,其发展还是相当缓慢的。

黎澍先生对于明代出现了资本主义萌芽的观点提出了异议。他认为不少文章把非商品生产和商品生产混淆起来,把农奴式劳动当作雇佣劳动,把农村副业和行会手工业当作工场手工业。他认为在中国封建社会中所谓"雇佣"与资本主义的自由雇佣劳动,往往有很大甚至本质的不同。采矿业中的"雇佣",并不是自由雇佣劳动者,而是因为无以为生而自愿在一定时间内按照农奴条件出卖自己的失业者。劳动者所得工资是他的一定时间的身价。在这段时间里,劳动力属于主人,而且人身和人格整个属于主人。景德镇制瓷业没有脱离封建义务的束缚和行会的支配。绵纺织业即使在松江地区还仅仅是农村副业。由于当时新的生产力还没有发展起来,商业和商业资本的腐蚀作用,并不归纳为新的生产方式代替旧的生产方式,而是后者的延长。明朝社会经济的基本特征,仍旧是农业和家庭手工业的统一,而不是它的分离,更不是城市工场手工业的独立形成。这说明明朝后期资本主义萌芽的几个重要依据,还不是很可靠的。

另有学者认为,明代的流民问题,是由残酷的封建剥削和压迫引起的,它的出现是封建统治者的危机的征兆,而不是资本主义来临的曙光。

3 关于资本主义萌芽的程度

有的学者认为,明中叶以后,资本主义萌芽已进入了手工工场阶段。其根据就是工场内雇工较多,而且有明显的分工。对此有的同志提出了不同意见。他们认为当时资本主义萌芽只限于个别行业和个别地区,在整个社会经济中它所占的比重是微不足道的。

尚钺先生认为,中国社会在康熙、雍正、乾隆时代已进入资本主义的"原始积累"时期。资本主义萌芽在清初并不是很微弱。吴大琨先生认为,所谓原始积累,是生产者与生产资料分离的历史过程,这一过程在外国资本主义入侵之前,并没有发生。

翦伯赞先生认为,这种资本主义因素,虽然在一定过程中和一定范围内,对封建经济起一定的分解作用,但无论在深度和广度上都没有达到足以摇撼封建经济基础的程度。

黎澍先生认为,当时农业与家庭手工业相分离还是非常个别和轻微的现象,中国社会的基本经济结构,仍然是农业和家庭手工业的统一。

4 关于农业资本主义萌芽

明清时代农业中有没有资本主义萌芽,这是研究较薄弱和争论较多的问题之一。有的学者认为,明朝中叶以后,出现了经营地主。经营地主雇佣的长工,含有"自由"无产者的身份,经营地主与长、短工的基本关系是货币雇佣关系。这些经营地主含有资本主义性质,但还残留着严重的封建性。

另一些学者则恰恰相反,他们认为,农业中的雇工,不管是"长工"或者"短工",是一种对主人有严格依附关系的封建雇佣。主人对他们可以随意打骂,他们没有什么自由可言。不要说经济落后的北方或中原等地区如此,就是经济发达的江南地区也不例外。有的学者对明末清初太湖地区农村雇佣劳动进行了研究,认为地主使用几名长工,在少量土地上进行农业生产,这和以追求利润为目的的资本主义经营地主是不同的。农村中雇佣的短工与雇主之间,仍然是一种带有封建性质的雇佣关系。还有的学者认为,明清时代虽然手工业中有了资本主义萌芽,但农业中还没有达到资本主义萌芽的程度。

李文治先生认为,明清时代,随着商品经济的发展,土地进一步商品化,土地买卖关系相当发展,土地制度的封建宗法关系逐渐趋向松懈,使中国以地主经济为主体的土地关系具有孕育农业资本主义萌芽的可能。商业性农业的发展,加深了农业经营者和市场的联系,促使农民的阶级分化,出现了商品生产阶级和农业雇佣工人阶级。明清时代雇佣关系已由封建雇佣逐渐向自由雇佣过渡。农业资本主义萌芽首先是从富裕农民的雇工经营开始的。富裕农民和农业雇工所形成的雇佣关系,即使在法权关系方面是封建等级关系,而在实际生活方面基本是自由平等关系。因此,在明代中叶,首先由富裕农民的经营产生农业资本主义萌芽。到清代前期,伴随着中小庶民地主的发展,又由这类经营地主形成了比较自由的雇佣关系。在地主经济中,又开始产生了农业资本主义萌芽。富裕农民经营和地主经营的发展,表明中国农业资本主义萌芽两条不同的发展道路。富裕农民是由农民小生产者分化出来的,是在农民阶级内部产生的萌芽状态的农业资本家。经营地主是由封建地主过渡而来的,他们放弃原来的土地出租剥削形式改行雇人经营。两者虽然都具有资本主义经营的性质。但毕竟还有程度上的差别,它是一种复杂的封建主义和资本主义的结合体。

5 关于中国资本主义萌芽发展缓慢的原因

中国资本主义萌芽发展缓慢问题是和封建社会长期延续性密切相关的。因此,近年来史学界讨论的较多。

洪焕椿先生认为,封建专制政权及其所实行的抑商、闭关、重税、派买政策,使城市民间工商业长期陷于困境,商品经济受到抑制和摧残,不能顺利发展。另一方面,封建国家采取垦荒、赈恤、招抚等政策,使一家一户为单位的、耕织结合的小农经济长期延续下去,使建立在封建土地所有制基础上的小农经济,不至于陷于全面崩溃。保持住自然经济结构,从而使自给自足的封建经济,很难发展成为资本主义生产方式。

李洵先生认为,中国资本主义萌芽发展缓慢的原因是多方面的。一是中国封建社会本身的特征所造成的;二是生产力发展水平,始终没有形成对旧生产关系突破的条件;三是全国经济发展的不平衡,经济落后地区拖住了经济先进地区的后腿;四是人口压力;五是专制主义制度对经济活动强有力的干预和影响;六是西方殖民势力干涉、限制和压迫的结果。

方行先生认为,中国封建经济的内部结构及其坚固性是发展缓慢的原因。他认为中国封建社会是一种高度成熟的封建制典型,地主经济下小农业与手工业的结合,是中国封建社会的基本生产结构。地方小市场在城市和农村普遍存在,地主、商人、高利贷者三位一体,形成了中国封建经济从生产流通到分配一系列独特的内部结构,这种经济结构,对商品经济具有一定的适应性,当时生产力的发展水平又无力促使它分解,资本主义萌芽难于发展,封建社会则长期延续。直到鸦片战争以前,始终没有能够冲破封建制度的束缚。

综上所述,1949年以后三十多年来对资本主义萌芽问题的讨论取得了一定的成果,近年来愈来愈多的论文对某一地区、某一部门的资本主义萌芽进行专题研究,对农业资本主义萌芽问题的探讨有了新的发展,比较注意中国封建经济结构和资本主义萌芽发展缓慢的关系,提出了在研究方法上应加强比较研究、计量研究,今后随着历史科学的发展,对中国资本主义萌芽问题的研究将不断深入。

附

（一）中国历代户口、田亩统计表

按：本表依据梁方仲先生《中国历代户口、田地的总数，每户平均口数和每户每口平均田亩数》改编，统计数字序列与原"编者注"仍旧，原"资料来源"栏改为"资料注"附后。

年	度	公元(年)	与上次相距年数①	户数(户)	口数(口)	田地(亩)	每户平均口数	每户平均亩数	每口平均亩数	资料注
前汉	平帝元始二年	2		12 233 062	59 594 978	827 053 600	4.87	67.61	13.88	[1]
后汉	光武帝中元二年	57	55	4 279 634	21 007 820		4.91	—	—	[2]
	明帝永平十八年	75	18	5 860 573	34 125 021		5.82	—	—	[3]
	章帝章和二年	88	13	7 456 784	43 356 367		5.81	—	—	[4]
	和帝元兴②元年	105	17	9 237 112	53 256 229	732 017 080	5.76	79.25	13.74	[5]
	安帝延光四年	125	20	9 647 838	48 690 789	694 289 213	5.05	71.96	14.26	[6]
	顺帝永和五年	140	15	9 698 630	49 150 220		5.07	—	—	[7]
	冲帝永嘉元年	144	4	9 946 919	49 730 550	689 627 156	4.99	69.33	13.87	[8]
	质帝本初元年	145	1	9 937 680	49 524 183	695 767 620	4.98	70.01	14.05	[9]
	桓帝永寿三年	146	1	9 348 227	47 566 772	693 012 338	5.09	74.13	14.57	[10]
		157	11	10 677 960	56 486 856		5.29	—	—	[11]
三国 蜀	刘禅炎兴元年	263		280 000	940 000		3.36	—	—	[12]
魏	曹奂景元四年	263		663 423	4 432 881		6.68	—	—	[13]
吴	孙皓天纪四年	280		530 000	3 300 000		4.34	—	—	[14]
西晋	武帝太康元年	280	123③	2 459 840	16 163 863		6.57	—	—	[15]
十六国	前燕	370		2 458 969	9 987 935		4.06	—	—	[16]
南北朝 宋	武帝大明八年	464		906 870	4 685 501		5.17	—	—	[17]
北魏	明帝熙平年间	516—520		5 000 000+				—	—	[18]
	庄帝永安年间	528—530		3 375 368				—	—	[19]
北齐	幼主承光元年	577		3 032 528	20 006 880		6.60	—	—	[20]
北周	静帝大象元年	579—580		3 599 000④	9 009 640④		2.51	—	—	[21]
	大定元年	581		3 599 604				—	—	[22]

续表

年　度		公元（年）	与上次相距年数①	户数（户）	口数（口）	田地（亩）	每户平均口数	每户平均亩数	每口平均亩数	资料注
陈	后主祯明三年	569—582	—	600 000	—	—	—	—	—	[23]
隋	文帝开皇九年	589	—	500 000	2 000 000	—	4.00	—	—	[24]
	炀帝大业五年	609	309⑤	⑥	—	—	—	—	—	[25]
唐	高祖武德年间	618—626	20	8 907 546	46 010 956	1 940 426 706	5.17	627.04	121.37	[26]
	太宗贞观年间	627—649	9—17	2 000 000+	—	5 585 404 000②	—	—	—	[27]
	高宗永徽元年	650	18—31	3 000 000	—	—	—	—	—	[28]
	中宗神龙元年	705	1—23	3 800 000	37 140 000+	—	—	—	—	[29]
	玄宗开元十四年	726	55	6 156 141	41 419 712	—	6.03	—	—	[30]
	开元二十二年	734	21	7 069 565	46 285 161	1 440 386 213	5.86	—	34.78	[31]
	天宝元年	742	8	8 018 710	48 909 800	—	5.77	—	—	[32]
	天宝十四载	755	8	8 525 763	52 919 309	1 430 386 213③	5.74	160.45	27.03	[33]
	肃宗乾元三年	760	13	8 914 709	16 990 386	—	5.94	—	—	[34]
	代宗广德二年	764	5	1 933 174	16 920 386	—	8.79	—	—	[35]
	德宗建中元年	780	4	2 933 125	—	⑨	5.77	—	—	[36]
	宪宗元和十五年	820	16	3 805 076	15 760 000⑩	—	6.63	—	—	[37]
	文宗开成四年	839	40	2 375 400⑪	—	—	—	—	—	[38]
	武宗会昌五年	845	19	4 996 752	—	—	—	—	—	[39]
	宣宗大中年间	847—859	6	4 955 151	—	—	—	—	—	[40]
五代			2—14			1 168 835 400				[41]
后周	世宗显德六年	959	100—112	2 309 812⑫	—	108 583 400⑬	—	47.01	—	[42]
宋	太祖开宝九年	976	17	3 090 504	—	295 332 060	—	95.56	—	[43]
	太宗至道二年	996	20	4 574 257	—	312 525 125	—	68.32	—	[44]

续表

年 度		公元(年)	与上次相距年数①	户数(户)	口数(口)	田地(亩)	每户平均口数	每户平均亩数	每口平均亩数	资料注
	真宗景德三年	1006	10	7 417 570	16 280 254	186 000 000+	2.19	25.08	11.42	[45]
	天禧皇祐五年	1021	15	8 677 677	19 930 320	524 758 432	2.30	60.47	26.33	[46]
	仁宗皇祐五年	1053	32	10 792 705	22 292 861	228 000 000+	2.06	21.13	10.23	[47]
	英宗治平三年	1066	13	12 917 221	29 092 185	440 000 000+	2.25	34.06	15.12	[48]
	神宗元丰六年	1083	17	17 211 713	24 969 300	461 655 600	1.45	20.82	18.49	[49]
	神宗元丰八年	1085	2	—	—	248 434 900⑫	—	—	—	[50]
	哲宗元符三年	1100	15	19 960 812	44 914 991	—	2.25	—	—	[51]
	徽宗大观四年	1110	10	20 882 258	46 734 784	—	2.24	—	—	[52]
	高宗绍兴二十九年	1159	49	11 091 885	16 842 401	—	1.52	—	—	[53]
	孝宗乾道六年	1170	10	11 847 385	25 971 870	—	2.19	—	—	[54]
	淳熙七年	1180	10	12 130 901	27 020 689	—	2.23	—	—	[55]
	光宗绍熙四年	1193	13	12 302 873	27 845 085	—	2.26	—	—	[56]
	宁宗嘉定十六年	1223	30	12 670 801	28 320 085	—	2.24	—	—	[57]
	理宗景定五年	1264	41	5 696 989	13 026 532	—	2.29	—	—	[58]
宋金合计③	孝宗淳熙14年 世宗大定27年	1187		19 166 001	69 016 875	—	⑬	—	—	[59]
	光宗绍熙元年 章宗明昌元年	1190		19 294 800	73 948 158	—	⑬	—	—	[60]
	光宗绍熙四年 章宗明昌六年	1193 1195		19 526 273	76 335 485	—	⑬	—	—	[61]
元	世祖至元二十八年	1291	27	13 430 322	59 848 964	—	4.46	—	—	[62]
	文宗至顺元年	1330	39	13 400 699	—	—	—	—	—	[63]

中国历史学习手册 | 288

续表

年 度		公元(年)	与上次相距年数①	户数(户)	口数(口)	田地(亩)	每户平均口数	每户平均亩数	每口平均亩数	资料注
明	太祖洪武十四年	1381	51	10 654 362	59 873 305	366 771 549	5.62	34.42	6.13	[64]
	洪武二十四年	1391	10	10 684 435	56 774 561	387 474 673	5.31	36.27	6.82	[65]
	洪武二十六年	1393	2	10 652 870	60 545 812	850 762 368⑬	5.68	79.86	14.05	[66]
	成祖永乐元年	1403	10	11 415 829	66 598 337	—	5.83	—	—	[67]
	永乐十一年	1413	10	9 684 916	50 950 244	—	5.26	—	—	[68]
	永乐二十一年	1423	10	9 972 125	52 763 178	—	5.29	—	—	[69]
	宣宗宣德元年	1426	3	9 918 649	51 960 119	412 460 600	5.24	41.58	7.94	[70]
	宣德十年	1435	9	9 702 495	50 627 569	427 017 200	5.22	44.01	8.43	[71]
	英宗正统十年	1445	10	9 537 454	53 772 934	424 723 900	5.64	44.53	7.90	[72]
	代宗景泰六年	1455	10	9 405 390	53 807 470	426 733 900	5.72	45.57	7.93	[73]
	英宗天顺八年	1464	9	9 107 205	60 499 330	472 430 200	6.64	51.87	7.81	[74]
	宪宗成化十年	1474	10	9 120 195	61 852 810	477 899 000	6.78	52.40	7.73	[75]
	成化二十年	1484	10	9 205 711	62 885 829	486 149 800	6.83	52.81	7.73	[76]
	孝宗弘治三年	1490	6	9 503 890	50 307 843	423 805 800⑭	6.29	44.59	8.42	[77]
	弘治十五年	1502	12	10 409 788	50 906 672	622 805 881⑮	4.89	59.83	12.23	[78]
	武宗正德五年	1510	8	9 144 095	59 499 759	469 723 300⑯	6.51	51.37	7.85	[79]
	正德十四年	1519	9	9 399 979	60 606 220	469 723 300⑰	6.45	49.97	7.75	[80]
	世宗嘉靖十一年	1532	13	9 443 229	61 712 993	428 828 400	6.54	45.41	6.95	[81]
	嘉靖二十一年	1542	10	9 599 258	63 401 252	428 928 400	6.60	44.68	6.77	[82]
	嘉靖三十一年	1552	10	9 609 305	63 344 107	428 035 800	6.59	44.54	6.76	[83]
	嘉靖四十一年	1562	10	9 638 396	63 654 248	431 169 400	6.60	44.74	6.77	[84]
	穆宗隆庆五年	1571	9	10 008 805	62 537 419	467 775 000	6.25	46.74	7.48	[85]

续表

年 度		公元(年)	与上次相距年数①	户数(户)	口数(口)	田地(亩)	每户平均口数	每户平均亩数	每口平均亩数	资料注
	神宗万历六年	1578	7	10 621 436	60 692 856	701 397 628	5.71	66.04	11.56	[86]
	神宗万历三十年	1602	24	10 030 241	56 305 050	1 161 894 800	5.61	11.58	20.64	[87]
	光宗泰昌元年	1620	18	9 835 426⑫	51 655 459⑬	743 931 900⑫	5.25	75.64	14.40	[88]
	熹宗天启六年	1626	6	9 835 426⑫	51 655 459⑬	743 931 900⑫	5.25	75.64	14.40	[89]
	思宗崇祯年间	1628—1644	2—18			783 752 400				[90]
清	世祖顺治十二年	1655	11—27		14 033 900	387 771 991			27.63	[91]
	世祖顺治十八年	1661	6		19 137 652	526 502 829			27.51	[92]
	圣祖康熙十二年	1673	12		19 393 587	541 562 783			27.92	[93]
	康熙十九年	1680	7		17 094 637	522 766 687			30.58	[94]
	康熙二十四年	1685	5		20 341 738	589 162 300			28.96	[95]
	康熙四十年	1701	16		20 411 163	598 698 565			29.33	[96]
	康熙五十年	1711	10		24 621 324	693 034 434			28.15	[97]
	康熙六十年	1721	10		25 616 209	735 645 059			28.72	[98]
	世宗雍正二年	1724	3		26 111 953	890 647 524			34.11	[99]
	雍正十二年	1734	10		27 355 462	890 138 724			32.54	[100]
	高宗乾隆十八年	1753	19		102 750 000	708 114 288			6.89	[101]
清	乾隆三十一年	1766	13		208 095 796	711 449 550			3.56	[102]
	仁宗嘉庆十七年	1812	46		361 693 379	791 525 196			2.19	[103]
	宣宗道光十三年	1833	21		398 942 036					[104]
	德宗光绪十三年	1887	54		377 636 000	911 976 606			2.41	[105]
	宣统三年(1)	1911	24	92 699 185	341 423 867		5.45			[106]
	宣统三年(2)			71 268 651	368 146 520		5.17			[107]

编者注：① 三国及南、北朝因限于局部地区，难作比较，故相距年数不列入。

② 诸书俱作和帝永兴元年。考永兴为桓帝第四次改元时(153)的年号；和帝时年号仅有永元及元兴，而无永兴。今从《古今图书集成·食货典》9所记，作元兴元年(105)。

③ 与汉桓帝永寿三年相距年数。

④ 北周是于建德六年(577)灭北齐的。但这里的户数仅较北齐户数多56万余户，口数却少了约1000万；因此这两个户、口数应该是未包括北齐户口数在内。

⑤ 与西晋太康元年相距年数。

⑥ 《通典·食货》2载："开皇九年，任垦田千九百四十万四千二百六十七顷。"其下注云："隋开皇中户总八百九十万七千五百三十六，按定垦之数，每户合垦田二顷余也。"按：根据同书《食货》7及他书材料，户总890万余，应是大业二年的户数。

⑦ 《通典·食货》2在这个数字下注云："恐本史非实。"认为太大。

⑧ 原书俱说明是"应受田"数。

⑨ 《通典·食货》2《田制下》："天宝中应受田 14 303 862 顷 13 亩。"原注云："按〔天宝〕14年有户 8 900 000 余，计定垦(田)之数，每户合一顷六十余亩。至建中初，分遣黜陟使按比垦田数，都得百十余万顷。"注里所记建中初的垦田数，文义不够明确。如果说，当时各道检核所得的垦田数，总共只有"百十余万顷"，则未免偏低太甚。如果解释作比较天宝时或其后的垦田数多括出了"百十余万顷"，便似与建中元年(780)推行两税法时，田税以大历十四年(779)定垦之数为准这件事较为接近。

⑩ 原书俱注明"九十七州未申户口数"。

⑪ 《元龟》注明"新得淮南郡县不在其内"。

⑫ 《通考·田赋》4云："(元丰)八年……诏罢方田。天下之田已方而见于籍者，至是二百四十八万四千三百四十有九顷云。"可见这一数字仅为方田之数，并未包括全国垦田数。

⑬ 我们把宋、金对峙时期两朝户、口数合在一起，用以显示当时宋、金两朝的总户、口数。

⑭ 宋、金两朝制度不同，此处不宜于作每户平均口数。

⑮ 这个数字与前后数字相差悬殊，是年实录田数无记载。

⑯ 根据《实录》，弘治元年至十七年的田地数都是八百余万顷，与《会典》所载的六百余万顷，特别是与《续通考》和《续通典》所载的四百余万顷，相差很大。又弘治十五年《会典》作 6 228 058 顷 81 亩，《续通考》作 4 228 058 顷，除了第一个数字一作四、一作六外，其他数字完全一样。

⑰ 根据《实录》,正德历年田地数俱作 4 697 233 顷。

⑱ 根据《实录》,泰昌元年、天启元年、三年、五年、六年各年的户、口及田地数均同。

附记:宋章俊卿《山堂群书考索》(明正德十三年慎独斋本,以下简称《考索》)卷 63 地理门户口类记有自"禹平水土"以迄北宋神宗时的历代户口情况。其中关于上古至唐天宝末这段时期,《考索》几乎全部抄袭《通典》卷 7《食货》7 历代盛衰户口的原文,仅作了部分删节。所以,《考索》所记唐中叶以前各年度的户口数完全和《通典》一样,其中仅北齐末的口数作 10 006 880,较《通典》及《周书》《隋书》所记少了整整 1 000 万口。显是刊刻之误。关于北宋,《考索》记有九个年度的户数,而无口数:

  太祖开宝九年   仁宗天圣七年
  太宗至道三年   嘉祐八年
  真宗咸平六年   英宗治平三年
  景德四年   神宗熙宁十年
  天禧五年

以上北宋九个年度的户数,请参看《甲编》表 32。

资料注:

〔1〕户、口两栏据《汉书·地理志》。《西汉会要·民政》1 户口、《文献通考(以下简称《通考》)·户口一》《西汉年纪》卷 30 均同。《后汉书》志 19 郡国 1 注引《帝王世纪》(以下简称《帝王世纪》):户数作 13 233 612,口数作 59 194 978(《指海》第 6 集顾尚之《帝王世纪》辑本作"民户口三百二十三万三千六百一十二","口"字乃"千"字之误)。《通典·食货》7、《通志·食货略》1:户数作 12 233 000;口数同。《册府元龟》(以下简称《元龟》)卷 486 邦计部户籍:户数同《通典》;口数作"千九百五十九万四千九百七十八",千万前当脱一"五"字。《玉海》卷 20 户口:户、口数同《帝王世纪》,并注云:户数一作 12 333 662,口数一作 59 594 978。垦田栏据《汉书·地理志》。《帝王世纪》,《西汉会要》民政 1,《通考田赋》1,《西汉年纪》卷 30 均同。《通典·食货》1 作 827 053 000 亩。按:汉志原记当时天下提封田共 145 136 405 顷,其中:邑居道路山川林泽群不可垦的占 102 528 889 顷;可垦不垦的占 32 290 947 顷;定垦田占 8 270 536 顷。

〔2〕《后汉书》志 23 郡国 5 注引伏无忌所记(以下简称"伏无忌记")。《东汉会要》卷 28 民政上户口、《通考·户口》1 均同。《通典·食货》7、《元龟》卷 486、《通志·食货略》1:户数作 4 270 634;口数同。

〔3〕伏无忌记、《东汉会要》卷 28 均同。《通考》户口 1,户数作 5 860 173,口数同。

〔4〕伏无忌记。《东汉会要》卷 28、《通考·户口》1 均同。

〔5〕伏无忌记。《东汉会要》卷28、《通考·户口》1及《田赋》2均同。

〔6〕伏无忌记。《东汉会要》卷28，户口数同；垦田数作 694 289 223 亩，《通考·户口》1 所记户口数同，同书田赋 2 所记垦田数作 694 289 233 亩。

〔7〕《后汉书》志23《郡国》5。

〔8〕伏无忌记。《东汉会要》卷28、《通考·户口》1及《田赋》2、陶栋《东观汉记》辑本（载辑佚丛书）均同。《通典·食货》1载田数同，户数则作 9 946 990。《通考》田赋 2 所载与《通典》同。

〔9〕伏无忌记。《东汉会要》卷28、《通考·户口》1及《田赋》2均同。

〔10〕同上。

〔11〕《晋书·地理志》。《通典》食货7、《通志·食货略》1均同。《帝王世纪》：年度作永寿二年；户数 16 070 906；口数 50 066 856，《东汉会要》卷28、《通考·户口》1均同《帝王世纪》。《元龟》卷486，户数作 16 077 906；年度、口数同《晋书》。

〔12〕《通典·食货》7、《通志·食货略》1、《通考·户口》1、《元龟》卷486均同。

〔13〕同上。

〔14〕《通典·食货》7、《通志·食货略》1、《通考·户口》1均同。《晋书》卷3《武帝纪》、《元龟》卷486户数作 523 000。孙盛《晋阳秋》卷2，户数作 503 000，口数同。

〔15〕《晋书·地理志》。《通典·食货》7、《通考、户口》1 户数俱作 2 459 804。《元龟》卷486 户数作 22 459 804，误多二千万。

〔16〕《十六国春秋》前秦录（按：《通典·食货》7、《通志·食货略》1、《通考·户口》1所载户数均同，但三书原文口数作"99 987 935"，数字过大，显有错误。《通鉴》卷102 口数作"九百九十九万"，与《十六国春秋》基本相同）。

〔17〕《通典·食货》7、《通志·食货略》1、《通考·户口》1、《元龟》卷486均同。

〔18〕同上。按各书俱未指明年度，只云："明帝正光以前，时惟全盛，……则户有五百余万矣。"《古今图书集成·食货典》9作"孝明帝□年"，今姑系于明帝即位至正光元年这一段期间。

〔19〕同上。按各书俱未指明年份，只云："及尔朱荣之乱(528—530)……人户流离，官司文簿又多散弃。今按旧史三百三十七万五千三百六十八。"今从《古今图书集成·食货典》9系于孝庄帝永安年间。

〔20〕同上。(《周书》卷6户数作 3 302 528；《隋书》卷29作 3 030 000。)

〔21〕同上。

〔22〕《通典·食货》7。(《通考·户口》1、《通志·食货略》1俱作 3 999 604。)

〔23〕《元龟》卷486。

〔24〕《通典·食货》7、《通考·户口》1均同。

〔25〕《通典·食货》2。《通考·食货略》1、《通考·田赋》2均同。

〔26〕户、口数见《隋书》卷29。《通典·食货》7、《通志·食货略》1、《通考·户口》1：年

度俱作大业二年[606];户数作 8 907 536;口数同。)垦田栏《通典·食货》2、《通志·食货略》1、《通考·田赋》2 均同。《通鉴》卷 181《隋纪》5 记本年"天下凡有郡 190,县 1 255,户 8 900 000 有奇"。又说,这一年民部侍郎裴蕴奏令貌阅,"诸郡计帐进丁 203 000(一作 243 000),新附口 641 500"。

〔27〕《通典·食货》7。《元龟》卷 486 同(原书俱作"二百余万户")。

〔28〕《通典·食货》7。《元龟》卷 486、《新唐书》卷 51《食货志》1、《通考·户口》1 均同(各书俱作"不满三百万户")。

〔29〕《通典·食货》7、《通考·户口》1 均同。(《旧唐书》卷 4《高宗纪》上、《唐会要》卷 84 户数同,但年度俱作永徽三年。)

〔30〕《资治通鉴》(以下简称《通鉴》)卷 208。自神龙元年至会昌五年的详细考释,请参看甲表 21。

〔31〕户、口数见《旧唐书》卷 8《玄宗纪》上。田数见吕夏卿《唐书直笔》卷 4 新例须知,数字基本与《通典·食货》2 所记天宝中应受田数相同,又原书但作"开元中",今姑系于开元十四年。

〔32〕《唐六典》卷 3。

〔33〕《旧唐书》卷 9《玄宗纪》下。

〔34〕户、口数见《通典·食货》7。垦田数见《通典·食货》2、《通考·田赋》3、《通志·食货略》1。《五代会要》卷 25 载:"自贞观至于开元将及九百万户、五千三百万口、垦田一千四百万顷。"

〔35〕《通典·食货》7。

〔36〕《旧唐书》卷 11《代宗纪》。

〔37〕《唐会要》卷 84,记是年十二月,定天下两税户之数如左。唯《通鉴》卷 226 作:"天下税户 3 085 075。"

〔38〕《旧唐书》卷 16《穆宗纪》。

〔39〕《旧唐书》卷 17 下《文宗纪》下。

〔40〕《通鉴》卷 248。

〔41〕《唐书直笔》卷 4 新例须知。

〔42〕《元龟》卷 486。《续通典·食货》10 同。

〔43〕《通考·户口》2、《田赋》4。《续通典·食货》10 户数同;《食货》1 作"垦田 2 953 320 顷"。垦田数两书原作开宝末。按开宝九年即太宗太平兴国元年(十二月改)。

〔44〕户数见《太宗实录》卷 79(《续通鉴长编》卷 40 作 3 574 257)。垦田数见《通考·田赋》4;《续通典·食货》1 作"3 125 251 顷"。

〔45〕户、口数据《宋会要辑稿·食货》12。垦田数见《续通典·食货》1(原书作景德中,按景德只有 4 年[1004—1007],姑系于三年,以便与户、口数作比较。又原书作一百八十六万余顷)。

〔46〕户、口数《宋会要辑稿·食货》11,《通考·户口》2 均同。《续通鉴长编》卷 97 户数同；口数作 13 930 320,垦田数见《通考·田赋》4;《续通典·食货》1 作 5 247 584 顷。

〔47〕户、口数见《续通鉴长编》卷 175。垦田数见《通考·田赋》4 及《续通典·食货》1(两书均作皇祐中。按皇祐仅有 5 年[1049—1053 年],姑以户、口数的年份,系于 5 年。又原书作二百二十八万余顷)。

〔48〕户、口数见《宋会要辑稿·食货》11。《通考·户口》2 同。垦田数见《通考·田赋》4 及《续通典·食货》1(两书均作治平中。按治平仅有 4 年[1064—1067 年],姑以户、口数的年份,系于三年。又原书作四百四十余万顷)。

〔49〕户、口数见《宋会要辑稿·食货》11,《通考·户口》2 同。垦田数见《通考·田赋》4,原书作元丰间(1078—1085)。

〔50〕《通考·田赋》4。

〔51〕《宋史·地理志》。

〔52〕同上。

〔53〕《宋会要辑稿·食货》11。

〔54〕同上。

〔55〕同上。

〔56〕《通考·户口》2。

〔57〕同上。

〔58〕《续通考·户口》1。王圻《续文献通考》卷 19《户口考》同。

〔59〕根据《宋会要辑稿·食货》11 所载南宋是年户、口数及《金史·食货志》所载是年金户、口数合计得来。

〔60〕根据《玉海》卷 20 所载南宋是年户、口数及《金史·食货志》所载是年金户、口数合计得来。

〔61〕根据《通考·户口》2 所载南宋是年户、口数及《金史·食货志》所载是年金户、口数合计得来。

〔62〕《元史》卷 16《世祖本纪》13(口数不包括游食者 429 118)。

〔63〕《续通考·户口》2(原注为户部钱粮户)。王圻《续文献通考》卷 19《户口考》同。

〔64〕《明太祖实录》卷 140。《续通考·户口》所载户、口数同。王圻《续文献通考》卷 20《户口考》所载户、口数亦同。

〔65〕《明太祖实录》卷 214。

〔66〕户、口数见明《万历会典·户部》6 卷 19。(《续通考·户口》2 同。《续通典·食货》10,《明史》卷 77《食货》1 户数俱作 16 052 860;口数同。)垦田数见《万历会典·户部》6 卷 17。(《续通考·田赋》2 同《明史》卷 77。《食货》1 作 850 762 300。)

〔67〕《明成祖实录》卷 26。王圻《续文献通考》卷 20《户口考》同。

〔68〕同上书卷 146。王圻《续文献通考》卷 20《户口考》同。

〔69〕同上书卷 266。

〔70〕《明宣宗实录》卷 23。

〔71〕《明英宗实录》卷 12。

〔72〕同上书卷 136。

〔73〕同上书卷 261。

〔74〕《明宪宗实录》卷 12。王圻《续文献通考》卷 20《户口考》户数同,口数作 60 479 330。

〔75〕同上书卷 136。

〔76〕同上书卷 259。

〔77〕户、口数见《明孝宗实录》卷 46。垦田数见《续通典·食货》3(《孝宗实录》卷 46 作 825 488 100 亩)。

〔78〕户、口数见《明孝宗实录》卷 194。垦田数见《明万历会典·户部》6 卷 17。(《孝宗实录》卷 194 作 835 748 500 亩;《续通考·田赋》2 作 422 805 800 亩。王圻《续文献通考》卷 3《田赋考》垦田数作 422 805 892 亩。)

〔79〕《明武宗实录》卷 70。

〔80〕同上书卷 181。

〔81〕《明世宗实录》卷 145。

〔82〕同上书卷 269。(王圻《续文献通考》卷 3《田赋考》垦田数作 436 056 261 亩。)

〔83〕同上书卷 392。

〔84〕同上书卷 516。

〔85〕《明穆宗实录》卷 64。

〔86〕《续通考·户口》2 及《田赋》2 王圻《续文献通考》卷 20《户口考》及卷 3《田赋考》所载户、口、垦田数均同。

〔87〕《明神宗实录》卷 379。

〔88〕《明熹宗实录》卷 4。

〔89〕同上书卷 79。

〔90〕《续通考·田赋》2。

〔91〕王先谦《东华录》顺治卷 25。《清世祖实录》卷 96 所载口数同。

〔92〕同上书康熙卷 1。《清通考·户口》1 及《田赋》1;口数 21 068 609,(《清通志·食货》5 同);亩数 549 357 640,《清通典·食货》9 口数作 21 068 600。

〔93〕同上书康熙卷 13。

〔94〕同上书康熙卷 26。

〔95〕同上书康熙卷 36《清通考·户口》1 及《田赋》2;口数 23 411 448;亩数 607 843 001。《清通典·食货》9 口数同《清通考》,《食货》1 亩数作 6 078 430 顷有奇。《清通志·食货》5 口数作 23 417 448。

〔96〕同上书康熙卷 68。

〔97〕同上书康熙卷88。《清通考·户口》1 口数作 24 621 334。《清通典·食货》9 及《清通志·食货》5 口数均作 24 621 324。

〔98〕同上书康熙卷108。(《清通考·户口》1 及《清通典·食货》9 口数均作 27 355 462 [内滋生人丁不加赋者 467 850]。《清通志·食货》5 口数作 25 386 209 [内滋生人丁不加赋者 467 850]。)

〔99〕同上书雍正卷5。(《清通考·户口》1 及《田赋》3;口数 25 284 818;亩数 683 791 427。《清通志·食货》9 及《食货》1;口数 24 854 818;亩数 6 837 914 顷有奇。《清通典·食货》5 数同《清通典》。)

〔100〕同上书雍正卷25。《清通典·食货》9 数同。

〔101〕《清通考·户口》1 及《田赋》4。《清通典·食货》1 亩数同。王先谦《东华续录》乾隆卷38 口数作 183 678 259;不载垦田数。

〔102〕口数见《东华续录》乾隆卷64;垦田数见《清通考·田赋》4。《清通志·食货》1 亩数同。《清通典·食货》1 亩数作 7 414 495 顷有奇。

〔103〕口数见《嘉庆会典》卷11;垦田数见《嘉庆会典》卷13。

〔104〕《东华续录》道光卷28。

〔105〕《光绪会典》卷17。

〔106〕《清史稿·地理志》,未包括内蒙古等边区户口数,《清续通考》口数作 408 182 071。

〔107〕《中国经济年鉴》(1934)上册第3章据宣统户口调查档册所作的修正数字。

(二) 中国历代度量衡变迁表

(甲) 中国历代尺之长度标准变迁表

一、古今尺度的比较

朝代	尺名	当王莽货布尺①	当清营造尺②	当今米	备考
商	骨尺甲	0.608	0.44	0.141	传出河南殷墟(罗)
商	骨尺乙	0.733	0.53	0.1695	传出河南殷墟(罗);南京博物院藏(矩)
周	骨尺	0.949	0.689	0.2192	传出河南殷墟(罗)
周	铜尺甲	0.973	0.706	0.225	传出寿州古墓(罗)
周	铜尺乙	0.982	0.71	0.227	据墨本(罗);战国(矩)
	铜尺	0.997		0.230	上虞罗氏(矩)
	铜尺	0.982		0.227	尺尾稍残,长沙湖南文管会藏(矩)
	铜尺	0.997		0.230	北京历史博物馆藏(矩)

续表

朝 代	尺 名	当王莽货布尺①	当清营造尺②	当今米	备 考
周	镂牙尺	0.997	0.717	0.230	传出洛阳(罗);番禺叶氏藏(矩)
周	铜尺	1	0.72	0.231	传出洛阳金村(罗);番禺叶氏藏(矩)
	铜尺	1		0.231	据拓本(矩)
周	周尺	1	0.72	0.231	《隋志》十五等尺之一(罗)
秦	商鞅量尺	1	0.72	0.231	据秦孝公量制(罗)
新莽	莽铜斛尺	1	0.72	0.231	据王莽铜斛制(罗)
新莽	莽货布尺	1	0.72	0.231	据王莽货泉制(罗);据货布(矩)
后汉	建武铜尺	1	0.72	0.231	《隋志》十五等尺之一(罗)
后汉	玉尺	1.007	0.725	0.2327	《隋志》十五等尺之一(罗);战国,当今米0.23261(矩)
后汉	骨尺	1.009	0.73	0.233	传出浚县(罗)
后汉	画彩牙尺	1.01	0.735	0.2338	日本嘉纳氏藏(罗);日本人藏(矩)
后汉	牙尺	1.009		0.233	北京历史博物馆藏(矩)
后汉	牙尺	1.009		0.233	据拓本(矩)
后汉	牙尺	1.009		0.233	据拓本(矩)
后汉	铜尺	1.009		0.233	
后汉	雕兽形花铜尺	1.009		0.233	
后汉	虑俿铜尺	1.016	0.74	0.235	曲阜孔氏藏(罗)
后汉	官尺	1.037	0.745	0.238	《隋志》十五等尺之四(罗);当今米0.23809(矩)
后汉	古铜尺	1.037	0.745	0.238	《隋志》十五等尺之四(罗)
后汉	建初六年铜尺	1.015		0.235	据拓本(矩)
后汉	雕鸟兽形花纹铜尺	1.019		0.235	北京历史博物馆藏(矩)
后汉	鎏金镂花铜尺	1.021		0.236	山东掖县出土(矩)

续表

朝代	尺名	当王莽货布尺[①]	当清营造尺[②]	当今米	备考
后汉	画彩牙尺	1.028		0.239	日本人藏（矩）
魏	杜夔律尺	1.047	0.759	0.242	《隋志》十五等尺之五（罗）；当今米 0.24185（矩）
魏	正始弩机尺	1.051	0.765	0.243	据家藏弩机（罗）；据弩机，当莽货布尺1.05（矩）
晋	荀勖律尺	1	0.72	0.231	《隋志》十五等尺之一（罗）
晋	后尺	1.062	0.77	0.2452	《隋志》十五等尺之六（罗）；当今米 0.24532（矩）
赵	土圭尺	1.05	0.76	0.2428	《隋志》十五等尺之十四（罗）；刘曜土圭尺，当今米 0.24255（矩）
赵	杂尺	1.05	0.76	0.2428	《隋志》十五等尺之十四（罗）
宋	宋氏尺	1.064	0.77	0.2458	《隋志》十五等尺之十二（罗）；当今米 0.24578（矩）
宋	浑天仪尺	1.064	0.77	0.2458	《隋志》十五等尺之十二（罗）
宋	残骨尺	1.07		0.247	陕西西安出土（矩）
宋	骨尺	1.07		0.247	北京历史博物馆藏（矩）
梁	法尺	1.007	0.725	0.2327	《隋志》十五等尺之十二（罗）
梁	表尺	1.0221	0.74	0.2361	《隋志》十五等尺之十三（罗）
梁	俗间尺	1.071	0.78	0.2474	隋志十五等尺之十五（罗）
梁	铜尺甲	1.078	0.785	0.2495	贞松堂藏（罗）；北京历史博物馆藏（矩）
梁	铜尺乙	1.088	0.79	0.2515	乌程蒋氏藏（罗）；鎏金铜尺，北京历史博物馆藏（矩）
梁	铜短尺	1.082	0.788	0.2505	日本嘉纳氏藏（罗）
梁	镂花铜尺	1.072		0.2485	上虞罗氏旧藏（矩）
梁	鎏金雕凤铜短尺	1.075		0.2490	日本人藏（矩）
北魏	前尺	1.207	0.873	0.279	《隋志》十五等尺之七（罗）；当今米 0.27881（矩）
		1.107	0.8	0.252	《宋史》引二寸作一寸（罗）；《宋史》引作1.17尺，当今米 0.25581（矩）

续表

朝代	尺名	当王莽货布尺①	当清营造尺②	当今米	备考
北魏	中尺	1.211	0.88	0.280	《隋志》十五等尺之八（罗）；当今米 0.27974（矩）
	后尺	1.281	0.926	0.296	《隋志》十五等尺之九（罗）；当今米 0.29591（矩）
东魏	后尺	1.508	1.086	0.3475	《隋志》十五等尺之十（矩）
		1.308	0.942	0.3048	《宋史》引作一尺三寸八毫（罗）
北周	铁尺	1.046	0.77	0.2458	《隋志》十五等尺之十二（罗）
北周	铜龠尺	1.158	0.835	0.2675	《隋志》十五等尺之十二（罗）
北周	玉尺	1.158	0.835	0.2675	《隋志》十五等尺之十一（罗）；当今米 0.26749（矩）
北周	市尺	1.281	0.926	0.296	《隋志》十五等尺之九（罗）
隋	开皇官尺	1.281	0.926	0.296	《隋志》十五等尺之九（罗）
隋	律吕冰尺	1.186	0.856	0.274	《隋志》十五等尺之十三（罗）；万宝常律吕冰尺，当今米 0.27396（矩）
唐	白牙尺	1.281	0.926	0.296	日本奈良正仓院藏（罗）；日本正仓院藏（矩）
唐	红牙尺甲	1.283	0.929	0.297	日本奈良正仓院藏（罗）；红牙拨镂尺甲，日本正仓院藏（矩）
唐	绿牙尺甲	1.283	0.929	0.297	日本奈良正仓院藏（罗）；绿牙拨镂尺甲，日本正仓院藏（矩）
唐	镂牙尺	1.303	0.94	0.301	乌程蒋氏藏（罗）；据拓本（矩）
唐	铜尺	1.308	0.943	0.302	乌程蒋氏藏（罗）
唐	红牙尺乙	1.309	0.944	0.3025	日本奈良正仓院藏（罗）；红牙拨镂尺乙，日本正仓院藏（矩）
唐	绿牙尺乙	1.315	0.95	0.304	日本奈良正仓院藏（罗）；绿牙拨镂尺乙，日本正仓院藏（矩）
唐	铜尺	1.338	0.965	0.309	贞松堂藏（罗）

续表

朝　代	尺　名	当王莽货布尺①	当清营造尺②	当今米	备　考
唐	牙尺	1.341	0.966	0.31	贞松堂藏（罗）
唐	牙拨镂尺	1.352	0.974	0.312	日本嘉纳氏藏（罗）
唐	雕花铜尺	1.36	0.982	0.3148	日本嘉纳氏藏（罗）
唐	开元泉尺	1.365	0.985	0.316	据开元泉制（罗）
唐	石尺	1.212		0.28	陕西西安出土（矩）
唐	鎏金铜尺	1.29		0.299	北京历史博物馆藏（矩）
唐	鎏金镂花铜尺	1.303		0.301	陕西西安出土（矩）
唐	鎏金镂花铜尺甲	1.315		0.304	陕西西安出土（矩）
唐	鎏金镂花铜尺乙	1.315		0.304	北京历史博物馆藏（矩）
唐	镂牙尺	1.345		0.311	日本人藏（矩）
唐	镂花铜尺	1.345		0.312	北京历史博物馆藏（矩）
唐	鎏金镂花铜尺	1.35		0.3135	北京历史博物馆藏（矩）
五代	周律准尺	1.021	0.74	0.237	《律吕新书》（罗）
宋	木矩尺甲	1.338	0.963	0.309	贞松堂藏巨鹿故城出土（罗）；北京历史博物馆藏（矩）
宋	玉尺	1.215	0.88	0.2815	福开森藏（罗）；金错玉尺，据拓本（矩）
宋	木矩尺乙	1.422	1.029	0.329	贞松堂藏巨鹿故城出土（罗）；北京历史博物馆藏（矩）
宋	三司布帛尺	1.166	0.84	0.2695	据金殿扬仿制石尺（罗）；金殿扬仿宋尺，北京历史博物馆藏（矩）
宋	影表尺	1.063	0.766	0.2451	见律吕新书（罗）
宋	丁度律尺	1.035	0.743	0.2378	见《律吕古谊》（罗）
宋	胡瑗律尺	1.063	0.766	0.2451	见《律吕新书》（罗）
宋	邓保信尺	1.215	0.88	0.2815	见《律吕古谊》（罗）
宋	李照律尺	1.35	0.982	0.311	见《律吕新书》（罗）
宋	鎏金铜尺	1.338		0.309	北京历史博物馆藏（矩）

续表

朝代	尺名	当王莽货布尺①	当清营造尺②	当今米	备考
宋	铜尺	1.368		0.316	北京历史博物馆藏(矩)
宋	镂花铜尺	1.368		0.316	北京历史博物馆藏(矩)
宋	木尺	1.424		0.329	北京历史博物馆藏(矩)
明	嘉靖牙尺	1.385	1.00	0.32	武进袁氏藏(罗);故宫博物院藏(矩)
明	量地尺	1.41	1.02	0.3265	据朱氏《律学新说》,又名铜尺(罗)
明	钞尺	1.475	1.06	0.341	据朱氏《律学新说》,又名裁尺(罗)
明	骨尺	1.385		0.32	山东梁山出土(矩)
清	部颁铜尺	1.347	0.98	0.312	据家藏木尺(罗)
清	营造尺	1.385	1.00	0.32	据清官印制(罗),据牙尺,当今米0.3195(矩)
清	量地藩尺	1.482	1.07	0.343	据家藏木尺,又名户部尺(罗);据本尺(矩)
清	裁衣尺	1.52	1.11	0.352	据《大清会典》(罗);北京历史博物馆藏,当莽货布尺1.523(矩)
清	乐律用尺	1.118	0.81	0.2851	据《大清会典》(罗);据《清会典》,当今米0.259(矩)
清	部颁牙尺	1.341		0.31	上虞罗氏藏(矩)
清	裁衣铜尺	1.51		0.349	

资料来源:据罗福颐《传世古尺录》(1941年刊)作,又以《文物参考资料》1957年第3期矩斋《古尺考》补校之。据矩斋一文没有"当清营造尺"一栏的记录,仅载"当莽尺"及"当今尺"("当今尺"一栏,现遵照1959年6月25日国务院颁布的《统一公制计算单位中文名称方案》规定,改用米制;以下各表中引用的度量衡单位旧称,亦一律照改)二栏。其中数值矩斋与罗氏不同者,则于表中"备考"一栏标出。前文以(罗)字作记,后文以(矩)字作记。

编者注:① 王莽货布尺与晋前尺(即荀勖律尺)长度相同。
② 清营造尺亦即清河工尺。

二、吴承洛的推算

朝　代	公　元	一尺合厘米数	一尺合市尺数
前汉	前206—后8	27.65	0.8295
新莽(包括更始)	9—24	23.04	0.6912
后汉(章帝建初六年以前)	25—80	23.04	0.6912
后汉(章帝建初六年以后)	81—220	23.75	0.7125
魏	220—265	24.12	0.7236
西晋(武帝泰始十年以前)	265—273	24.12	0.7236
西晋(武帝泰始十年以后)	274—317	23.04	0.6912
东晋	317—420	24.45	0.7335
前赵	318—329	24.19	0.7257
南朝(宋元嘉七年迄陈亡)	430—589	24.51	0.7353
梁(天监元年前后民间用尺)	502	24.66	0.7408
梁(法定新尺)	502—557	23.20	0.6960
梁(测影用尺)	502—557	23.55	0.7065
陈(测影用尺)	557—589	23.55	0.7065
北魏(登国元年以后)	386以后	27.81	0.8343
北魏(登国元年以后)	386以后	27.90	0.8370
北魏至西魏	386—557	29.51	0.8853
北魏太和十九年至东魏	495—550	29.97	0.8991
北齐	550—577	29.97	0.8991
北周(市尺)	557—566	29.51	0.8853
北周(天和改元颁用玉尺)	566—581	26.68	0.8004
北周(调钟律均田度地尺)	557—577	24.51	0.7353
北周(建德六年颁用铁尺)	577—581	24.51	0.7353
隋(炀帝大业三年以前)	581—606	29.51	0.8853
隋(炀帝大业三年以后)	607—618	23.55	0.7065
唐	618—907	31.10	0.9330
五代	907—960	31.10	0.9330
宋	960—1279	30.72	0.9216
元	1279—1368	30.72	0.9216
明	1368—1644	31.10	0.9330
清	1644—1911	32.00	0.9600

资料来源：吴承洛《中国度量衡史》(商务印书馆1937年初版及1957年修订重印第1版)。请参考本附录"附记"。

编者注：1市尺＝1/3米＝33.3334厘米。

三、刘复和杨宽的推算

历代尺名	一尺合米数	一尺合营造尺数	一尺合市尺数
刘复的推算：			
刘歆铜斛尺（即新莽尺）	0.2308864	0.72152	0.6926592
汉官尺	0.2379744	0.74367	0.7139232
魏尺	0.2417381	0.755431	0.725214
晋田父玉尺	0.2325027	0.72657	0.697508
晋后尺	0.2452015	0.76625	0.7356
前赵刘曜尺	0.2424308	0.7576	0.72729
宋氏尺	0.2456632	0.7677	0.73699
梁表尺	0.2359891	0.73747	0.70797
梁俗间尺	0.2472794	0.77275	0.74184
梁法尺	0.2325027	0.72657	0.697508
后魏前尺	0.27868	0.87087	0.83604
后魏中尺	0.2796036	0.87376	0.83881
后魏后尺	0.2957656	0.92427	0.88729
东魏尺	0.3003372	0.93855	0.90101
后周玉尺	0.2673666	0.83552	0.802099
后周市尺	0.2957656	0.92427	0.88729
后周铁尺	0.2456632	0.7677	0.73699
隋开皇初调钟律尺	0.2456632	0.7677	0.73699
隋开皇十年尺	0.2738304	0.85572	0.82149
隋开皇官尺	0.2957656	0.92427	0.88729
杨宽的推算：			
唐镂牙尺	0.3	0.94	0.9
唐红牙尺甲（日本奈良正仓院藏）	0.295	0.93⁻	0.885
唐红牙尺乙（日本奈良正仓院藏）	0.304	0.95	0.912
唐绿牙尺甲（日本奈良正仓院藏）	0.304	0.95	0.912
唐绿牙尺乙（日本奈良正仓院藏）	0.293	0.92⁺	0.879
唐白牙尺甲（日本奈良正仓院藏）	0.297	0.93	0.891
唐白牙尺乙（日本奈良正仓院藏）	0.297	0.93	0.891
唐小尺（据爪形开元钱推得）	0.25	0.8⁻	0.75
宋木尺甲（1921年巨鹿出土）	0.329	1.02	0.987
宋木尺乙（1921年巨鹿出土）	0.329	1.02	0.987

续表

历代尺名	一尺合米数	一尺合营造尺数	一尺合市尺数
宋木尺丙(1921年巨鹿出土)	0.309	0.97	0.927
宋三司布帛尺	0.311	0.97⁺	0.933
宋铜尺	0.314	0.98	0.942
宋浙尺	0.2743	0.857⁺	0.8229
宋淮尺	0.37	1.16	1.11
宋大晟乐尺	0.3⁻	0.93	0.9
明嘉靖牙尺	0.317	1⁻	0.951

资料来源：杨宽《中国历代尺度考》(商务印书馆1955年重印第1版)。

四、万国鼎对唐尺的推算

尺　名	合米数	合大尺标准长度%
唐小尺	0.245784	
唐大尺的标准长度	0.2949408	100.000
现存唐尺：红牙尺甲	0.2956	100.237
红牙尺乙	0.3040	103.086
绿牙尺甲	0.3040	103.086
绿牙尺乙	0.2945	99.863
白牙尺甲	0.2976	100.916
白牙尺乙	0.2976	100.916
红牙尺	0.3008	102.035
镂牙尺	0.2987	101.288
牙尺	0.3098	105.053
牙拨镂尺	0.3123	105.900
鎏金雕花铜尺	0.3021	102.442
铜尺	0.3091	104.814
雕花鎏金铜尺	0.3142	106.545
唐墓出土铜尺	0.3105	105.290
唐开元钱尺	0.3106	105.327
日本今尺(沿用唐大尺)	0.3030	102.748

资料来源：万国鼎《唐尺考》(载《农史研究集刊》第1册)。

（乙）中国历代升之容量标准变迁表

朝　代	公　元	一升合今毫升数	一升合今升数
前汉	前206—后8	342.5	0.3425
新莽（包括更始）	9—24	198.1	0.1981
后汉	25—220	198.1	0.1981
魏	220—265	202.3	0.2023
晋	265—420	202.3	0.2023
南齐	479—502	297.2	0.2972
梁、陈	502—589	198.1	0.1981
北魏、北齐	386—577	396.3	0.3963
北周（武帝天和元年以前）	557—566	157.2	0.1572
北周（武帝天和元年以后）	566—581	210.5	0.2105
隋（炀帝大业三年以前）	581—606	594.4	0.5944
隋（炀帝大业三年以后）	607—618	198.1	0.1981
唐	618—907	594.4	0.5944
五代	907—960	594.4	0.5944
宋	960—1279	664.1	0.6641
元	1279—1368	948.8	0.9488
明	1368—1644	1,073.7	1.0737
清	1644—1911	1,035.5	1.0355

资料来源：吴承洛《中国度量衡史》。

编者注：1升＝1市升。1毫升＝0.001市升。请参考本附录"附记"（二）。

（丙）中国历代两斤之重量标准变迁表

朝　代	公　元	一两合克数	一斤合克数	一斤合市斤数
前汉	前206—后8	16.14	258.24	0.5165
新莽（包括更始）	9—24	13.92	222.73	0.4455
后汉	25—220	13.92	222.73	0.4455
魏	220—265	13.92	222.73	0.4455
晋	265—420	13.92	222.73	0.4455
南齐	479—502	20.88	334.10	0.6682
梁、陈	502—589	13.92	222.73	0.4455

续表

朝　代	公　元	一两合克数	一斤合克数	一斤合市斤数
北魏	386—534	13.92	222.73	0.4455
东魏、北齐	534—577	27.84	445.46	0.8909
北周(武帝天和元年以后)	566—581	15.66	250.56	0.5011
隋(炀帝大业三年以前)	581—606	41.76	668.19	1.3364
隋(炀帝大业三年以后)	607—618	13.92	222.73	0.4455
唐	618—907	37.30	596.82	1.1936
五代	907—960	37.30	596.82	1.1936
宋	960—1279	37.30	596.82	1.1936
元	1279—1368	37.30	596.82	1.1936
明	1368—1644	37.30	596.82	1.1936
清	1644—1911	37.30	596.82	1.1936

资料来源：同上表。

编者注：1 市斤＝1/2 公斤＝500 克。

(丁) 中国步和亩的进位变迁表

朝　代	公　元	一步合尺数	一亩合平方步数	一亩合平方尺数
周以前	前 223 年以前	6	100	3,600
秦至隋	前 350—618	6	240	8,640
唐至清	618—1911	5	240	6,000

资料来源：同上表。请参考本附录"附记"(二)。

附记：

(一) 关于万国鼎《秦汉度量衡亩考》的摘要

《农业遗产研究集刊》第 2 册载万国鼎先生的《秦汉度量衡亩考》一文，对于近代诸家有关古代度量衡的考订，详细地进行了比较研究。最后，在该文第 10 节考定秦汉度量衡亩合今制的折合率如下(其中市斤、市两，原文按 1 市斤合 16 市两折算，今改按十进制折算)：

晚周及秦汉 1 尺＝0.231 米
　　　　　　＝0.693 市尺
秦汉 1 升＝199.7 毫升
　　　　＝0.1997 市升

秦汉 1 两约重 15 克,约等于 0.3 市两

1 斤约重 240 克,约等于 0.48 市斤或 4.8 市两

晚周亩及汉初"东亩"1 亩＝0.28815 市亩

秦亩及汉武帝以后 1 亩＝0.69156 市亩

万先生对于本附录引用到的吴承洛《中国度量衡史》一书后作的历代度量衡的折合率,认为"颇有错误"。对于吴承洛氏所考定的汉以前尺的长度的批评意见,见该文第 4 节(页 146—149),对于吴氏所考定的秦汉升的容积及两的重量的批评意见,则分别见该文第 5 节(页 150)及第 6 节(页 153),请读者自行参看,这里不赘引。

又：万先生一文中录有日本西山武一和熊代幸雄二氏的日译《齐民要术》上册页 339 所列的折合率,今转引于下,并供参考：

汉尺 1 尺＝今日本 0.72 尺＝0.654552 市尺

1 亩＝今日本 4.14 亩＝0.616032 市亩

1 升＝今日本 0.93 合＝0.1677627 市升

1 斤＝今日本 47.4 两＝3.555 市两＝0.3555 市斤

1 两＝11.103 克

(二) 关于王达《试评"中国度量衡史"中秦汉度量衡亩制之考证》的摘要

《农史研究集刊》第 1 册载王达《试评"中国度量衡史"中秦汉度量衡亩制之考证》一文,其第 3 节论述"吴承洛考定的错误及其原因",附有数表,兹引录于下,以供参考：

1 关于后汉以前的尺度

时 代	单 位	吴氏推定的折合率 (合市尺)	正确的折合率 (合市尺)	相 差	
				绝对值	%
周	1 尺	0.5973	0.693(晚周)	−0.0957	−13.81
秦	1 尺	0.8295	0.693	+0.1365	+19.69
前汉	1 尺	0.8295	0.693	+0.1365	+19.69
新莽	1 尺	0.6912	0.693	−0.0018	−0.2597
后汉	1 尺	0.6912	0.693	−0.0018	−0.2597

2 关于后汉以前的量值

时 代	单 位	吴氏所考折合率 (合市升)	正确折合率 (合市升)	相 差	
				绝对值	%
秦	1 升	0.3425	0.2	+0.1425	+71.3
前汉	1 升	0.3425	0.2	+0.1425	+71.3
新莽	1 升	0.1981	0.2	−0.0019	−0.95
后汉	1 升	0.1981	0.2	−0.0019	−0.95

3 关于后汉以前的亩积

时代	按吴氏考定的诸数值计算					正确的计准				
	每亩步数	每步尺数	当时亩积（方尺）	尺度折合率	折合成市亩（亩）	每亩步数	每步尺数	当时亩积（方尺）	尺度折合率	折合成市亩（亩）
周	100	6	3,600	0.5973	0.2141	100	6	3,600	0.693	0.2882
秦	240	6	8,640	0.8295	0.9908	240	6	8,640	0.693	0.6916
前汉初（武帝前）	240	6	8,640	0.8295	0.9908	100*	6	3,600	0.693	0.2882
前汉	240	6	8,640	0.8295	0.9908	240	6	8,640	0.693	0.6916
新莽	240	6	8,640	0.6912	0.6876	240	6	8,640	0.693	0.6916
后汉	240	6	8,640	0.6912	0.6876	240	6	8,640	0.693	0.6916

＊指"东亩"。

（采自梁方仲《中国历代户口、田地、田赋统计》）